诚信为本　操守为重

坚持准则　不做假账

——与学习会计的同学共勉

高等职业教育财务会计类专业"岗课赛证"融通教材　　　　　高等职业教育新形态一体化教材

成本核算与管理

（第二版）

新道科技股份有限公司　组编

李爱红　主编

王金鑫　王齐琴　刘艳红　张永旺　副主编

中国教育出版传媒集团

高等教育出版社·北京

内容提要

本书是"十四五"职业教育国家规划教材，是高等职业教育财务会计类专业"岗课赛证"融通教材。

本书遵循财政部《企业产品成本核算制度（试行）》和"管理会计应用指引第 300~304 号——成本管理相关应用指引"等会计法规和制度的要求，依据最新《职业教育专业目录（2021 年）》《职业教育专业简介（2022 年修订）》编写而成。本书采用项目化教材体例编写，以真实的成本管理需求为逻辑起点，将工作项目转化为学习项目和学习任务，将成本核算与管理的基本概念、基本理念和基本方法有机融入项目的实施，符合认知规律和职业教育特点。本书创新性地加入了信息化环境下企业的成本核算与管理，充分体现了新一代信息技术背景下成本岗位的工作内容，体现了"业财融合、管算结合"的会计职业需求。

与本书配套的教学课件、参考答案和账套资源可登录高等教育出版社产品信息检索系统（xuanshu.hep.com.cn）下载使用，也可以扫描书中二维码学习相关教学视频、拓展阅读，完成项目练习。

本书内容全面，案例丰富，适合高等职业教育专科院校、高等职业教育本科院校财务会计类专业学生使用，也适合社会财务工作者、各级管理者阅读。

图书在版编目（CIP）数据

成本核算与管理 / 新道科技股份有限公司组编；李爱红主编 . --2 版 . -- 北京：高等教育出版社，2025. 2. -- ISBN 978-7-04-063297-2

Ⅰ. F231.2

中国国家版本馆 CIP 数据核字第 2024ZV6902 号

成本核算与管理（第二版）
CHENGBEN HESUAN YU GUANLI

| 策划编辑 | 张雅楠 | 责任编辑 | 李瑞欣 张雅楠 | 封面设计 | 李树龙 | 版式设计 | 马 云 |
| 责任绘图 | 李沛蓉 | 责任校对 | 王 巍 | 责任印制 | 刘思涵 | | |

出版发行	高等教育出版社	网　　址	http://www.hep.edu.cn
社　　址	北京市西城区德外大街 4 号		http://www.hep.com.cn
邮政编码	100120	网上订购	http://www.hepmall.com.cn
印　　刷	高教社（天津）印务有限公司		http://www.hepmall.com
开　　本	787mm×1092mm 1/16		http://www.hepmall.cn
印　　张	21	版　　次	2021 年 11 月第 1 版
字　　数	440 千字		2025 年 2 月第 2 版
购书热线	010-58581118	印　　次	2025 年 2 月第 1 次印刷
咨询电话	400-810-0598	定　　价	49.80 元

成本工作是企业生产经营管理的重要工作。它不仅包括产品成本的核算，还包括成本的预测、计划、控制、分析和考核，对企业的生产经营决策产生重大影响。党的二十大报告强调推进高质量发展，指出要坚持把发展经济的着力点放在实体经济上。党的二十届三中全会审议通过的《中共中央关于进一步全面深化改革、推进中国式现代化的决定》中也指出，推动技术革命性突破、生产要素创新性配置、产业深度转型升级，推动劳动者、劳动资料、劳动对象优化组合和更新跃升，催生新产业、新模式、新动能，发展以高技术、高效能、高质量为特征的生产力。

本书遵循财政部《企业产品成本核算制度（试行）》和"管理会计应用指引第300~304号——成本管理相关应用指引"等会计法规和制度的要求，依据教育部最新发布的《职业教育专业目录（2021年）》《职业教育专业简介（2022年修订）》编写而成。

本书围绕典型产品的成本核算与管理，设计了成本核算、成本预测和决策、成本计划和控制以及成本考核与分析等丰富的学习内容，创新性地加入了ERP软件中的成本核算和新技术背景下的成本管理，体现了"大智移云物区"等技术背景下成本核算与管理岗位的工作内容变化，满足"业财融合、管算结合"的会计职业需求，对接"财务数字化应用""业财一体信息化应用"1+X证书相关要求。

本书遵循项目化原理开发，以来自真实成本核算与管理岗位的工作需求为逻辑起点，以职业能力为培养目标，将工作项目转化为学习项目，将工作任务转化为学习任务，在项目实施过程中有机融入知识点和技能点，让学习者在"做项目"的过程中轻松理解成本核算与管理的原理，掌握成本核算与管理的基本方法和工具，提升职业判断能力和成本管理思维。

本书同步开发了在线课程、线上实训等丰富的数字化教学资源，扫描二维码即可学习讲解视频、拓展阅读等资源，实现了教、学、练、做、考、评的统一，满足了翻转课堂和线上线下混合课堂的需要。

　　本书由河南财政金融学院李爱红任主编，郑州财税金融职业学院王金鑫、河南财政金融学院王齐琴、刘艳红和河南应用技术学院张永旺任副主编。具体的编写分工为：刘艳红编写项目一和项目四；王金鑫编写项目二和项目九；王齐琴编写项目三；李爱红编写项目五和项目八；张永旺编写项目六和项目七。李爱红拟定全书大纲，负责全书初稿的审核、修改并最终审核定稿。

　　最后感谢新道科技股份有限公司和高等教育出版社的精心组织，为本书组织召开启动会和审稿会。因作者认知水平有限，书中不足之处，敬请读者批评指正，建议或意见可直接发至作者邮箱 liaihong@hafu.edu.cn。

编者

2024 年 10 月

目录 Contents ······

项目一 导论

学习目标

知识目标
- 了解成本核算和管理的发展
- 理解成本的概念
- 掌握成本核算和管理的内容

技能目标
- 掌握企业成本会计岗位和人员配置要求
- 能够正确划分各种费用的界限

素养目标
- 了解成本管理相关法律法规，培养合规意识
- 熟悉企业成本会计岗位职责，增强工作责任心

　　生产成本的核算和管理对提升企业竞争地位有着重要意义，正确地计算产品成本，及时提供有价值的成本信息，是优化成本相关决策的前提。理解成本的基本概念，把握成本的本质，界定成本和费用的界限，是做好成本会计工作的第一步。

模块一　树立正确的成本观念

导学

　　成本管理观念是企业成本管理的指导思想，它反映成本管理的根本态度和看法，直接决定着企业成本管理的方法和手段。因此，树立正确的成本管理观念，正确认识成本的内涵，对提高成本管理水平具有极其重要的作用。

一、成本的概念

成本的概念和本质

　　成本是商品经济的价值范畴，是商品价值的组成部分。人们要进行生产经营活动或达到一定的目的，就必须耗费一定的资源，其所费资源的货币表

现及其对象化称之为成本。随着商品经济的不断发展，成本概念的内涵和外延都处于不断地变化发展之中。

（一）成本的定义

广义的成本有很多种表达，其中具有代表性的主要有以下几种。美国会计学会（AAA）所属的成本概念与标准委员会在1951年给成本所下的定义为"成本是指为达到特定目的而发生的价值牺牲，它可用货币单位加以衡量"，这种定义认为成本本质上是一种价值牺牲。美国注册会计师协会（AICPA）在1957年发布的《第4号会计名词公报》对成本所下的定义为"成本是指为获取财物或劳务而支付的现金或转移其他资产、发行股票、提供劳务、承诺债务的数额"，这种成本定义涉及了投资；美国财务会计准则委员会（FASB）则认为成本是放弃的资源，它在1980年发布的《第3号财务会计概念公告》对成本的定义为"成本是指经济活动中发生的价值牺牲，即为了消费、储蓄、交换、生产等所放弃的资源"。

狭义的成本通常指的是对象化的耗费，也就是成本计算对象的各项耗费。成本计算对象在成本核算与管理课程中是一个非常重要的概念。通俗地讲，你想知道谁的成本，谁就可以成为成本计算对象，既可以是产品，也可以是顾客、部门、项目作业等。我国财政部于2013年8月16日发布的《企业产品成本核算制度（试行）》（2014年1月1日起，在除金融保险业以外的大中型企业范围内施行）中对产品成本下的定义是："产品成本是指企业在生产产品过程中所发生的材料费用、职工薪酬等，以及不能直接计入而按一定标准分配计入的各种间接费用。"产品是指企业日常生产经营活动中持有以备出售的产成品、商品、提供的劳务或服务。产品成本就是一种比较典型的狭义成本。

（二）成本的内涵

成本作为一个价值范畴，是商品经济生产发展到一定阶段的产物。马克思在《资本论》中对成本的概念进行了界定，他在科学地分析了资本主义商品生产后指出，按照资本主义生产方式生产的每一个商品 W 的价值，用公式来表示是 $W=c+v+m$。如果从这个产品价值中减去剩余价值 m，那么在商品中剩下的，只是一个在生产要素上耗费的资本价值 $c+v$ 的等价物或补偿价值。商品价值的这个部分，即补偿所消耗的生产资料价格和所使用的劳动力价格的部分，只是补偿商品使资本家自身耗费的东西，所以对资本家来说，这就是成本价值。

在上述论述中，马克思既从耗费角度指明了成本是由物化劳动和活劳动中必要劳动的价值所组成；同时，又从补偿角度指出了成本是补偿"商品使资本家自身耗费的东西"，由此可知成本是商品价值最重要的组成部分，是耗费和补偿的统一体，它既是生产中耗费的反映，又是生产过程中补偿的尺度。如果企业在生产过程中所发生的成本不能得到补偿，则企业不仅不能进行扩大再生产，就连简单再生产都无法进行下去。

马克思商品价值的理论，其基本原理同样适用于社会主义市场经济。只是其内涵由于所有制的不同有了新的含义。社会主义市场经济条件下的商品价值由以下三部分组成：一是生产经营过程中耗费的物化劳动价值（c），即已耗费的生产资料转移价值；二是劳动者为自己劳动所创造的价值（v），即活劳动消耗中的必要劳动部分（即归个人支配的部分，主要是以工资形式支付给劳动者的劳动报酬等）；三是劳动者为社会劳动创造的价值（m），即归社会支配的部分，包括税金和利润等。产品价值的前两部分是形成产品成本的基础，是成本包括内容的客观依据。所以，产品成本就其实质来说，是产品价值中的物化劳动的转移价值和劳动者为自己劳动所创造价值的货币表现。这就是社会主义制度下的成本经济内涵，也称为"理论成本"。

实际成本是成本核算后计算出来的产品成本。通常要根据国家的会计准则、成本核算制度的规定来计算产品成本。实际成本与理论成本是有区别的。马克思关于商品成本的论述是从理论上对成本内涵的高度概括，是进行成本核算的理论依据，但是，因为成本的开支范围应该根据国家制定的会计准则、成本核算制度来确定，因此理论成本与实际工作中所确认的成本有一定差别。比如，有些实际上并不是理论成本，但根据相关会计准则、成本核算制度也计入了产品的实际成本，例如为了防止财产损失而付出的保险费、缴纳的保障性职工福利基金，不形成产品价值的损失性支出，废品损失、停工损失等，也计入了产品的实际成本。有些耗费虽属于理论成本，但由于不易确认归属于具体的成本计算对象，如各项期间费用，就没有计入产品的实际成本。

拓展阅读 成本开支范围

二、成本核算和管理的发展

成本核算和管理是成本会计的工作内容，随着社会生产力的不断发展而逐步得以发展和完善。成本会计自产生至今，先后经历了以下四个不同阶段。

（一）早期成本会计阶段（1880—1920 年）

成本会计起源于英国，后来传入美国及其他国家。随着企业生产规模的进一步扩大，市场竞争日趋激烈，生产成本越来越得到普遍的重视。这个时期的成本会计是初创阶段，当时的成本会计仅限于对生产过程中的生产消耗进行系统的汇总和计算，属于记录型成本会计。具体表现在以下几个方面：

1. 建立了材料核算和管理办法

设立材料账户和材料卡片，标明"最高库存量"和"最低库存量"，以确保材料既能保证生产的需要，又可以节约使用资金；实行材料管理的"永续盘存制"，采取领料单制度控制材料耗用量。

2. 建立了工时记录和人工成本计算方法

对人工成本使用卡片记录工作时间和完成产量；将人工成本先按部门归集，再分配给各种产品，以便控制和准确计算人工成本。

3. 确立了间接费用的分配方法

随着生产设备的大量增加，间接费用也快速增长。按实际数额分配和按间接费用分配的理论先后出现。

4. 利用分批成本计算法和分步成本计算法计算产品成本

根据制造业的生产工艺特点，选择分批计算产品成本或分步骤计算产品成本。

5. 出现了专门的成本会计组织

1919 年，美国成立了全国成本会计师联合会；同年，英国也成立了成本和管理会计师协会。他们对成本会计进行了一系列的研究，为奠定成本会计的理论基础和完善成本会计方法做出了重大贡献。

（二）近代成本会计阶段（1921—1945 年）

随着科学技术的飞速发展，企业生存的外部环境日趋复杂，对企业管理提出了越来越高的要求，从而促使成本会计不断发展。19 世纪末 20 世纪初，在制造业中发展起来的以泰勒为代表的科学管理理论，对成本会计的发展产生了深刻的影响。此外，美国会计学家提出的标准成本制度，为生产过程成本控制提供了条件。在此之前，企业不重视有效的成本控制，生产中的实际耗费情况只有在事后通过计算实际成本时才知道。标准成本法的出现，使成本管理方法和成本计算方法发生了巨大的变化，使成本会计进入了一个新的发展阶段。实施标准成本制度后，成本会计不仅要在事后计算产品的生产成本和销售成本，还要在事前制定标准成本，并据以控制日常的生产耗费并定期进行成本分析，这样成本会计的职能不断扩大，发展成为管理成本和降低成本的手段，从而成本会计的理论和方法获得了进一步的完善和发展。这标志着成本会计已经进入了一个新的阶段——近代成本会计阶段。这一阶段是成本会计的第二次革命，其主要进展是：

（1）产生了标准成本制度，形成了近代成本会计的雏形；

（2）完善了预算控制方法，弹性预算的出现标志着近代成本会计的重大进步；

（3）成本会计的应用范围从工业扩大到各行各业，得到广泛的应用；

（4）大量的成本会计名著的出版，使成本会计形成了完全独立的学科。

（三）现代成本会计阶段（1946—1980 年）

第二次世界大战以后，随着科学技术的迅速发展，生产自动化程度大大提高，产品更新速度越来越快；企业规模越来越大，跨国公司大量出现，市场竞争愈演愈烈。为了适应社会经济出现的新情况，考虑现代化生产的客观要求，提高管理的现代化水平，运筹学、系统工程和电子计算机等各种科学技术的成就在成本会计中得到了广泛的应用，从而使成本会计发展到了一个新阶段，即成本会计发展重点由如何事中控制成本、事后计算和分析成本转移到如何预测、决策和规划成本，形成了新型的注重管理的经营型成本会计。这一阶段成本会计的发展重点是趋向预测、规划和决策，实现最优化控制。

与传统的成本会计相比，现代成本会计更重视成本发展的前因后果，通过作业成本计算和有效控制，将成本计算与成本控制有机结合。成本控制与责任会计相辅相成，它随着责任会计系统的发生而发生，又随着作业会计系统的形成而发展。因此，由传统的成本计算系统到现代的以作业为基础的成本计算系统，是成本会计发展的必然趋势。现代成本会计系统的形成和发展，是成本会计的第三次革命，是一场真正的成本会计革命。

（四）战略成本会计阶段（1981 年以后）

20 世纪 80 年代，英国学者西蒙最早提出了战略成本管理的概念。20 世纪 90 年代，实务界和学术界开始致力于战略成本管理研究，建立成本管理的新理论和新方法。此阶段要求成本管理的视角扩展到与顾客需求及利益直接相关的包括产品设计和使用环节的产品生命周期管理过程，同时要求企业更注重内部组织管理，尽可能消除内耗。党的二十大报告提出要着力推动高质量发展，着力提高全要素生产率，着力提升产业链供应链韧性和安全水平，也体现了战略成本管理思想。

三、成本核算和管理的内容

随着企业生产经营环境的变化，成本核算和管理的内容也在发生变化。从成本会计产生和发展的历程来看，早期的成本核算和管理主要是将企业生产经营过程中发生的各种资源消耗按照一定的方法、程序进行归集和汇总分配给各种产品，最后计算出各种产品的总成本和单位成本，以便为企业存货计价和损益计算提供成本资料。早期成本核算和管理附属于财务会计，并纳入会计账簿体系，重点是成本核算。

随着经济的发展、科技的进步以及企业组织结构和管理思想的演变，成本核算和管理的内涵和外延都发生了拓展，与现代管理科学的结合越来越紧密，形成了成本预测、成本决策、成本计划、成本控制、成本核算、成本分析和成本考核等主要内容。根据"管理会计应用指引第 300~304 号——成本管理相关应用指引"，成本核算与管理的内容包括：

（一）成本预测

成本预测是以现有条件为前提，在历史成本资料的基础上，根据未来可能发生的变化，利用科学的方法，对未来的成本水平及其发展趋势进行描述和判断的成本管理活动。企业在成本管理的许多环节都存在预测问题，如企业在建厂、改建、扩建、产品设计时的成本预测；编制成本计划前需要对目标成本和成本降低幅度的预测；成本执行过程中需要对成本发展趋势的预测等。成本预测是成本决策的基础，是进行成本管理和控制的前提。

（二）成本决策

成本决策是在成本预测及有关成本资料的基础上，综合经济效益、质量、效率和规模等指标，运用定性和定量的方法对各个成本方案进行分析并选择最优方案的成本管理活动。企业在生产经营过程中存在许多方面的成本决策，如在产品投产前，需要对新产品设计成本、试制成本进行决策，以确定投产后的成本水平；在产品的生产过程中，对于合理的生产批量、产品组合、零部件是自制还是外购、是否接受追加订货、亏损产品是否停产、产品是否转产等一系列成本问题进行决策。企业通过成本决策，选择最优方案，确定成本目标，从而为编制成本计划提供前提条件。

（三）成本计划

成本计划是以营运计划和有关成本数据、资料为基础，根据成本决策所确定的目标，通过一定的程序，运用一定的方法，针对计划期企业的生产耗费和成本水平进行的具有约束力的成本筹划管理活动。企业成本计划一般包括生产费用预算、主要产品单位成本计划、全部商品产品成本计划、可比产品成本降低额和降低率等。成本计划是企业进行成本控制、成本分析和成本考核的重要依据。

（四）成本控制

成本控制是成本管理者根据预定的目标，对成本发生和形成过程以及影响成本的各种因素条件施加主动的影响或干预，把实际成本控制在预期目标内的成本管理活动。成本控制贯穿成本管理的全过程，成本控制的内容和方法很多，可以按不同的标准对成本控制进行划分，以满足成本管理的不同要求。按照成本控制的内容，可以将成本控制分为材料成本控制、人工成本控制和制造费用控制；按照成本控制依据的标准，可以将成本控制分为目标成本控制、定额成本控制、标准成本控制、作业成本控制等。

（五）成本核算

成本核算是根据成本核算对象，按照国家统一的会计制度和企业管理要求，对营运过程中实际发生的各种耗费按照规定的成本项目进行归集、分配和结转，取得不同成本核算对象的总成本和单位成本，向有关使用者提供成本信息的成本管理活动。成本核算是成本信息的生成过程，是成本会计的基础。成本核算提供的资料可以反映企业成本计划的完成情况，为存货的计价和企业损益的计算提供直接资料，也是制定产品价格的重要依据。

（六）成本分析

成本分析是利用成本核算提供的成本信息及其他有关资料，分析成本水平与构成的变动情况，查明影响成本变动的各种因素和产生的原因，并采取有效措施控制成本的成本管理活动。通过成本分析，人们可以深入、细致地了解成本变动的规律，查明影响成本升降的因素，不断地挖掘企业内部降低成本的潜力；可以将成本核算资料与计划成本、上年历史成本、同类产品或服务的国内先进水平进行比较，了解成本计划的完成情况和成本变动趋势，为改进成本管理工作、降低成本水平提供依据和建议；成本分析还可以为下一会计期间成本预测、决策和计划的编制提供必需的资料。

（七）成本考核

成本考核是对成本计划及其有关指标实际完成情况进行定期总结和评价，并根据考核结果和责任制的落实情况，进行相应奖励和惩罚，以监督和促进企业加强成本管理责任制，提高成本管理水平的成本管理活动。成本考核是对成本实行目标管理的重要手段，其目的在于加强成本管理责任制，提高成本管理水平。

需要注意的是，成本核算与管理的各项内容是相互联系的。它们互为条件、相辅相成，放松或者削弱任何一项内容，都不利于加强成本会计工作。成本预测是成本核算与管理的第一个环节，它是成本决策的前提；成本决策是成本核算与管理的重要环节，在成本核算与管理中居中心地位，它既是成本预测的结果，又是制定成本计划的根据；成本计划是成本决策的具体化；成本控制是对成本计划的实施进行监督，是实现成本决策既定目标的保证；成本核算是成本核算与管理最基本的职能，提供企业管理所需的成本信息资料，是发挥其他职能的基础，同时也是对成本计划是否得到实现的最后检验；成本分析和成本考核是实现成本决策目标和成本计划的有效手段，只有通过成本分析，查明原因，改进和完善企业管理的措施，才能有效降低成本，通过正确评价与考核各责任单位的工作业绩，才能调动各部门和全体职工的积极性，进行有效控制，为切实执行成本计划，实现既定目标提供动力。成本核算和管理的内容和各项内容之间的相互关系如图1-1所示。

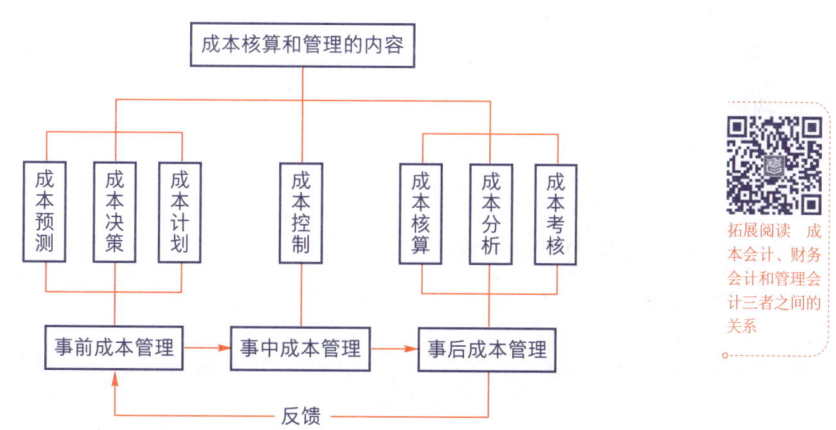

图1-1 成本核算和管理的内容和各项内容之间的相互关系

拓展阅读 成本会计、财务会计和管理会计三者之间的关系

模块二 成本会计工作组织

为了有效发挥会计工作的职能，企业必须结合生产经营的特点，考虑自身规模，设计

成本核算与管理体系，建立健全成本核算和管理的组织机构，配备适当的成本核算和管理人员，按照与成本核算和管理有关的各种制度组织工作，在保证成本核算和管理工作质量的前提下，尽量节约成本核算和管理工作的时间和费用，提高成本核算和管理工作的效率。

一、成本会计岗位

成本会计工作组织

一般来说，企业应根据本单位生产经营的特点、生产规模的大小和成本管理的要求等具体情况来设置会计机构，并配备相应的成本核算和管理人员。

（一）机构的设置

企业的成本核算和管理机构是负责组织、领导和从事成本核算和管理工作的职能部门，属于企业会计机构的重要组成部分，其主要职责是负责企业内部成本核算和管理工作。它是企业实施成本管理的组织保证，也是进行成本核算的重要条件。建立成本核算和管理机构，既要考虑企业生产类型的特点、经营规模的大小，又要考虑成本核算和管理的要求，适应成本核算和管理的工作内容和目标。对于大中型企业，通常在厂部的会计部门设置成本会计科，负责企业的成本核算和管理工作；在分厂或车间等二级单位设置成本会计组或配备专职成本会计人员，负责分厂或车间的成本核算和管理工作。对于小型企业，一般在会计部门设置成本核算组或专职成本核算人员，负责成本核算和管理工作。

企业内部各级成本核算和管理机构之间，按照组织分工的不同，通常有集中制和非集中制两种组织方式。

1. 集中制

集中制，是指将企业所有成本核算和管理工作都集中在财会部门进行的一种会计工作组织形式。而各车间及其他职能部门一般不单独核算和管理成本，只对其所发生的经济业务进行原始记录，并定期将所填制的原始凭证和原始凭证汇总表送交财会部门。财会部门根据审核后的原始凭证填制记账凭证，集中办理全部或大部分账户的明细分类核算，以及所有总分类核算和各类会计报表的编制。

集中制的优点是可以减少管理环节，简化管理手续，精简人员；有利于管理当局全面、及时地掌握本企业的成本信息、单位的财务状况和经营成果。其缺点是不便于下属单位加强经营管理工作，不利于单位内部经济责任制的贯彻落实，不利于调动全体职工降低成本的积极性。因此它一般适用于小型企事业单位。

2. 非集中制

非集中制，又称"分散制"，是指将成本核算和管理工作分散在单位内部各部门和所属单位进行的组织形式。在该组织形式下，内部所属单位整理有关本部门业务的原始凭证，进行明细核算，上报有关部门会计报表；单位会计部门进行总分类核算，编制企业会计报表。

非集中制的优点是便于内部单位利用会计资料加强经营管理，有利于经济责任制的贯彻落实，有利于分厂或车间等基层单位了解和关心本部门的成本水平及其变动情况，从而形成人人关心成本、人人降低成本的气氛。其缺点是管理层次多，手续复杂，不利于精简人员，同时会增加会计机构的层次和会计人员，增加人工成本。因此它一般适用于大中型企事业单位。

在实际处理过程中，为了扬长避短，有些企业只采用一种方式，要么是集中制，要么是非集中制；也有企业将两种方法结合运用。究竟采用何种方式比较好，企业应根据自身的情况而定。

（二）人员的配备

在成本会计机构中，企业根据成本管理的要求配备适当数量的品格优秀、业务精通的成本会计人员是做好会计工作的关键。成本会计人员的选用标准是既精于核算，又善于管理；既精通有关政策法规和制度，又熟悉企业的生产工艺流程；既能很好地履行国家有关法律法规赋予成本会计人员的职责和权限，又能结合企业实际创造性地开展工作。

实际工作中，成本会计人员应按照国家财会法规、公司财会制度和成本管理有关规定，负责拟订公司成本核算和管理实施细则，在经上级批准后组织执行；主动会同有关人员对公司重大项目、产品等进行成本预算，编制项目成本计划，提供有关的成本资料。当公司推行全面成本核算管理制度时，协助有关主管部门制订总体方案和实施办法，确定各类成本定额、标准，并协助各部门和下属企业推广培训；不断监督、调查各部门执行成本计划情况，并就出现问题及时上报；学习、掌握先进的成本管理和成本核算方法及计算机操作技术，提出降低成本的控制措施和建议；做好相关成本资料的整理、归档、数据库建立、查询、更新工作；完成财务部领导临时交办的其他任务。

根据成本会计人员的职责，应赋予他们相应的权限。成本会计人员有权要求企业有关部门和人员认真执行成本计划，严格遵守国家的有关法规、制度和财经纪律；有权参与制定企业生产经营计划和各项定额，参与成本管理有关的生产经营管理会议；有权督促检查企业各部门对成本计划和有关法规、制度和财经纪律的执行情况。

拓展阅读　成本会计人员的职业素质要求

二、成本会计的法规和制度

成本岗位工作制度是成本会计工作的规范，是会计法规和制度的重要组成部分，可以分为以下四个层次。

（一）《中华人民共和国会计法》

《中华人民共和国会计法》（简称《会计法》）是经全国人民代表大会常务委员会通过，

由国家主席下令发布施行的，是我国会计工作的基本法。各岗位会计工作，包括成本会计的一切法规、制度，都应按照它的要求制定。

（二）《企业会计准则》与《企业产品成本核算制度（试行）》

《企业会计准则》包括基本准则和具体会计准则。其中，基本准则是依据《会计法》，经国务院批准，由财政部发布施行的，是企业进行财务会计工作的基本准则。基本准则的制定和实施会使企业的财务、成本、会计工作规范化、标准化，并与国际惯例接轨，提高企业信息披露的透明度和可靠性。财政部在《企业会计准则》的基础上还陆续颁布了一系列具体的会计准则，以进一步规范各类经济业务的会计处理程序和方法，其中与成本会计有关的具体准则也是规范成本会计工作的重要法规。

《企业产品成本核算制度（试行）》是财政部根据《会计法》《企业会计准则》等有关规定制定的。《企业产品成本核算制度（试行）》是企业进行成本核算必须执行的制度。由于企业的类型、经营规模等不同，企业应根据本企业的具体情况，在不违反《企业产品成本核算制度（试行）》的基础上，制定适合本企业的产品成本核算细则。

（三）管理会计应用指引第 300～304 号——成本管理相关应用指引

拓展阅读　成本核算相关的法规和制度

"管理会计应用指引第 300～304 号——成本管理相关应用指引"是财政部根据国家有关法律法规和《管理会计基本指引》等有关规定制定的，其为促进企业加强成本管理、提高企业成本管理水平、促进企业降本增效、提升企业竞争能力等提供了有力的理论支撑。

（四）企业的成本核算和管理的制度、规程及办法

各企业为了具体规范本企业的成本核算和管理工作，还应根据上述各种法规和制度，结合本企业生产经营的特点和成本管理的要求，具体制定本企业的成本会计制度，以此作为开展本企业成本核算和管理工作的直接依据。

制定本企业的成本核算与管理制度是一项工作量大、技术性强的工作，在制定之前应深入实际，进行广泛的调查研究，反复试点，总结经验教训。成本核算与管理制度一经制定，应认真、严格执行，并保持相对的稳定性，只有在企业的生产经营环境和工艺技术条件发生明显变化的情况下，才能进行补充、修改和调整，使之不断完善，适应新的管理要求。

模块三　成本核算和管理基础

成本核算过程，既是对生产经营过程中各种耗费发生进行归类反映的过程，也是为满足企业管理要求进行信息反馈的过程，还是对成本计划的实施进行检验和控制的过程。因此，在成本核算和管理过程中，我们应正确划分各种费用界限，明确成本变化受哪些因素

影响，并理解成本核算应遵循的原则。

一、正确划分各种费用界限

企业的经营活动是多方面的，费用的用途也是多种多样的。为了正确地进行成本核算和管理，必须正确划分各种费用界限。划分各种费用的界限主要包括以下五个方面。

（一）正确划分生产经营管理费用与非生产经营管理费用的界限

企业在其生产经营活动中会发生多种性质的支出，如资本性支出、收益性支出、福利性支出、所得税支出、营业外支出和利润分配性支出等，各种支出的用途也是不同的，有的是用于生产经营管理活动，有的则是用于生产经营管理活动以外的其他方面。在实际工作中，我们通常把以上各种支出划分为生产经营管理费用和非生产经营管理费用两大部分；而生产经营管理费用又进一步分为生产费用和期间费用。

因而，在成本核算时，我们首先应该区分各种支出，即正确划分生产经营管理费用与非生产经营管理费用的界限。划分的原则要求是：用于产品生产和销售、组织和管理生产经营活动以及筹集生产经营资金的各种费用，即收益性支出，应计入生产经营管理费用；而对于资本性支出或不是由于企业日常生产经营管理活动而发生的费用支出，如企业购建固定资产支出、对外投资的支出、固定资产盈亏和清理损失、非正常原因的停工损失和自然灾害损失、被没收的财物损失、支付的滞纳金、违约金、罚款以及企业的捐赠、赞助支出等则应计入非生产经营管理费用。

（二）正确划分生产费用与期间费用的界限

生产经营管理费用包括生产费用和期间费用。为了正确计算产品成本和期间费用，还应正确划分生产费用与期间费用的界限。生产费用主要是指用于产品生产的原材料费用、生产工人的薪酬费用和制造费用等，应直接或间接计入产品成本。期间费用是指用于产品销售、组织和管理生产经营活动以及为筹集生产经营资金而发生的费用，不计入产品成本，而是直接计入当期损益。正确划分生产费用和期间费用的界限，是保证正确计算产品成本和核算各期损益的基础。因此，在成本核算过程中，要防止将应计入产品成本的费用列入期间费用，或将期间费用列入产品成本，借以调节各会计期间成本、费用的错误做法。

（三）正确划分各期费用成本的界限

为了按月分析、考核产品成本和期间费用，正确计算各期损益，还应将应计入产品成本的生产费用以及期间费用在各个月份之间进行划分，即企业应当根据权责发生制原则，正确划分各期费用成本的界限。划分的基本要求是：应由本月负担的费用都应在本月入账，计入本月的产品成本和期间费用；不应由本月负担的费用，一律不得列入本月的产品成本和期间费用。根据这项要求，在成本核算过程中，凡本月发生的费用，都要在本月入账，既不允许将其延至下月记账，也不得提前入账。另外，对应由本月和以后月份负担的长期待摊费用，要根据其受益期限，分别摊提到本月和以后月份，以便正确反映各月份的成本、费用水平。正确划分该费用界限是准确计算各月份产品成本和期间费用的基础，应该防止利用费用待摊办法人为调节各个月份的成本、费用和各月损益的错误做法。

（四）正确划分各种产品的费用界限

由于企业往往不只生产一种产品，因此，对于生产两种及两种以上产品的生产企业，还应将对应计入产品成本的生产费用在各有关产品之间进行划分，以便分析和考核各种产品成本计划或成本定额的执行情况。这种划分的基本要求是：属于某种产品单独发生、能够直接计入该种产品成本的生产费用，应该直接计入该种产品的成本；属于几种产品共同发生、不能直接计入某种产品成本的生产费用，则应采用适当的分配方法，分配计入这几种产品的成本。要如实反映各种产品的耗费，不能人为地在不同产品之间，特别是在亏损产品与盈利产品、可比产品与不可比产品之间任意转移生产费用。要防止以盈补亏、掩盖亏损产品亏损额或虚报产品成本、掩盖利润的错误做法。

（五）正确划分本期完工产品与期末在产品的费用界限

通过以上费用界限的划分，确定了各种产品本月应负担的生产费用。为了分期确定损益，及时提供有关成本资料，企业一般需要分期计算产品成本。期末计算产品成本时，除本期已完工产品外，还可能存在未完工的产品，即期末在产品。这样，为了正确计算完工产品总成本和单位成本，就需要正确划分本期完工产品与期末在产品的费用界限，即应采用适当的方法对生产该种产品的累计生产费用在本期完工产品与期末在产品之间进行分配。当然，如果某种产品都已完工，该产品的累计生产费用就全部是完工产品成本；如果某种产品都未完工，该产品的累计生产费用就全部是期末在产品成本。在这两种情况下都不存在累计生产费用在本期完工产品与期末在产品之间分配的问题。也就是说，只有本月既有完工产品又有未完工产品的情况下，月末才存在需要划分完工产品和月末在产品费用的界限问题。在划分本期完工产品与期末在产品的费用界限时，应选用合理的分配标准和合适的分配方法，要防止任意提高或降低月末在产品成本，人为调节完工产品成本的错误做法。

以上五个方面就是对各种费用界限的划分过程，也就是产品成本的计算和各项期间费用的归集过程。在这一过程中，应贯彻受益原则，即何者受益、何者负担费用，何时受益、何时负担费用，负担费用的多少应与受益程度的大小成正比。

以上五个方面的费用界限的概括如图1-2所示。

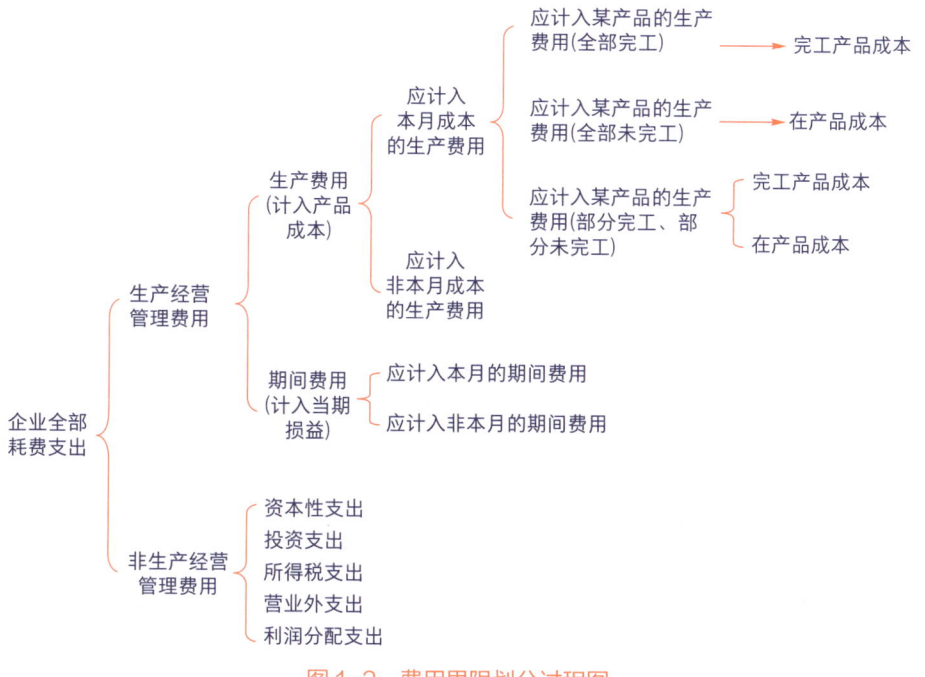

图1-2　费用界限划分过程图

二、成本核算和管理的原则

企业进行成本核算的目标是提供真实可靠的成本信息，成本核算原则是成本会计人员进行成本核算时应遵循的基本规范。尽管不同企业因生产特点和管理要求不同，成本核算各具特点，但对所有企业来说，成本核算提供的信息都必须相关、及时、准确。企业在进行成本核算时，必须遵循以下成本核算的基本原则与规范。

（一）客观性原则

客观性原则，是指在成本核算中要以实际发生的生产耗费为依据，如实反映企业的成本水平，使所提供的成本信息与客观的经济事实一致，不应掺假，不应人为地提高或降低成本。依据这一原则，在实际工作中，要求企业建立健全各项成本管理制度，加强各项成本管理的基础工作。任何生产耗费的发生都必须取得合法的原始凭证；各项财产物资要按历史成本计价；各种核算方法与处理程序不仅要符合有关规定，而且要前后一致，严禁乱挤、乱摊成本，严禁各种弄虚作假行为的发生，以确保所提供的成本信息的客观、真实。

（二）分期核算原则

企业的生产经营活动是持续不断地进行的。为了取得一定时期的成本信息，企业就必须将持续不断的生产经营活动人为地划分为若干个相等的成本会计期间，以便按期计算产品的生产成本。为便于各项工作的开展，在实际工作中，成本核算的分期与会计报告期

（分月、分季、分年）应当一致。需要指出的是，成本的分期核算是对产品成本的计算工作而言的。费用的归集、汇总和分配等工作都必须定期按月进行，而计算完工产品成本的时期（成本计算期）并不一定要与会计报告期完全一致，因为它主要受企业生产特点的影响。成本计算期可以按月定期，也可以按生产周期定期。

（三）及时性原则

及时性原则是指企业应根据成本管理和对外提供财务信息时效的要求，在规定的成本核算期内汇集生产费用、计算产品成本，为有关各方及时提供所需的成本信息。信息欲实现较高的使用价值，不仅要真实可靠，还必须保证时效。随着社会主义市场经济的不断发展，市场变化越来越快，企业竞争日趋激烈，及时提供成本信息，借以迅速做出生产经营决策、纠正成本管理工作中的失误，并果断地采取进一步加强成本管理的具体措施，是搞活企业、增强企业市场应变能力的重要途径；否则，时过境迁，原本非常重要的成本信息往往会变成毫无价值的无用资料。

（四）合法性原则

合法性原则是指成本核算时，必须按照有关的法律、法规、规章、制度等的规定对各项支出进行处理。只有符合规定的支出才能计入成本。目前制度规定，销售费用、管理费用、财务费用作为期间费用处理，不计入产品成本；购置和建造固定资产的支出、购入无形资产的支出、对外投资的支出、被没收的财物、各种罚款性质的支出、对外捐赠和赞助性质的支出等也都不能列入成本开支。如果成本中出现违反规定的开支，则必须在计算利润、编制报表和缴纳所得税时进行调整，以保证成本指标的合法性。

（五）一致性原则

拓展阅读 一
致性原则

一致性原则是指各个会计期间所采用的会计处理方法必须保持前后一致，不得随意变更，以使各期成本资料有一个统一的口径，保持企业不同时期成本信息的可比性。在成本核算中，采用不同的会计处理方法所计算出来的成本也必然会有所不同，因此，企业必须根据自身的生产特点和管理要求，选择一种较为适用的符合会计准则的会计处理方法，并尽量始终如一地使用下去，不宜经常变更，更不允许企业为满足一时的需要而随意变更。会计处理方法中与成本核算有关的处理方法包括发出材料的计价方法、固定资产折旧的计提方法、辅助生产费用和制造费用的分配方法、在产品的计价方法、产成品成本的计算方法等。如果因特殊情况确需改变原有的会计处理方法，应按《企业会计准则第 28 号——会计政策、会计估计变更和差错更正》等具体会计准则和相关制度的规定，在对原成本数据进行必要调整的基础上，通过有关会计报表说明变更情况和原因，并根据需要披露改变方法对企业财务状况和经营成果产生的影响。

（六）实际成本计价原则

实际成本计价亦称历史成本计价，是在强调成本实际形成的前提下，确保成本信息客观、真实的原则。它要求企业对外披露的会计报表必须按实际成本对资产和劳务予以计价，以客观反映各项资产和劳务的实际情况。具体到成本核算中，它表现为三方面的含义。首先，生产所耗用的原材料、燃料及动力等费用都要按实际成本计价。即使采用计划成本计价的核算方法，最终计入产品成本时也应将计划成本与差异结合起来调整为实际成本。其次，对固定资产计提折旧时，必须按其原始价值（历史成本）作为计算折旧额的基数。最后，对完工产品成本也要按实际成本计价，即使对产成品采用计划成本计价的核算方法，也应在产成品对外销售时，将其计划成本脱离实际的差异调整进来，使其成为实际成本。按实际成本计价可以减少成本计算的随意性，客观反映成本的实际水平，合理确定企业当期的盈利状况，并使不同会计期间劳动耗费及财务成果的计算具有可比性，但在物价变动（特别是通货膨胀）时，历史成本不能确切反映资产的现值，不能反映企业资产的收益情况。

（七）划分收益性支出与资本性支出原则

拓展阅读　划分收益性支出与资本性支出原则

该原则是指成本核算时应严格区分收益性支出与资本性支出的界限，以正确计算各期的成本、费用和利润。收益性支出是指仅与本年度（或一个营业周期）收益的取得有关的支出，即该项支出的发生是为了取得本年度（或一个营业周期内）的收益，如生产过程中所消耗的原材料支出、发生的工资支出等。资本性支出是指与几个会计年度收益相关的支出，如固定资产的购置支出。对这两类不同性质的支出，应采用不同的方法进行处理。构成资产价值的资本性支出，要在资产使用过程中将其价值逐渐转入成本、费用；收益性支出要在发生时计入当期的产品成本或期间费用。区分收益性支出与资本性支出的目的就是正确确定资产的价值和正确计算企业各期的成本、费用和利润。若将资本性支出错列为收益性支出，则结果必然是少计了资产价值，多计了当期成本、费用，导致当期利润虚减；反之，若将收益性支出错列为资本性支出，则结果必然是多计了资产价值，少计了当期成本、费用，导致当期利润虚增。

（八）权责发生制原则

在成本核算工作中，还应遵循权责发生制原则的要求，按应计基础正确确定各项费用的归属期，以保证各期成本核算资料的合理性。所谓权责发生制，是以收入和支出是否在本期已经发生作为确认其是否算作本期的收入和支出的一种会计核算基础。权责发生制的基本内容是：凡是本期已经发生，从而应计入本期的收入或支出，不论款项是否收到或付出，都归属于本期；凡是与本期没有关系，从而不应计入本期的收入或支出，即使款项已经收到或付出，均不应归属于本期。权责发生制原则是从时间选择上确定会计确认的基础，以解决费用的归属期问题。根据权责发生制原则，在成本核算时，对于已经发生的支出，如果其受益期不仅包括本期，还包括以后各期，就应将其作为待摊费用按其受益期进行分摊，而不能全部列作本期费用；对于虽未支出但已受益的费用，则应将其作为预提费用，先行预提计入本期费用中。在成本核算中贯彻权责发生制原则，能够分清本期支出的费用与本期负担的费用之间的界限，从而也能更加准确地反映特定会计期间真实的财务状况和经营成果。

（九）重要性原则

重要性原则指的是区分情况、突出重点，确保成本核算资料及时有用性的原则。为了充分发挥成本信息对经营管理的作用，重要性原则要求对产品成本中重要的内容应单独设立项目进行专门反映，并力求准确；次要的内容则可简化核算，或与其他内容合并反映。例如，主要产品应按品种（甚至再按生产步骤）设立产品成本明细账计算成本，并且要求算得细而准；数量少、费用小的零星产品，即使其工艺过程、使用价值等有较大的不同，也可将它们合并到一起作为一类计算成本。又如，在成本项目的设置上，金额大、比重高的原材料费用、人工费用必须单独设置成本项目进行反映；而金额小、比重低的车间办公费用、修理费用、折旧费用、机物料消耗费用等，就不必单独设置成本项目，只需合并在一起，全部反映在"制造费用"这个综合项目之中。

（十）效益性原则

效益性原则，是指成本核算作为一项工作，本身要讲求效益，要进行成本效益分析。某些重要的成本数据，由于能为企业内部管理和外界有关各方提供有用的信息，或者能为降低产品成本、提高经济效益起到很大的作用，应多花时间、多投入精力，尽量把核算工作搞得细一些，数据算得准一些；反之，不必在一些无关紧要的成本数据上花费太多的精力，非得求出一个精确值不可。效益性原则要求将成本核算时的付出与由此所带来的所得进行对比。只有所得大于付出，从事该工作才是合算的、有效益的，也才是有必要的、有意义的。

以上十项原则相互联系，共同构成了一个完整的成本核算和管理的原则体系。确立这些原则的根本目的是保证并提高成本信息的有用性，对内部管理人员的预测、决策、控制有用，对外界各方掌握成本信息、了解财务状况与经营成果有用。

📝 项目小结 ┠╌╌╌╌╌╌╌╌╌╌╌╌╌╌╌╌╌╌╌╌╌╌╌╌╌

成本计算和成本管理构成了企业成本管理系统。按照制造成本法的分类，生产成本是生产该产品过程中的耗费，包括直接材料、直接人工和制造费用，它本质上是企业为获得未来经济利益所消耗资源的货币表现。而管理角度的成本职能，还包括成本数据的分析、成本的预测和决策以及过程中的控制。为了能正确进行成本的核算和管理，需要界定各种费用界限，并遵循客观性、分期核算、及时性、合法性等原则。

思维导图

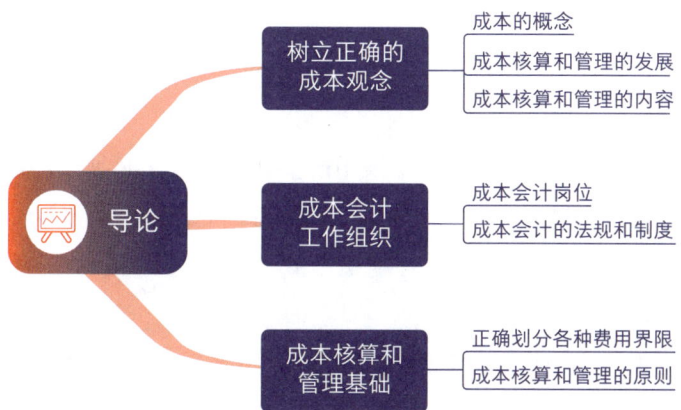

知识技能考核

一、单项选择题

1. 产品成本是指企业在生产产品过程中所发生的材料费用、职工薪酬等，以及不能直接计入而按一定标准分配计入的各种间接费用。下此定义的是（   ）。

A. 美国会计学会（AAA）

B. 美国注册会计师协会（AICPA）

C. 中国成本协会（CCA）

D. 财政部发布的《企业产品成本核算制度（试行）》

2. 早期的成本会计是指（   ）。

A. 成本计划   B. 成本决策

C. 成本核算   D. 成本考核

3.（   ）是成本决策的基础，是进行成本管理和控制的前提。

A. 成本预测   B. 成本计划

C. 成本核算   D. 成本考核

4.（   ）是以现有条件为前提，在历史成本资料的基础上，根据未来可能发生的变化，利用科学的方法，对未来的成本水平及其发展趋势进行描述和判断的成本管理活动。

A. 成本预测   B. 成本计划

C. 成本分析   D. 成本考核

5.（   ）是成本核算与管理最基本的职能。

A. 成本预测   B. 成本决策

C. 成本核算
D. 成本考核

6. 从成本核算效益考虑，在成本核算过程中不应对每一成本构成要素的核算都要求十分准确，这就提出了成本核算的（　　　）原则要求。

A. 分期核算
B. 重要性

C. 一致性
D. 合法性

7. （　　　）原则是指各个会计期间所采用的会计处理方法必须保持前后一致，不得随意变更，以使各期成本资料有一个统一的口径，保持企业不同时期成本信息的可比性。

A. 分期核算
B. 客观性

C. 实际成本计价
D. 一致性

8. （　　　）原则是指在成本核算中要以实际发生的生产耗费为依据，如实反映企业的成本水平，使所提供的成本信息与客观的经济事实一致，不应掺假，不应人为地提高或降低成本。

A. 客观性
B. 及时性

C. 权责发生制
D. 实际成本计价

二、多项选择题

1. 成本核算和管理的内容包括（　　　）。

A. 成本预测
B. 成本计划

C. 成本核算
D. 成本考核

2. 事前成本管理阶段包括（　　　）。

A. 成本预测
B. 成本决策

C. 成本计划
D. 成本核算

3. 下列属于成本核算和管理集中制优点的是（　　　）。

A. 减少核算环节
B. 精简人员

C. 不利于精简人员
D. 手续复杂

4. 成本岗位工作制度是成本会计工作的规范，下列属于成本岗位工作制度的是（　　　）。

A.《中华人民共和国会计法》

B.《企业会计准则》

C.《企业产品成本核算制度（试行）》

D.《管理会计应用指引第 300～304 号——成本管理相关应用指引》

5. 成本核算的原则包括（　　　）。

A. 分期核算
B. 合法性

C. 一致性

D. 计划成本计价

6. 成本按经济用途分类，可分为（   ）。

A. 生产成本

B. 非生产成本

C. 历史成本

D. 未来成本

7. 企业的生产成本包括（   ）。

A. 直接材料

B. 直接人工

C. 制造费用

D. 管理费用

8. 企业的生产经营管理费用包括（   ）。

A. 生产成本

B. 销售费用

C. 财务费用

D. 所得税费用

三、判断题

1. 成本作为一个价值范畴，是商品经济生产发展到一定阶段的产物。（   ）

2. 近代成本会计阶段产生了标准成本制度，形成了成本管理会计的雏形。（   ）

3. 成本核算、成本决策、成本分析和成本考核属于事后成本管理阶段。（   ）

4. 成本核算和管理的各项内容是相互独立的，各司其职。（   ）

5. 任何企业，都必须设置成本会计科，保证成本的核算工作。（   ）

6. 企业内部各级成本会计机构之间，按照组织分工的不同，通常有集中制和非集中制两种组织方式。（   ）

7. 制造费用属于企业的期间费用。（   ）

8. 企业进行成本核算与管理应以收付实现制为原则。（   ）

项目二　生产费用的归集和分配

✈ **学习目标** ┠---

知识目标 ● 了解企业成本数据的收集方法

● 理解生产费用归集和分配的原理

● 理解ERP系统中生产费用归集和分配的逻辑

● 掌握生产成本账户和成本项目的设置方法

技能目标 ● 能辨识和处理生产相关的原始凭证

● 能借助Excel完成费用的归集和分配

● 能完成ERP系统的基础档案设置和期初数据的录入

素养目标 ● 通过费用的归集，培养严谨的工作作风，养成认真细致的工作态度

● 通过Excel辅助分配和计算，学会创新的工作方法

⚙ **项目引例** ┠---

生产挂面需要耗费哪些资源？

银苑食品有限公司是以食品开发、生产和销售为一体的一般纳税人企业，主要产品有方便面、挂面、粉丝等，每种产品又有若干个品种，比如挂面有普通挂面、龙须面、儿童营养面、菠菜面、五谷杂粮面、骨汤面、风味面等上百个品种。本案例以普通挂面（简称普面）、菠菜挂面（简称菠菜面）和鸡蛋挂面（简称鸡蛋面）为例。

1. 产品结构

三种挂面的物料清单（BOM）及产品结构分别如图2-1、图2-2和图2-3所示。

2. 生产工艺

银苑食品有限公司拥有一个大厂房，厂房内有4条全自动生产线，每条全自动生产线的日产量为5吨，依据生产挂面所需要的温度和湿度，厂房被分隔成"加工车间""烘房"和"包装车间"3个车间。全自动生产线贯穿三个车间，生产线上的主要设备有和面机、静止熟化机、压延机（含切片功能）、索道式传输带、烘干设备、切断机和全自动挂面包

装机等，通过自动传输装置连在一起。其生产工艺流程如图 2-4 所示。

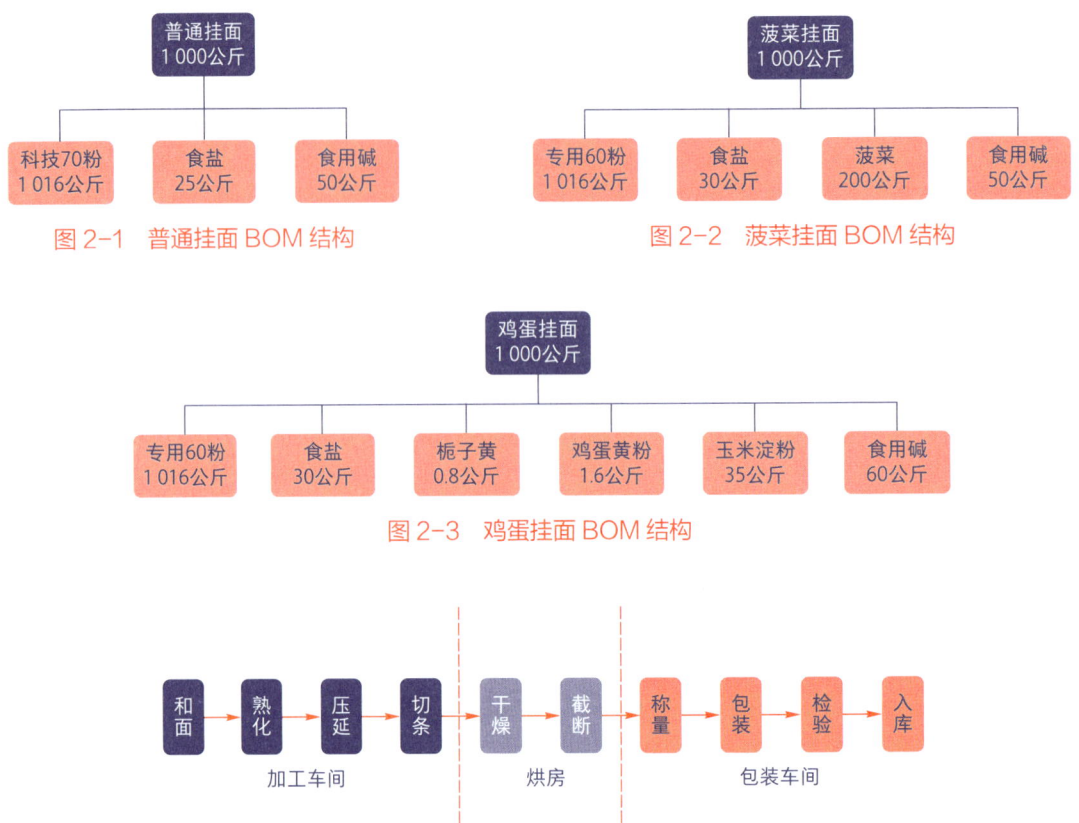

图 2-1　普通挂面 BOM 结构　　　　图 2-2　菠菜挂面 BOM 结构

图 2-3　鸡蛋挂面 BOM 结构

图 2-4　挂面的生产工艺流程

　　挂面的生产，分加工、烘干和包装三个工序，原材料在第一个工序一次投料，工作流程为：将面粉加水、蔬菜汁、食盐、食用碱等辅料，在和面机中充分搅拌 15 分钟左右；进入静止熟化机，低速搅拌、静止熟化 15～25 分钟，使面粉、淀粉、蛋白质吸水膨胀，从而形成具有可塑性、黏弹性和延伸性的颗粒状湿面团；再进入压延机，进行压片和切条；湿面条自动切齐后，传输到烘房进行脱水干燥，烘干时间为 8 小时；经切断机切断后，自动称重包装。生产挂面的流水线及主要设备如图 2-5 所示。

　　为配合挂面生产车间的生产，银苑食品有限公司设置有配料车间和机修车间。以菠菜面为例，新鲜菠菜需要先进入配料车间，进行清洗、打汁，再作为原材料被加工车间领用；机修车间负责生产设备和办公设备的日常维修和保养。

　　3. 企业组织架构

　　银苑食品有限公司设置有采购部、销售部、仓储部、生产部和行政管理部，组织架构如图 2-6 所示。

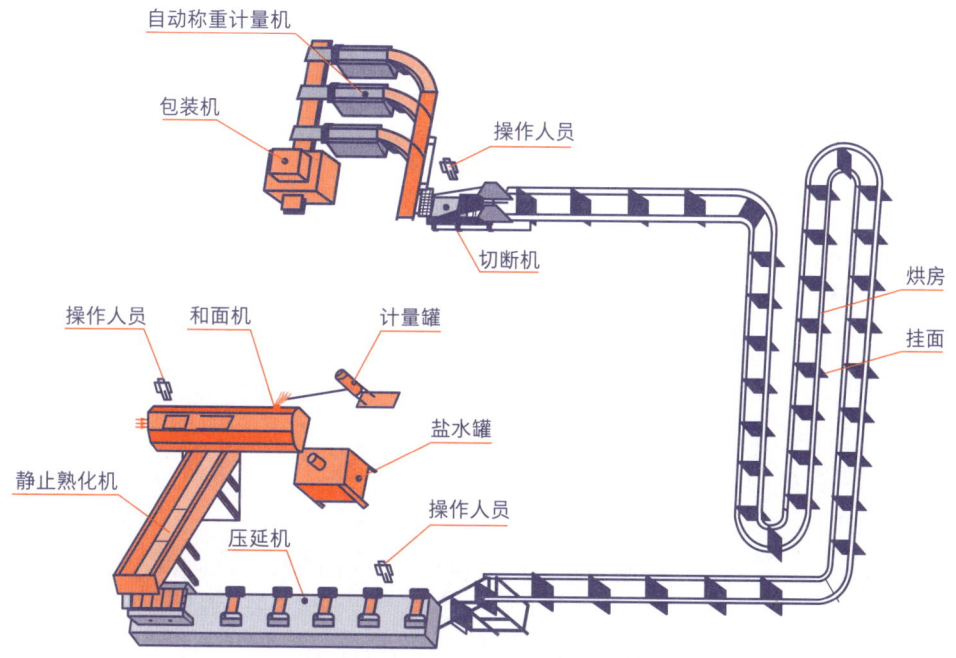

图 2-5 挂面生产线主要生产设备示意图

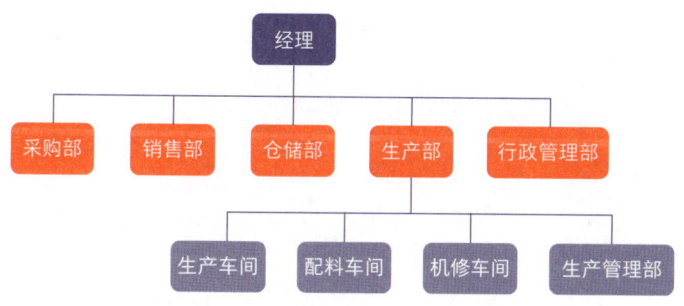

图 2-6 银苑食品有限公司组织结构图

4. 期初数据

银苑食品有限公司 2020 年 1 月有期初在产品鸡蛋面，重量为 1 200 公斤，其基本生产成本明细账中记录的直接材料、燃料及动力、直接人工和制造费用分别为 4 090.10 元、819.00 元、327.30 元和 163.60 元。

5. 本月业务

2020 年 1 月，银苑食品有限公司与案例三种挂面生产相关的业务如下。

（1）耗用材料汇总如表 2-1 所示。

该表根据生产车间日常填写的领料单汇总而成，面粉领用使用根据限额领料单记录，食盐、食用碱（亦称碳酸钠）等非定额消耗和临时消耗的材料使用根据领料单记录。

表 2-1　银苑食品有限公司 1 月领料汇总表　　　　　　　　　金额单位：元

编号	材料名称	单位	数量	单价	金额	领用部门	生产用途
130130	专用 60 粉	千克	101 600.00	3.780 0	384 048.00	生产车间	鸡蛋面、菠菜面
130152	科技 70 粉	千克	335 280.00	3.720 0	1 247 241.6	生产车间	普面
131201	玉米淀粉	千克	2 310.00	3.200 0	7 392.00	生产车间	鸡蛋面
141104	栀子黄	千克	52.67	26.999 1	1 422.04	生产车间	鸡蛋面
141108	鸡蛋黄粉	千克	105.34	85.996 8	9 058.90	生产车间	鸡蛋面
141101	加碘盐	千克	262.13	2.000 0	524.26	生产车间	鸡蛋面、普面、菠菜面
141102	碳酸钠	千克	131.06	2.300 1	301.45	生产车间	鸡蛋面、普面、菠菜面
170201	普面面纸	张	330 000.00	0.040 0	13 200.00	生产车间	普面
170202	鸡蛋面纸	张	66 000.00	0.040 0	2 640.00	生产车间	鸡蛋面
170203	菠菜面纸	张	34 000.00	0.040 0	1 360.00	生产车间	菠菜面
170319	平口袋	条	28 810.00	0.027 0	777.87	生产车间	鸡蛋面、普面、菠菜面
170303	热缩膜	千克	1 075.00	0.023 0	24.73	生产车间	鸡蛋面、普面、菠菜面
170301	合格证	张	4 300 000.0	0.000 3	1 290.00	生产车间	鸡蛋面、普面、菠菜面
170313	专用胶带	卷	194.00	12.000 0	2 328.00	生产车间	鸡蛋面、普面、菠菜面
170601	捆扎带	千克	103.80	1.200 0	124.56	生产车间	鸡蛋面、普面、菠菜面
170602	包装纸箱	个	4 300.00	1.700 0	7 310.00	生产车间	鸡蛋面、普面、菠菜面
170703	机油	桶	13.00	110.000 0	1 430.00	生产车间	鸡蛋面、普面、菠菜面
170602	包装纸箱	个	300.00	1.700 0	510.00	配料车间	鸡蛋面、普面、菠菜面

续表

编号	材料名称	单位	数量	单价	金额	领用部门	生产用途
170703	机油	桶	4.00	110.000 0	440.00	配料车间	鸡蛋面、普面、菠菜面
141107	菠菜	千克	6 000.00	0.500 0	3 000.00	配料车间	菠菜面
170602	包装纸箱	个	80.00	1.700 0	136.00	机修车间	鸡蛋面、普面、菠菜面
	合计				1 684 559.41		

（2）1月份工资结算单如表2-2所示。

表2-2 银苑食品有限公司1月工资结算单 金额单位：元

姓名	部门	人员类别	应发工资	个人社保公积金	代扣个税	实发合计	公司承担五险一金	应付职工薪酬总额
张勇义	行政管理部	管理人员	9 700	2 153.40	76.4	7 470.20	4 074.00	13 774.00
李小强	行政管理部	管理人员	7 200	1 598.40	18.05	5 583.55	3 024.00	10 224.00
刘华中	行政管理部	管理人员	7 200	1 598.40	18.05	5 583.55	3 024.00	10 224.00
宋丹萍	行政管理部	管理人员	7 200	1 598.40	18.05	5 583.55	3 024.00	10 224.00
赵豫洲	行政管理部	管理人员	7 200	1 598.40	18.05	5 583.55	3 024.00	10 224.00
张斌	行政管理部	管理人员	9 700	2 153.40	76.4	7 470.20	4 074.00	13 774.00
付公明	采购部	管理人员	7 200	1 598.40	18.05	5 583.55	3 024.00	10 224.00
张萌	采购部	管理人员	7 200	1 598.40	18.05	5 583.55	3 024.00	10 224.00
刘欢	采购部	管理人员	7 200	1 598.40	18.05	5 583.55	3 024.00	10 224.00
刘大海	仓储部	管理人员	7 200	1 598.40	18.05	5 583.55	3 024.00	10 224.00
李宝珠	仓储部	管理人员	7 200	1 598.40	18.05	5 583.55	3 024.00	10 224.00
王明远	销售部	销售人员	5 930	1 316.46	0	4 613.54	2 490.60	8 420.60
李振中	销售部	销售人员	4 342	963.92	0	3 378.08	1 823.64	6 165.64
刘利民	销售部	销售人员	3 611	801.64	0	2 809.36	1 516.62	5 127.62
张成飞	销售部	销售人员	3 620	803.64	0	2 816.36	1 520.40	5 140.40
尤红利	销售部	销售人员	4 417	980.57	0	3 436.43	1 855.14	6 272.14

姓名	部门	人员类别	应发工资	个人社保公积金	代扣个税	实发合计	公司承担五险一金	应付职工薪酬总额
毛淑敏	销售部	销售人员	4 634	1 028.75	0	3 605.25	1 946.28	6 580.28
张龙生	销售部	销售人员	3 593	797.65	0	2 795.35	1 509.06	5 102.06
韩明志	生产部	研发人员	4 427	982.79	0	3 444.21	1 859.34	6 286.34
吴龙吉	生产部	研发人员	4 611	1 023.64	0	3 587.36	1 936.62	6 547.62
雷丹	生产部	品控人员	4 342	963.92	0	3 378.08	1 823.64	6 165.64
郝俊美	生产部	品控人员	3 427	760.79	0	2 666.21	1 439.34	4 866.34
张良生	生产部	生产工人	3 427	760.79	0	2 666.21	1 439.34	4 866.34
焦春林	生产部	生产工人	3 427	760.79	0	2 666.21	1 439.34	4 866.34
刘文勇	生产部	生产工人	3 427	760.79	0	2 666.21	1 439.34	4 866.34
徐家辉	生产部	生产工人	3 427	760.79	0	2 666.21	1 439.34	4 866.34
朱炳祥	生产部	生产工人	3 427	760.79	0	2 666.21	1 439.34	4 866.34
刘文钦	生产部	生产工人	3 427	760.79	0	2 666.21	1 439.34	4 866.34
张毅楠	生产部	生产工人	3 427	760.79	0	2 666.21	1 439.34	4 866.34
刘一福	生产部	生产工人	3 427	760.79	0	2 666.21	1 439.34	4 866.34
姚磊	生产部	生产工人	3 427	760.79	0	2 666.21	1 439.34	4 866.34
翟如伟	生产部	生产工人	3 427	760.79	0	2 666.21	1 439.34	4 866.34
章永俊	生产部	生产工人	3 427	760.79	0	2 666.21	1 439.34	4 866.34
田远远	生产部	生产工人	3 427	760.79	0	2 666.21	1 439.34	4 866.34
刘永斌	生产部	生产工人	3 427	760.79	0	2 666.21	1 439.34	4 866.34
何永胜	生产部	生产工人	3 427	760.79	0	2 666.21	1 439.34	4 866.34
刘德厚	生产部	生产工人	3 427	760.79	0	2 666.21	1 439.34	4 866.34
张文辉	生产部	生产工人	3 427	760.79	0	2 666.21	1 439.34	4 866.34
王小强	生产部	生产工人	3 427	760.79	0	2 666.21	1 439.34	4 866.34
刘胜	生产部	生产工人	3 427	760.79	0	2 666.21	1 439.34	4 866.34
张淑贞	生产部	生产工人	3 427	760.79	0	2 666.21	1 439.34	4 866.34
余永俊	生产部	配料工人	2 750	610.50	0	2 139.50	1 155.00	3 905.00

续表

姓名	部门	人员类别	应发工资	个人社保公积金	代扣个税	实发合计	公司承担五险一金	应付职工薪酬总额
柳承志	生产部	配料工人	2 750	610.50	0	2 139.50	1 155.00	3 905.00
万俊祥	生产部	配料工人	2 750	610.50	0	2 139.50	1 155.00	3 905.00
张一君	生产部	配料工人	2 750	610.50	0	2 139.50	1 155.00	3 905.00
范海根	生产部	机修工人	3 800	843.60	0	2 956.40	1 596.00	5 396.00
刘淑花	生产部	机修工人	3 800	843.60	0	2 956.40	1 596.00	5 396.00
肖锦鹏	生产部	机修工人	3 800	843.60	0	2 956.40	1 596.00	5 396.00
郁伟超	生产部	机修工人	3 800	843.60	0	2 956.40	1 596.00	5 396.00
田永军	生产部	车间管理	3 211	712.84	0	2 498.16	1 348.62	4 559.62
李建龙	生产部	车间管理	4 341	963.70	0	3 377.30	1 823.22	6 164.22

（3）固定资产清单如表2-3所示。

表2-3　银苑食品有限公司固定资产使用情况表　　　　　　　　　　　金额单位：元

资产编号	资产名称	单位	类别名称	使用部门	原值	残值率	使用年限
100101	办公楼	栋	房屋及建筑物	行政管理部	1 000 000.00	5%	50
100103	厂房	间	房屋及建筑物	生产车间	200 000.00	5%	50
100104	配料房	间	房屋及建筑物	配料车间	60 000.00	5%	30
100105	机修房	间	房屋及建筑物	机修车间	30 000.00	5%	30
100106	仓库	间	房屋及建筑物	仓储部	210 000.00	5%	30
200101	小货车	辆	运输设备	销售部	120 000.00	5%	10
200102	小货车	辆	运输设备	销售部	120 000.00	5%	10
300101	和面机	台	生产设备	生产车间	30 000.00	5%	10
300102	和面机	台	生产设备	生产车间	30 000.00	5%	10
300103	和面机	台	生产设备	生产车间	30 000.00	5%	10
300104	和面机	台	生产设备	生产车间	30 000.00	5%	10
300105	和面机	台	生产设备	生产车间	30 000.00	5%	10

资产编号	资产名称	单位	类别名称	使用部门	原值	残值率	使用年限
300106	静止熟化机	台	生产设备	生产车间	10 000.00	5%	10
300107	静止熟化机	台	生产设备	生产车间	10 000.00	5%	10
300108	静止熟化机	台	生产设备	生产车间	10 000.00	5%	10
300109	静止熟化机	台	生产设备	生产车间	10 000.00	5%	10
300110	静止熟化机	台	生产设备	生产车间	10 000.00	5%	10
300111	压延机	台	生产设备	生产车间	30 000.00	5%	10
300112	压延机	台	生产设备	生产车间	30 000.00	5%	10
300113	压延机	台	生产设备	生产车间	30 000.00	5%	10
300114	压延机	台	生产设备	生产车间	30 000.00	5%	10
300115	压延机	台	生产设备	生产车间	30 000.00	5%	10
300116	索道式传输带	台	生产设备	生产车间	15 000.00	5%	10
300117	索道式传输带	台	生产设备	生产车间	15 000.00	5%	10
300118	索道式传输带	台	生产设备	生产车间	15 000.00	5%	10
300119	索道式传输带	台	生产设备	生产车间	15 000.00	5%	10
300120	索道式传输带	台	生产设备	生产车间	15 000.00	5%	10
302001	烘干设备	套	生产设备	生产车间	60 000.00	5%	10
300301	切断机	台	生产设备	生产车间	12 000.00	5%	10
300302	切断机	台	生产设备	生产车间	12 000.00	5%	10
300303	切断机	台	生产设备	生产车间	12 000.00	5%	10
300304	切断机	台	生产设备	生产车间	12 000.00	5%	10
300305	切断机	台	生产设备	生产车间	12 000.00	5%	10
300306	全自动挂面包装机	套	生产设备	生产车间	34 000.00	5%	10
300307	全自动挂面包装机	套	生产设备	生产车间	34 000.00	5%	10
300308	全自动挂面包装机	套	生产设备	生产车间	34 000.00	5%	10

续表

资产编号	资产名称	单位	类别名称	使用部门	原值	残值率	使用年限
300309	全自动挂面包装机	套	生产设备	生产车间	34 000.00	5%	10
300310	全自动挂面包装机	套	生产设备	生产车间	34 000.00	5%	10
300401	工业用榨汁搅拌机	台	生产设备	配料车间	18 000.00	5%	11
300402	工业用榨汁搅拌机	台	生产设备	配料车间	18 000.00	5%	12
400001	台式计算机	台	办公设备	行政管理部	5 000.00	5%	5
400002	台式计算机	台	办公设备	行政管理部	5 000.00	5%	5
400003	台式计算机	台	办公设备	行政管理部	5 000.00	5%	5
400004	台式计算机	台	办公设备	行政管理部	5 000.00	5%	5
400005	台式计算机	台	办公设备	生产管理部	5 000.00	5%	5
400030	打印传真一体机	台	办公设备	行政管理部	8 000.00	5%	5

（4）水、电、气的使用情况如表 2-4 所示。

表 2-4　银苑食品有限公司 1 月水、电、气使用情况表

使用部门	用电类型	用电量/千瓦时	电单价/元	用水量/吨	水单价/元	天然气用量/立方米	天然气单价/元
仓储部	照明电	350.00	1.5	0.00	4.1		
行政管理部	照明电	660.00	1.5	86.70	4.1		
机修车间	动力电	300.00	1.8	35.20	4.1		
配料车间	动力电	431.00	1.8	660.40	4.1		
生产车间	动力电	7 305.00	1.8	6 550.00	4.1		
销售部	照明电	400.00	1.5	0.00	4.1		
采购部	照明电	310.00	1.5	0.00	4.1		
生产车间（烘干房）						59 600.00	3.12

注：该企业所在地区电费收费标准为：动力电 1.80 元/千瓦时，照明电 1.50 元/千瓦时，水费 4.10 元/吨，天然气 3.12 元/米³，此单价为不含税价。外购的水、电、天然气适用税率分别为 9%、13% 和 9%。

（5）本月发生的差旅费、办公费等其他费用清单如表2-5所示。

表2-5　银苑食品有限公司其他费用支出单　　　　　　　　　　　　　　金额单位：元

使用部门及车间	差旅费	劳保费	招待费	办公费	合计
仓储部		640.00		80.00	720.00
行政管理部	2 800.00	2 000.00	1 200.00	1 650.00	7 650.00
机修车间		200.00			200.00
配料车间		200.00			200.00
生产车间		2 350.00			2 350.00
生产管理人员		320.00		480.00	800.00
销售部	5 200.00		4 600.00	520.00	10 320.00
采购部	3 500.00				3 500.00

（6）车间研发人员1月投入的试验费、调研费合计2 780.00元，新产品尚属于研究阶段。

（7）缴纳第一季度产品责任险6 000.00元。

（8）产品完工入库前质检，完工时发现一批废品酥面，重量250公斤。查明原因为烘干房操作失误，使升温过快，经技术人员测试，该批酥面可作为废料回收。

（9）本月生产量

本月完工产量汇总如表2-6所示，其中普通挂面期末有在产品1 900.00公斤，分布在第二个烘干工序上的有1 600.00公斤，分布在第三道包装工序上的有300.00公斤。

表2-6　本月完工产品产量汇总

品名	本月投产量/公斤	工时定额	机器工时	60粉消耗定额	废品重量/公斤	期初在产品/公斤	期末在产品重量/公斤
鸡蛋面	66 000.00	10	9	1.016		1 200.00	
菠菜面	34 000.00	9	8	1.016			
普面	330 000.00	9	8		250.00		1 900.00

根据以上资料，归集并分配挂面生产的生产耗费。

不同的信息使用者对会计信息的需求不同，有用于事后监督的，也有用于事前决策的。面向计划和决策的信息是未来导向，用于反映和监督的信息是历史导向，二者使用到的概念或标准有所不同。成本核算是站在历史的视角，为会计报告提供有关存货及销货数据的工作，其中"生产成本"是指企业在生产产品（包括提供劳务）过程中所发生的材料费用、职工薪酬等，以及不能直接计入而按一定标准分配计入的各种间接费用。

模块一　费用归集分配的前期准备

企业的成本核算是一项系统而细致的工作，对制造企业来说，就是计算完工产品总成本和单位成本的过程。为了完成这项任务，成本核算岗位应事先做好一些准备，比如收集和报送原始成本数据、确定计入生产费用的支出、确定成本核算对象和成本项目、设置成本核算账户等。

一、生产费用原始数据的收集

为了保证成本计算结果的真实性、完整性和可靠性，企业必须建立和健全记录成本核算原始数据的制度（比如材料物资的计量、验收、领发和盘点制度），规范材料物资收发流程，制定并及时修订消耗定额、内部结算价格和结算方法，完善资金支出的内部控制。

成本核算的原始数据是企业生产经营活动实际情况的记载，是进行成本核算与管理的依据，必须数据真实、内容齐全。成本计算前，要收集、整理、审核和报送以下与成本相关的原始数据：

（1）存货物资收发存的原始数据。包括：材料物资的验收入库单、领料单、退料单、报废单、盘盈盘亏报告等，以及产品加工原始记录，包括工艺单、排产单、在产品记录、产品出入库单、发货记录等。

（2）会计政策和会计估计。收集整理存货计价方法、固定资产折旧方法、无形资产摊销方法、成本计算方法等会计政策以及固定资产使用年限和残值、无形资产摊销期限等会计估计相关数据，这些会计政策和会计估计一经确定，应保持相对稳定，不能随意变更，以保证成本信息的可比性。

（3）收集整理考勤表、加班表、工资结算单等劳动工资的原始记录，收集整理固定资产原始信息及盘点情况信息，收集整理耗用的电量、水量和天然气等信息，收集整理财务现金收支的原始凭证等。

（4）收集整理产品消耗定额等数据。产品消耗定额是编制成本计划、分析和考核成本水平的依据，也是审核和控制耗费的标准。企业应该根据自身当前设备条件和技术水平，制定并及时修订先进、可行的各项消耗定额，并据以审核各项耗费是否合理，是否节约。

（5）收集整理内部结算价格。如果企业资产物资在企业内部各部门、车间之间进行转移，要确认原材料、燃料、在产品、半成品等资产物资的内部结算价格，这样有利于明确经济责任，简化和减少核算工作，也便于考核企业内部各责任部门成本计划的完成情况。

成本核算需要的这些数据，有的来自生产部门，有的来自行政管理部门，数据的收集、整理、统计和报送，要及时、保质地完成，以保证成本核算的完整性和连续性。例如，仓库部门需要报送每月的产成品、自制半成品的出入库数据；生产车间需要报送期末在产品的结余数据；供水供电部门需要报送耗电量和耗水量，人力资源部门需要按月及时报送工资数据等。

【项目分析】

银苑食品有限公司为计算每一种挂面的成本，收集的原始单据或数据有：领料单、完工入库单、工资结算单、固定资产登记表、生产工时定额、水电天然气表的读数、费用支出单等。为方便成本计算，尽量将这些信息录入到 Excel 表中，并进行初步的汇总、登记。Excel 表格样式可以如引例中所示，也可以自行设计，比如将领料单汇总到如表 2-7 所示的"材料收发汇总表"中。

表 2-7 材料收发汇总表　　　　　　　　　　　　　金额单位：元

品名及型号	1 日出入			2 日出入			3 日出入			……
	出	入	入库单价	出	入	入库单价	出	入	入库单价	

"材料收发汇总表"登记了所有材料每天的出入库情况，入库单价在材料入库时可以确定（如期末暂估或暂估单价），但发出材料的单价跟选取的存货计价方式有关，假设企业使用的是"全月一次加权平均法"，则可按表 2-8 的格式，计算发出或领用材料的成

本。其中，期初库存为已知数据，本期购进由"材料收发汇总表"汇总得出，"期初＋本期入库"由本表计算得出，从而计算出：

全月一次加权单价＝（期初库存金额＋本期入库金额）÷（期初库存数量＋本期入库数量），此单价即为发出存货的单价。

出库成本（金额）＝数量 × 全月一次加权单价

月末结存金额＝月末结存数量 × 全月一次加权单价

表2-8　发出材料成本计算表　　　　　　　　　　　　　　　　　　　　金额单位：元

品名及型号	期初库存			本期入库			全月一次加权			出库成本		月末结存	
	数量	单价	金额	数量	单价	金额	数量	单价	金额	数量	金额	数量	金额

二、生产费用的分类

为了正确地计算产品成本，企业应当根据所发生的有关费用能否归属于使产品达到目前场所和状态的原则，正确区分产品成本和期间费用，并对企业发生的各项生产费用进行合理的分类。

生产费用的分类

（一）生产费用按经济内容分类

产品的生产过程，也是物化劳动（包括劳动对象和劳动手段）和活劳动的耗费过程。因而生产过程中发生的生产费用，按其经济内容分类，可划归为劳动对象方面的费用、劳动手段方面的费用和活劳动方面的费用三大类，在此基础上还可以进一步划分为若干要素费用，具体包括：

1. 外购材料

外购材料指企业为生产产品或提供劳务而消耗的原料及主要材料、外购半成品、辅助材料、包装物和低值易耗品等。

2. 外购燃料

外购燃料指企业为生产产品或提供劳务而耗用的各种固体、液体和气体燃料。

3. 外购动力

外购动力指企业为生产产品或提供劳务而耗用的一切从外单位购进的电力、蒸汽等各种动力。

4. 职工薪酬

职工薪酬指企业为生产产品或提供劳务而发生的职工工资、福利费、社会保险费及住房公积金等。

5. 折旧费与摊销费

折旧费与摊销费指对企业用来生产产品的固定资产和车间管理用的固定资产所提取的折旧费用或无形资产等的摊销费。

6. 利息支出

利息支出指借款利息支出减去利息收入后的金额。

7. 其他支出

其他支出指企业为生产产品或提供劳务所发生的，不属于以上各要素费用但应计入产品生产成本的费用支出，如差旅费、租赁费、劳保费、外部加工费以及保险费等。

（二）生产费用按经济用途分类

计入产品成本的生产费用在产品生产过程中的用途也不尽相同，有的直接用于产品生产，有的用于管理和组织产品生产。因此，可根据计入产品成本的生产费用的用途将生产费用划分为：

1. 直接材料

直接材料指在产品制造过程中耗用的各种原料及主要材料、辅助材料等，此外，还应包括外购零部件、外购半成品、修理用备件、周转材料等费用。

2. 直接人工

直接人工指在生产产品和提供劳务过程中所耗用的生产人员的工资、奖金、福利费和各种津贴等，通常不含生产车间管理人员的薪酬。

3. 制造费用

拓展阅读 制造成本法

制造费用指在生产产品和提供劳务过程中所耗用的除了直接材料、直接人工以外的各种费用。具体包括企业各生产单位（分厂、车间）为组织和管理生产所发生的费用，生产单位房屋、建筑物、机器设备等的折旧费，无形资产摊销费、设备租赁费（不含融资租赁费用）、机物料消耗、低值易耗品摊销、水费和照明电费、办公费等。

（三）生产费用按与产品生产的关系分类

生产费用按与产品生产的关系，可分为直接计入费用和间接计入费用。

1. 直接计入费用

直接计入费用是指可以分清哪种产品所耗用、可以直接计入某种产品成本的费用。

2. 间接计入费用

间接计入费用，是指不能分清哪种产品所耗用、不能直接计入某种产品成本，而必须按照一定标准分配计入有关产品成本的费用。

【引例分析】

根据上述对费用的分类，银苑食品有限公司发生的费用支出，哪些属于生产费用，哪些属于期间费用？

（1）生产领用的"专用60粉"和"科技70粉"等面粉，应当计入产品成本，其按经济内容划分，属于"材料费用"；按经济用途分属于"直接材料"；按与产品挂面的关系划分，"专用60粉"用于生产鸡蛋挂面和菠菜挂面两种产品，属于间接计入费用，"科技70粉"属于直接计入普通挂面的直接计入费用。

（2）生产领用食盐、食碱等辅料，这些辅助材料也要计入产品的成本，其按经济内容划分，属于"材料费用"；按经济用途分属于"直接材料"；按与产品挂面的关系划分，食盐、食用碱等辅料不能分清哪种产品消耗，属于间接计入的费用。

（3）工资结算单中的"应付职工薪酬总额"按经济内容划分，属于"人工费用"；将工资表按部门和人员类别，汇总出不同部门、不同类别的人员工资，按经济用途可以进一步划分为"直接人工"或"制造费用"；按与产品的关系划分，有直接计入的，也有间接计入的费用。

（4）根据固定资产使用情况计算出每类资产的折旧，折旧费也要计入产品的成本。按经济内容划分属于"折旧费用"；按经济用途划分属于"制造费用"；按与产品的关系划分，属于间接计入费用。

（5）生产所耗用的水、电和天然气，应计入生产挂面的成本，这些费用按经济内容划分属于"燃料"和"外购动力"；按经济用途划分属于"制造费用"；按与产品的关系划分，属于间接计入费用。

（6）本月发生的差旅费、办公费、业务招待费以及本季度的工作服、手套等劳保用品，要根据"谁受益谁承担"的分配原则，计入生产成本或期间费用。比如仓储部、行政管理部、采购部耗用的，计入"管理费用"；生产车间耗用的，因无法明确受益对象，则要先计入"制造费用"再分配至具体的产品成本。

（7）在研究阶段的研发支出全部费用化，计入当期损益，即"管理费用"。

（8）缴纳第三季度产品责任险属于跨期耗费，应根据权责发生制原则，合理地分摊在受益期内，计入当期损益，即"管理费用"。

（9）因操作失误导致酥面的净损失，属于废品损失，应该计入产品成本。

三、产品成本项目的设置

为便于进行成本考核、比较和汇总，具体反映计入产品生产成本的生产费用的经济用途，通常需要将生产费用再进一步划分，划分后的费用项目被称为成本项目。设置成本项目可以反映产品成本的构成情况，便于企业分析和考核产品成本计划的执行情况。

制造企业的成本项目通常可分为直接材料费、直接人工费、制造费用这三个项目，由于企业生产的特点、费用支出的比重及成本管理和核算的要求不同，各企业可根据生产特点和管理要求对上述成本项目做适当调整。设置或调整产品成本项目时，应考虑的主要因素包括：

1. 管理上是否具有单独反映、控制和考核的需要

比如，如果半成品需要入库管理的企业，就应增设"自制半成品"项目。

2. 费用在产品成本中比重的大小

比如，如果工艺上耗用的燃料和动力不多，为了简化核算，可将其燃料费用并入"原材料"成本项目，将动力费用并入"制造费用"成本项目。相反，如果燃料耗用比较多，则可以单列一个"燃料"项目。又如，如果废品损失在产品成本中所占比重较大，在管理上需要对其进行重点控制和考核，则可以单设"废品损失"成本项目。

成本项目即是生产成本明细账（多栏式明细账）的栏目。

【引例分析】

银苑食品有限公司因为需要用大量的天然气提供烘房环境，所以其成本项目，除了设置直接材料费、直接人工费、制造费用以外，还可以再设置"燃料"项目；为监控和管理废品损失，在成本项目中单独设置一个"废品损失"项目。

不同行业的成本项目不尽相同，比如建筑企业一般设置直接人工、直接材料、机械使用费、其他直接费用和间接费用等成本项目。建筑企业将部分工程分包的，还可以设置分包成本项目。再如，房地产企业可以设置的成本项目有：土地征用及拆迁补偿费、前期工程费、建筑安装工程费、基础设施建设费、公共配套设施费、开发间接费、借款费用等。

企业内部管理有相关要求的，还可以按照现代企业多维度、多层次的成本管理要求，利用现代信息技术设置有关成本项目，输出有关成本信息。因此，成本项目的设置，并非一定是"料""工""费"，而要根据企业性质、生产特征等因素，使设置的项目能落实经济责任，有效进行费用的控制与考核。

【议一议】

软件及信息技术服务企业，在生产过程中原材料消耗少，人工成本比重较高，发生的成本中许多是行业特有的支出，如外购软件与服务、转包成本等。这类企业应如何设置成本项目，使其更好地反映软件及信息技术服务企业的特点，体现管理的要求呢？

四、成本核算对象的确定

企业应当根据产品生产过程的特点、生产经营组织的类型、产品种类的繁简和成本管理的要求，确定产品成本核算的对象，及时对有关费用进行归集、分配和结转。

成本核算对象是指为计算产品成本而确定的生产费用归集和分配的范围，是被计算成本的客体，是生产费用的归属对象和生产耗费的承担者，是计算产品成本的前提。企业应当根据生产经营特点和管理要求，确定成本核算对象，归集成本费用。

制造企业一般按照产品品种、批次订单或生产步骤等确定产品成本核算对象。在确定成本核算对象时，应充分考虑生产工艺过程和生产组织的特点。一般分以下四种情况进行确定：

（1）大量大批单步骤生产，产品或管理上不要求提供有关生产步骤成本信息的，一般按照产品品种确定成本核算对象。

（2）小批单件生产产品的，一般按照每批或每件产品确定成本核算对象。

（3）多步骤连续加工产品且管理上要求提供有关生产步骤成本信息的，一般按照每种（批）产品及各生产步骤确定成本核算对象。

（4）产品规格繁多的，可以将产品结构、耗用原材料和工艺过程基本相同的产品，适当合并作为成本核算对象。

【引例分析】

银苑食品有限公司1月生产的产品只有鸡蛋挂面、菠菜挂面和普通挂面3种，但同一种配料相同的产品，因不同的宽度、厚度和长度（切刀的样式不同）而形成多种规格，同一品种包装的重量亦可再形成几种规格。从挂面的生产工艺可以看出，从加入面粉到烘干、成型、包装，由一条全自动生产线完成，虽有加工、烘干、包装3个车间，但中间步骤不间断，属于大批大量单步骤的生产，为简化成本核算，我们可以将配方相同的当作一个品种，使用品种法进行核算。本项目案例中，鸡蛋挂面、菠菜挂面和普通挂面即为成本核算的对象。

【议一议】

交通运输行业，比如火车、长途汽车的运输，将什么作为成本核算对象呢？提示：比如线路、航线、基层站段等。

五、成本核算账户的设置

为了进行产品成本的归集，企业应根据生产特点和管理需求，设置"基本生产成本""辅助生产成本""制造费用""销售费用""管理费用""财务费用"等账户，如果需要单独核算废品损失和停工损失，还应设置"废品损失"和"停工损失"账户。

（一）成本核算账户

1. "基本生产成本"账户

"生产成本"账户核算企业进行工业性生产发生的各项生产费用，包括生产各种产品（包括产成品、自制半成品等）、自制材料、自制工具、自制设备等，本科目应当按照基本生产成本和辅助生产成本进行明细核算。

但企业实务中，为更方便核算，经常把"基本生产成本"和"辅助生产成本"直接提作一级科目。"基本生产成本"用于核算企业基本生产车间进行工业性生产而发生的各项生产成本。账户按产品品种（或批别、步骤）设置明细账，账内按成本项目设置专栏。

该账户借方登记的是进行基本生产而发生的直接及间接成本，贷方登记转出的是完工入库产品成本，账户余额在借方，表示基本生产车间的在产品成本。

2. "辅助生产成本"账户

辅助生产车间为基本生产车间、企业管理部门和其他部门提供劳务和产品，为了归集辅助生产车间所发生的各种生产耗费，计算辅助生产成本，应按辅助生产车间、生产产品品种或劳务设置"辅助生产成本"明细账，账内按成本项目或费用项目分设专栏进行明细登记，期（月）末按照一定的分配标准分配给各受益对象。

该账户借方登记的是为进行辅助生产而发生的各种耗费，贷方登记的是转出的完工入库产品成本，账户余额在借方，表示辅助生产车间在产品的成本。

3. "制造费用"账户

制造费用是指企业为生产产品和提供劳务而发生的各项间接费用，需设置"制造费用"账户进行核算，该账户应按车间、部门设置明细账，账内按费用项目分设专栏进行明细登记，这些专栏包括材料费、低值易耗品、折旧费、薪酬、劳保费、水电费等。

该账户借方登记生产车间发生的各项间接成本，贷方登记分配转出的制造费用，账户通常月末无余额。

4. "废品损失"账户

需要单独核算废品损失的企业，应设置"废品损失"账户。该账户一般按产品品种设置明细账，并按成本项目设置专栏进行明细核算。

该账户借方登记不可修复废品的生产成本和可修复废品的修复成本，贷方登记废品残料回收的价值、应收的赔款以及转出的废品净损失，账户月末无余额。

废品损失也可不单独核算，相应费用等体现在"基本生产成本""原材料"等账户中。辅助生产车间一般不单独核算废品损失。

5. "停工损失"账户

需要单独核算停工损失的企业，应设置"停工损失"账户。该账户一般按车间设置明细账，并按成本项目设置专栏进行明细核算。

该账户借方登记停工期间应付职工薪酬、维护设备所消耗的材料费用、应负担的制造费用，贷方反映分配结转的停工损失，账户月末无余额。

同废品损失一样，如果企业不单独核算生产停工期间所发生的经济损失，则相应费用等体现在"基本生产成本""原材料"等账户中。

6. "销售费用""管理费用""财务费用"等账户

这三个账户为期间损益账户，是核算企业日常活动发生的不能计入特定核算对象的成本，借方登记实际发生的各项费用，贷方登记期末转入"本年利润"账户的费用。该类账户期末结转后无余额。这类账户，通常按费用项目设置专栏进行明细核算，比如可以设置有广告费、人工费、差旅费、折旧费、水电费、办公费、修理费、招待费、利息费用、手续费、汇兑损益等。

（二）成本核算账户之间的关系

以上成本核算账户之间的关系，如图 2-7 所示。

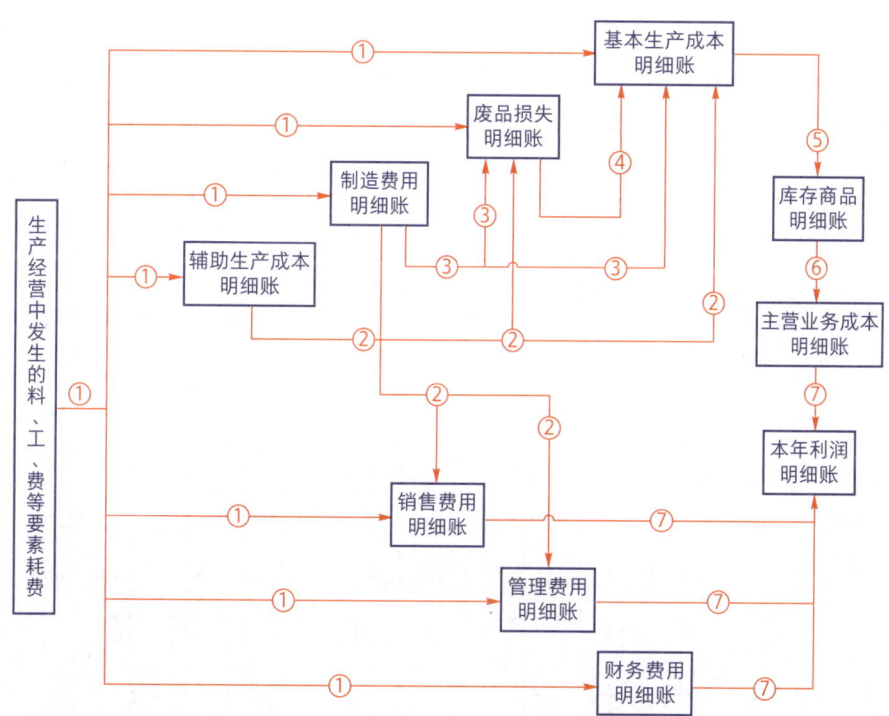

①对发生的要素费用进行归集与分配；　②按受益情况分配辅助生产成本；
③按受益情况分配制造费用；　④分配废品损失；　⑤确定月末在产品成本并结转完工产品成本；
⑥销售后结转销售成本；　⑦将期间费用结转到本年利润。

图 2-7　成本核算相关账户之间的关系

成本核算账户与其他账户形成有序的关联，构成了成本会计的循环流程，反映了生产消耗计入产品成本的过程。

【引例分析】

银苑食品有限公司为核算每一种挂面的成本，需要按品种设置"基本生产成本"账户，即："基本生产成本（鸡蛋面）""基本生产成本（菠菜面）""基本生产成本（普面）"，每一种生产成本明细账，按成本项目设置专栏，即：直接材料、燃料及动力、直接人工、制造费用、废品损失等。

银苑食品有限公司有两个辅助生产车间，为核算辅助生产车间发生的生产成本，按车间设置"辅助生产成本"账户，即："辅助生产成本（配料车间）""辅助生产成本（机修车间）"，这两个辅助生产车间不对外提供产品，且规模较小，提供的劳务单一，为简化核算工作，不再设置"制造费用"账户进行归集辅助生产车间的间接费用，而是将其全部计入辅助生产成本，辅助生产成本按成本项目设置栏目，即：原材料、人工费、折旧费、水电费、其他。

为提高生产质量，有效控制废品损失，银苑食品有限公司设置"废品损失"账户进行核算，按项目设立专栏，比如直接材料、直接人工、制造费用。与所有企业一样，银苑食品有限公司也需要设置"销售费用""管理费用"和"财务费用"账户核算期间损益。

银苑食品有限公司核算生产成本的各明细账如图2-8至图2-14所示。同学们在以后的学习中，可以将分配的生产要素费用，直接在各明细账中填列。

基本生产成本明细账

总页次：　生产车间：　分页次：　产品名称：鸡蛋挂面

2020年 月	日	凭证号 类别	号数	摘要	直接材料	燃料及动力	直接人工	制造费用	废品损失	合计
1	1			月初余额	40901 0	81900	32730	16360		540000
1	31	记	45	分配材料耗费	2759523 5					2813523 5
	31	记	46	分配燃料费		285384 0				3098907 5
	31	记	47	分配外购动力		63822 0				3162729 5
	31	记	48	分配职工薪酬			155040 4			3317769 9
	31	记	53	转入制造费用				77671 7		3395441 6
	31			本月合计	280042 45	357396 0	158313 4	79307 7		3395441 6
	31	记	58	转出完工	280042 45	357396 0	158313 4	79307 7		3395441 6

图 2-8　银苑食品有限公司基本生产成本（鸡蛋挂面）明细账

基本生产成本明细账

总页次：　　　分页次：
生产车间：　　产品名称：菠菜挂面

2020年 月	日	凭证号 类别	号数	摘要	直接材料	燃料及动力	直接人工	制造费用	废品损失	合计
1	31	记	45	材料耗费	13294537					13294537
	31	记	46	分配燃料耗费		14701160				14764697
	31	记	47	分配外购动力		3158860				15080557
	31	记	48	分配职工薪酬			7188824			15799381
	31	记	52	分配辅助生产费用	2604781					18404162
	31	记	53	转入制造费用				3601114		18764276
	31			本月合计	15899318	17860020	7188824	3601114		18764276
	31	记	59	转出完工	15899318	17860020	7188824	3601114		18764276

图2-9　银苑食品有限公司基本生产成本（菠菜挂面）明细账

基本生产成本明细账

总页次：　　　分页次：
生产车间：　　产品名称：普通挂面

2020年 月	日	凭证号 类别	号数	摘要	直接材料	燃料及动力	直接人工	制造费用	废品损失	合计
1	31	记	45	材料耗费	127014569					127014569
	31	记	46	分配燃料耗费		14271200				141285769
	31	记	47	分配外购动力		3046320				144332089
	31	记	48	分配职工薪酬			6976818			151308907
	31	记	53	转入制造费用				3495226		154804133
	31	记	54	转出废品	96223	13119	5285	2648		154684858
	31	记	56	转入废品					21052	154707910
	31			本月合计	126918346	17304401	6971533	3492578	21052	154707910
	31	记	57	转出完工	126187260	17248217	6949158	3481141	21052	153886828
	31			月末余额	731086	56184	22375	11437		821082

图2-10　银苑食品有限公司基本生产成本（普通挂面）明细账

辅助生产成本明细账

总页次:　　　　　　　分页次:
生产车间:配料车间　　产品名称:菠菜汁

2020年		凭证号		摘要	原材料 千百十万千百十元角分	人工费 千百十万千百十元角分	折旧费 千百十万千百十元角分	水电费 千百十万千百十元角分	其他 千百十万千百十元角分	合计 千百十万千百十元角分
月	日	类别	号数							
1	31	记	45	材料耗费	3 9 5 0 0 0					3 9 5 0 0 0
	31	记	47	分配外购动力				3 4 8 3 4 4		7 4 3 3 4 4
	31	记	48	分配职工薪酬		1 5 6 2 0 0 0				2 3 0 5 3 4 4
	31	记	49	计提折旧			4 0 6 6 3			2 3 4 6 0 0 7
	31	记	50	分配其他支出					2 0 0 0 0	2 3 6 6 0 0 7
	31			本月小计	3 9 5 0 0 0	1 5 6 2 0 0 0	4 0 6 6 3	3 4 8 3 4 4	2 0 0 0 0	2 3 6 6 0 0 7
	31	记	51	分配转入					2 3 8 7 7 4	2 6 0 4 7 8 1
	31			本月合计	3 9 5 0 0 0	1 5 6 2 0 0 0	4 0 6 6 3	3 4 8 3 4 4	2 5 8 7 7 4	2 6 0 4 7 8 1
	31	记	52	分配辅助生产费用	3 9 5 0 0 0	1 5 6 2 0 0 0	4 0 6 6 3	3 4 8 3 4 4	2 5 8 7 7 4	2 6 0 4 7 8 1

图 2-11　银苑食品有限公司辅助生产成本（配料车间）明细账

辅助生产成本明细账

总页次:　　　　　　　分页次:
生产车间:机修车间　　产品名称:

2020年		凭证号		摘要	原材料 千百十万千百十元角分	人工费 千百十万千百十元角分	折旧费 千百十万千百十元角分	水电费 千百十万千百十元角分	其他 千百十万千百十元角分	合计 千百十万千百十元角分
月	日	类别	号数							
1	31	记	45	材料耗费	1 3 6 0 0					1 3 6 0 0
	31	记	47	分配外购动力				6 8 4 3 2		8 2 0 3 2
	31	记	48	分配职工薪酬		2 1 5 8 4 0 0				2 2 4 0 4 3 2
	31	记	49	计提折旧			7 9 1 7			2 2 4 8 3 4 9
	31	记	50	分配其他支出					2 0 0 0 0	2 2 6 8 3 4 9
	31			本月小计	1 3 6 0 0	2 1 5 8 4 0 0	7 9 1 7	6 8 4 3 2	2 0 0 0 0	2 2 6 8 3 4 9
	31	记	51	分配转出					2 3 8 7 7 4	2 0 2 9 5 7 5
	31			本月合计	1 3 6 0 0	2 1 5 8 4 0 0	7 9 1 7	6 8 4 3 2	2 5 8 7 7 4	2 0 2 9 5 7 5
	31	记	52	分配辅助生产费用	1 3 6 0 0	2 1 5 8 4 0 0	7 9 1 7	6 8 4 3 2	2 5 8 7 7 4	2 0 2 9 5 7 5

图 2-12　银苑食品有限公司辅助生产成本（机修车间）明细账

制造费用明细账

总页次：　　　　分页次：
生产车间：

2020年 月	日	凭证号 类别	号数	摘要	原材料	人工费	折旧费	水电费	其他	合计
1	31	记	45	材料耗费	143000					143000
	31	记	48	分配职工薪酬		2175582				2318582
	31	记	49	计提折旧			605629			2924211
	31	记	50	分配其他支出					315000	3239211
	31	记	51	分配辅助生产费用					1392846	4632057
	31			本月合计	143000	2175582	605629		1707846	4632057
	31	记	53	分配转出	143000	2175582	605625		1707846	4632057

图 2-13　银苑食品有限公司制造费用明细账

废品损失明细账

总页次：　　　　分页次：
产品名称：普通挂面

2020年 月	日	凭证号 类别	号数	摘要	直接材料	燃料及动力	直接人工	制造费用	合计
1	31	记	54	转入报废成本	67267	13119	5285	2648	88319
	31	记	55	收回残料	67267				21052
	31	记	56	转出废品净损失		13119	5285	2648	21052

图 2-14　银苑食品有限公司废品损失明细账

　　除设置明细账外，也可以参照图 2-15 所示，将银苑食品有限公司生产成本核算所使用的明细账画成简易的"T"形账结构，在这些 T 形账中归集并分配各种费用。

【拓展阅读】

　　随着我国市场经济体制的日益完善，企业由传统生产型向生产经营型和开拓经营型转变。2013 年财政部颁发了《企业产品成本核算制度（试行）》。这个制度的颁布实施是我国推进管理会计体系的重要探索。从此开启了我国企业既能计算实际成本，又能满足企业内部管理要求的成本核算模式。2015—2018 年，财政部又陆续颁布了分行业的成本核算制度，比如钢铁行业、石油化工行业、煤炭行业和电网经营行业，在与 2013 年颁布的《企业产品成本核算制度（试行）》保持系统性和一致性的前提下，针对不同行业的特点，对成本核算对象、成本项目、成本归集和分配以及结转作出了明确的规定，引入了"作业成本法"等成本管理方法，对精确行业产品成本有着重要的意义。

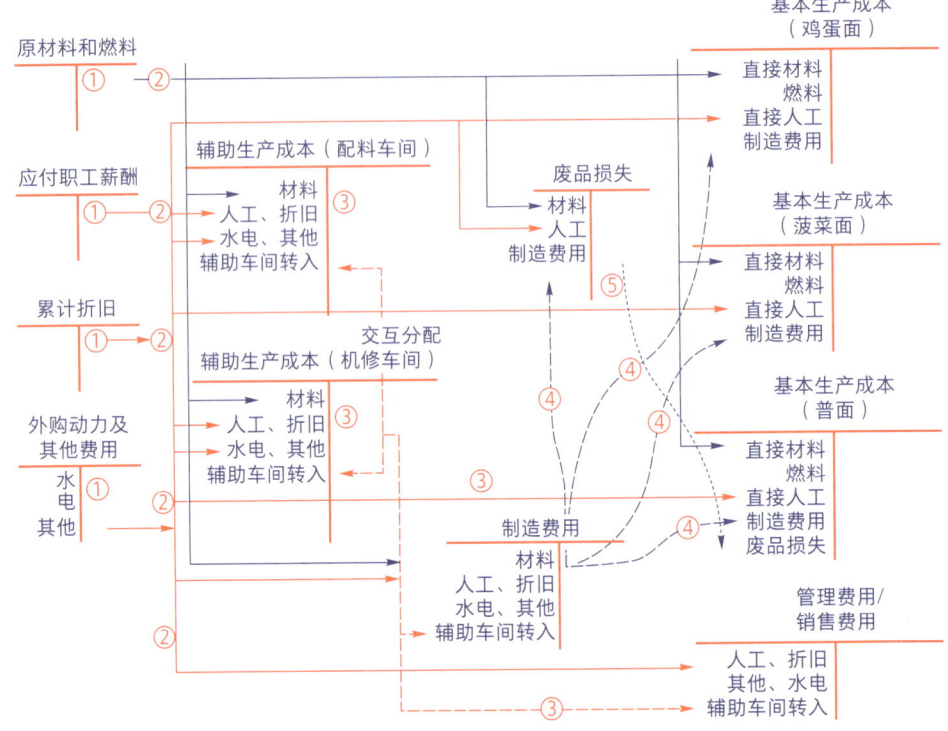

① 生产要素归集；② 生产要素分配；③ 辅助生产成本分配；
④ 制造费用分配；⑤ 结转废品损失。

图 2-15　银苑食品有限公司成本核算各账户之间的关系

模块二　要素费用的归集和分配

要素费用是对企业生产过程中发生的费用按经济内容所作的分类，主要包括劳动对象方面的费用、劳动手段方面的费用、活劳动方面的费用，具体指材料、燃料及外购动力、职工薪酬、折旧、利息及其他支出。

一、材料费用的归集和分配

企业的生产活动要消耗各种材料，按照用途，材料可以分为：产品生产的直接材料、间接材料以及经营管理耗用材料。耗用的材料要先进行归集，确认耗费的分配去向后，再按不同的分配方法分配进入不同的成本项目。

（一）归集汇总材料费用

1. 审核原始凭证

月末，成本核算岗位收集本月材料入库单、领料单、退料单或者仓库记录的发料汇总表（或材料出入库汇总表），先要审核这些原始凭证，监督材料支出的合法性和合理性，检查是否符合企业目标和成本计划；检查有无铺张、浪费的行为发生，以改善经营管理，降低消耗。

2. 汇总原始数据

成本核算岗位对审核无误的原始凭证进行分类汇总，实务中，材料费用的归集和汇总通常使用 Excel 电子表或会计软件辅助进行，材料收发汇总表通常由以下内容组成：材料编号、材料名称、单位、数量、单价、金额、领用部门以及生产用途。

【拓展阅读】

发出材料成本的计价：企业发出的材料可以按实际成本核算，也可以按计划成本核算。如采用计划成本核算，会计期末应调整为实际成本。

（1）按实际成本核算时，企业可以采用个别计价法、先进先出法、月末一次加权平均法和移动加权平均法等计算发出材料的实际成本。

（2）按计划成本核算时，按照计划价格入库，同时结转材料成本差异；领用时也按照计划价格领用，并计算发出材料应负担的成本差异，将其还原成实际成本。

【引例分析】

月末，成本会计将根据领料情况汇总，编制如表 2-1 所示的"领料汇总表"，领料汇总表中的单价，采用月末一次加权平均法计算，作为出库材料的成本。存货计价方法的选择是企业会计政策的一项重要内容，存货的计价方法一经确定后，即应当按照该方法对存货的收、发、余等事项进行核算，不得随意变更。

（二）材料费用的分配

企业所发生的生产费用，能确定由某一成本核算对象负担的，应当按照所对应的产品成本项目类别直接计入成本核算对象的产品成本；由几个成本核算对象共同负担的，应选择合理的分配标准分配计入。材料费用的分配去向是根据材料耗用部门或耗用地点并结合材料的具体用途加以确定的。

1. 材料费用的分配去向

（1）基本生产车间耗用的材料，主要包括：

① 产品生产直接材料耗用：即直接被产品生产耗用的材料。

② 修复废品材料耗用：即废品修复工程中耗用的材料。

③ 基本生产车间一般耗用的材料：即生产车间为组织和管理生产和保证生产正常进

行而耗用的那部分材料。

（2）辅助生产车间耗用的材料。对于辅助生产车间耗用的材料，也可按用途分为直接用于辅助产品生产（或劳务提供）的材料和一般耗用材料两部分。处理方法如下：

① 直接用于辅助产品生产（或劳务提供）的材料，应记入"辅助生产成本"明细账的"直接材料"成本项目。用于辅助生产车间一般耗用材料先记入"制造费用"明细账进行归集，月末分配记入"辅助生产成本"明细账的"制造费用"成本项目，这种处理方法与基本生产类似。

② 如果辅助生产车间不对外提供产品（或劳务），而且辅助生产车间规模较小、制造费用不多时，为了简化核算工作，可不设"制造费用"账户，辅助生产车间耗用的材料直接记入"辅助生产成本"明细账。

（3）销售机构以及销售过程中耗用的材料。销售机构及产品销售过程中耗用的材料不计入产品成本，而是记入"销售费用"明细账，作为期间费用转入"本年利润"账户，冲减当期损益。

（4）厂部行政管理部门耗用的材料。厂部行政管理部门耗用的材料，不计入产品成本，记入"管理费用"明细账，作为期间费用转入"本年利润"账户，冲减当期损益。

【引例分析】

根据表 2-1 银苑食品有限公司 1 月领料汇总表，银苑食品有限公司的科技 70 粉和玉米淀粉、栀子黄、鸡蛋黄粉等材料耗用属于生产普通挂面和鸡蛋挂面的直接材料耗费，记入"基本生产成本"明细账的"直接材料"成本项目；

银苑食品有限公司加工、包装车间领用的机油 1 430 元，间接服务于产品生产，属于间接成本记入"制造费用"明细账；

银苑食品有限公司辅助生产成本不设置"制造费用"明细核算，配料车间和机修车间耗用的材料全部记入"辅助生产成本"明细账。经过初步分析，直接计入基本生产成本、辅助生产成本和制造费用的材料费如表 2-9 所示。

表 2-9　银苑食品有限公司直接计入的材料费用　　　　　　　　　　金额单位：元

应记账户		本期投产量 / 公斤	成本或费用项目	直接计入
基本生产成本	鸡蛋面	66 000.00	直接材料	20 512.94
	菠菜面	34 000.00	直接材料	1 360.00
	普面	330 000.00	直接材料	1 260 441.60
制造费用				1 430.00
辅助生产成本	配料车间		原材料	3 950.00
	机修车间		原材料	136.00

2. 共同耗用材料的分配方法

几种产品共同领用的材料，不能直接计入产品的成本，需要按照一定的方法分配计入成本。

（1）分配标准和分配方法。常见的分配标准主要有三类：一类是成果类标准，比如产品的重量、体积、面积、产量等；一类是消耗类标准，如生产工时、机器工时等；还有一类是定额标准，如定额耗用量、定额成本、定额工时等。通常情况下，按照产品的重量、体积等进行分配（如：铸铁件、木器等），当分配标准的资料不易取得时，或消耗定额的资料比较准确时，可以选用定额消耗量比例法或定额费用（成本）比例法。

材料费用的分配——产品产量比例法

分配共同耗费的资源时要先计算分配率，再计算某个特定成本核算对象应承担的耗费：

耗费分配率 = 待分配的间接计入成本 ÷ 分配标准合计
某分配对象应承担的耗费 = 该分配对象的分配标准 × 耗费分配率

为保证分配后各对象承担耗费之和与分配费用相等，在计算最后一个分配对象应负担的费用时用减法，即用待分配的总费用减去已分配对象承担的耗费之和。

材料费用的分配——定额消耗量比例法

（2）定额消耗量比例法。定额消耗量比例法是指以材料定额消耗量为分配标准，在多种受益产品之间分配材料费用的一种分配方法。其中消耗定额是指单位产品可以消耗的数量限额，定额消耗量是指在一定产量下按照消耗定额计算的可以消耗的数量，费用定额或定额费用则是消耗定额或定额消耗量的货币表现。这种方法主要适用于各种材料消耗定额比较健全且相对准确时使用。

定额消耗量比例法的计算程序：

① 某种产品材料定额消耗量 = 该种产品的实际产量 × 单位产品材料消耗定额

② 原材料费用的分配率 = 待分配的原材料费用 ÷ 原材料定额消耗量总和

③ 某种产品应分配的原材料费用 = ① × ②

【例2-1】A产品25台，B产品40台，C产品50台，共同耗用甲材料3 672公斤。甲材料的单价为5元。三种产品单位材料消耗量分别是60公斤，40公斤和10公斤。计算方法如下：

（1）先计算每种产品的定额消耗量：

A产品的定额消耗量 = 产量 × 单位材料消耗量 = 25×60 = 1 500（公斤）；

B产品的定额消耗量 = 产量 × 单位材料消耗量 = 40×40 = 1 600（公斤）；

C产品的定额消耗量 = 产量 × 单位材料消耗量 = 50×10 = 500（公斤）；

（2）计算原材料费用的分配率：

原材料费用的分配率 = 待分配的原材料费用 ÷ 原材料定额消耗总量

= 3 672×5 ÷（1 500 + 1 600 + 500）= 5.1

（3）计算每一种产品应分配的原材料费用：

A 产品应承担的材料费 = 1 500 × 5.1 = 7 650.00（元）；

B 产品应承担的材料费 = 1 600 × 5.1 = 8 160.00（元）；

C 产品应承担的材料费 = 3 672 × 5 − 7 650 − 8 160 = 2 550.00（元）。

例 2−1 中的计算可以放在 Excel 表中进行。在 Excel 表中，先计算定额消耗量，D3 单元的公式为：B3*C3，向下复制可计算出另外两种产品的定额消耗量；再计算分配率 E6 = 待分配的金额 / 总的定额消耗量 = Round（F1/D6，4），其中 Round 函数为四舍五入函数；第三步计算每种产品应分配的金额，其中 F3 的公式为：D3*\$E\$6，\$E\$6 单元的值为分配率，此处为绝对地址引用，这个公式向下复制可自动计算出其他两种产品应分配的金额。根据以上公式，计算结果如图 2−16 所示。同学们要养成使用 Excel 电子表处理数据的习惯，本教材后续的计算都将在 Excel 中进行。

	A	B	C	D	E	F
1	共耗材料数量：3672		单价：5		金额：18360.00	
2	产品	产量	单位消耗定额	定额消耗量	分配率	分配金额
3	A	25	60	1500		7650.00
4	B	40	40	1600		8160.00
5	C	50	10	500		2550.00
6				3600	5.1000	18360.00

图 2−16　Excel 电子表定额耗用比例分配法举例

材料费用的分配——定额成本比例法

（3）定额成本比例法。定额成本比例法是以直接材料定额成本为标准分配直接材料的一种方法。这种方法主要适用于多种产品共同消耗多种材料时使用。其计算程序为：

① 某种产品某种材料定额成本 = 该种产品的实际产量 × 单位产品材料定额成本

② 材料费用分配率 = 待分配的原材料费用 ÷ 各产品原材料定额成本总额

③ 某种产品应分配的原材料费用 = 该产品直接材料定额成本 × 材料费用分配率

（4）产品产量比例法。产品产量比例法是以产品产量为分配标准，分配原材料耗费的一种方法。这种方法主要适用于在产品所耗用材料的多少与产品产量有着密切关系的情况下采用。其计算程序为：

① 计算原材料耗费分配率；

② 计算各种产品应分配的原材料耗费。

【引例分析】

已知 1 月份银苑食品有限公司鸡蛋面、菠菜面、普通面的产量分别是 66 000 公斤、

34 000 公斤和 330 000 公斤，生产三种挂面的工时定额、机器工时以及辅料的消耗定额如表 2-6 所示。

分析表 2-1 的领料汇总表，得知"专用 60 粉"是鸡蛋面和菠菜面共同耗用的，本月共领用"专用 60 粉"101 600.00 公斤，单价 3.78 元，材料费用 384 048.00 元需要在鸡蛋面和菠菜面两种产品中分配，按照定额消耗量分配计算的结果如表 2-10 所示。

表 2-10 银苑食品有限公司 1 月"专用 60 粉"的分配   金额单位：元

应记账户		分配记入（专用 60 粉）			
		投产量 / 公斤	定额消耗量	分配率	分配金额
基本生产成本	鸡蛋面	66 000.00	67 056.00		253 471.68
	菠菜面	34 000.00	34 544.00		130 576.32
	小计		101 600.00	3.780 0	384 048.00

加碘盐、碳酸钠以及平口袋、热缩膜、挂面合格证、专用胶带、捆扎带、包装纸箱等包装材料是三种挂面都需要的，按照定额耗用量比例法分配的结果如图 2-17 所示。

应记账户		分配记入（加碘盐）				分配记入（碳酸钠）				分配记入（包装材料）			
		单位消耗定额	定额消耗量	分配率	分配金额	单位消耗定额	定额消耗量	分配率	分配金额	单位消耗定额	定额消耗量	分配率	分配金额
基本生产成本	鸡蛋面	0.030	1980.00		92.27	0.06	3960.00		53.86	1.00	66000.00		1821.60
	菠菜面	0.030	1020.00		47.53	0.05	1700.00		23.12	1.00	34000.00		938.40
	普面	0.025	8250.00		384.46	0.05	16500.00		224.47	1.00	330000.00		9095.16
小计			11250.00	0.0466	524.26		22160.00	0.0136	301.45		430000.00	0.0276	11855.16

图 2-17 银苑食品有限公司共耗原材料的分配

（三）材料分配的账务处理

成本核算岗位将直接计入和分配计入的材料费用汇总，编制出材料耗费分配表，并据此填写记账凭证，再根据审核后的记账凭证，登记基本生产成本、辅助生产成本、制造费用等明细账，也可以在简易的"T"形账中登记，更方便数据的汇总。

【引例分析】

综合以上直接材料和共耗材料的分配，银苑食品有限公司成本会计编制 1 月材料费用分配表，如表 2-11 所示。

表2-11 银苑食品有限公司材料耗费分配表

金额单位：元

应记账户	成本或费用项目	直接记入	分配记入（专用60粉）					分配记入（加碘盐）				分配记入（碳酸钠）				分配记入（包装材料）				合计
			单位消耗定额	产量	定额消耗量	分配率	分配金额	单位消耗定额	定额消耗量	分配率	分配金额	单位消耗定额	定额消耗量	分配率	分配金额	单位消耗定额	定额消耗量	分配率	分配金额	
基本生产成本	鸡蛋面直接材料	20 512.94	1.016	66 000.00	67 056.00		253 471.68	0.030	1 980.00		92.27	0.06	3 960.00		53.86	1.00	66 000.00		1 821.60	275 952.35
	菠菜面直接材料	1 360.00	1.016	34 000.00	34 544.00		130 576.32	0.030	1 020.00		47.53	0.05	1 700.00		23.12	1.00	34 000.00		938.40	132 945.37
	普面直接材料	1 260 441.60	1.016	330 000.00				0.025	8 250.00		384.46	0.05	16 500.00		224.47	1.00	330 000.00		9 095.16	1 270 145.69
	小计				101 600.00	3.780 0	384 048.00		11 250.00	0.046 6	524.26	0.16	22 160.00	0.013 6	301.45		430 000.00	0.027 6	11 855.16	
制造费用		1 430.00																		1 430.00
辅助生产成本	配料材料费	3 950.00																		3 950.00
机修车间	机修车间材料费	136.00																		136.00
合计																				1 684 559.41

注：分配率保留小数点后4位，金额保留小数点后2位，在计算最后一个分配对象应负担的费用时用减法，比如加碘盐在三种挂面之间分配时，鸡蛋面和菠菜面应负担的费用采用"定额耗用量×分配率"来计算，最后一个产品"普面"按待分配出去的524.26元减去已经分配出去的92.27元和47.53元来计算。

材料费用分配表属于企业内部证表，具体格式可自行设置，但作为分配表必须明确材料耗费的分配去向，并列示分配金额。根据此表填制的记账凭证，登记生产成本明细账，会计分录如下：

借：基本生产成本——鸡蛋面   275 952.35

      基本生产成本——菠菜面   132 945.37

      基本生产成本——普面   1 270 145.69

      制造费用   1 430.00

      辅助生产成本——配料车间   3 950.00

      辅助生产成本——机修车间   136.00

  贷：原材料   1 684 559.41

二、燃料及外购动力的归集和分配

企业外购燃料、电力等动力的，应当根据实际耗用数量或者合理的分配标准，对燃料和动力进行归集和分配，生产部门直接用于生产的燃料和动力，直接计入生产成本；生产部门间接用于生产（如照明、取暖）的燃料和动力，计入制造费用。制造企业内部自行提供动力的，不包括在内，自制动力的核算将在辅助生产成本中归集与分配。

（一）归集汇总燃料和动力费用

企业外购的燃料和动力，应按权责发生制的原则，以计量仪器仪表所显示的用量乘以供应单价来确认本期耗费的外购动力费用的发生额，而不应考虑这笔费用是否支付。

对于企业自己提供燃料，比如焦炭、大碳等，成本核算岗位月末收集本月燃料发料凭证，编制燃料发料汇总表，汇总出本月使用的燃料总和。

也有企业将燃料当作一种材料，并入原材料和其他材料进行核算。如果燃料耗费比重大，为了加强能源的控制与管理，还可增设"燃料"账户，由企业的燃料仓库核算员对燃料耗费进行单独核算。

月末时，成本核算岗位应将各部门耗费的燃料和动力进行收集、审核，检查是否符合企业目标和成本计划，检查有无铺张浪费的行为，对存在的问题和管理制度中的漏洞，及时上报。

【引例分析】

银苑食品有限公司使用天然气为烘房提供必要的温度，通过单独的天然气表来记录使用的数量。2020年1月，该企业共使用天然气59 600立方米，每立方3.12元，因天然气在生产费用中占比较大的比重，故银苑食品有限公司专门设置了一个账户"燃料"和基本生产成本项目来进行归集天然气费用。

　　银苑食品有限公司为各个部门单独配备了水表和电表，用来监管每个部门的耗电和耗水量，其中生产使用的电为动力电；企业管理部门日常用电为照明电，各个部门水电表读数如表 2-4 所示。成本核算岗位将这些数据汇总填报在 Excel 表中，为进行燃料和动力的分配做好准备。

（二）燃料和动力耗费的分配

　　企业耗费的燃料和动力费用应按权责发生制的基础进行确认和计量，按照发生的部门以及用途进行分配。

　　1. 燃料和动力费用的分配去向

　　基本生产车间耗用的燃料和外购动力，直接用于产品的属于直接燃料及动力，应记入相应产品的"基本生产成本"明细账的"燃料及动力"成本项目。基本生产车间照明、办公等用电，则记入"制造费用"明细账进行归集，月末分配记入相应产品的"基本生产成本"明细账。

　　辅助生产车间耗用的外购动力，直接用于辅助产品生产的动力用电，应记入"辅助生产成本"明细账的"燃料及动力"项目，用于辅助生产车间照明用电先记入"制造费用"明细账进行归集。月末分配记入"辅助生产成本"明细账的"制造费用"成本项目。这种处理方法与基本生产车间类似。

【温馨提示】

　　如果辅助生产车间不对外提供商品产品、而且辅助生产车间规模较小或辅助产品及劳务单一时，为了简化核算工作，可以不设辅助生产的"制造费用"账户，辅助生产车间耗用的电力直接全部记入"辅助生产成本"明细账。

　　销售机构、行政管理部门耗用的燃料和外购电力，不计入产品成本，而应分别记入"销售费用""管理费用"明细账，作为期间费用转入"本年利润"账户，冲减当期损益。

　　2. 燃料和动力费用的分配方法

　　成本核算岗位根据燃料和动力耗费汇总表，确定了燃料及动力耗费的去向后，要按一定的分配标准，计算燃料和动力耗费的分配金额，编制燃料和动力耗费分配表。

【引例分析】

　　银苑食品有限公司将燃料单列为一个成本项目进行核算，烘房由三种挂面共同使用，因使用的燃料与产品的产量有直接关系，所以可以按照产品的重量进行分配。分配共同耗费的燃料，方法与分配共同使用的材料费一样，经过分配，三种挂面分别应承担的耗费如

表 2-12 所示。

表 2-12　银苑食品有限公司燃料费用分配表　　　　　　　　　　　金额单位：元

应记账户		成本或费用项目	分配记入（燃气费）		
			完工数量/公斤	分配率	分配金额
基本生产成本	鸡蛋面	燃料及动力	66 000.00		28 538.40
	菠菜面	燃料及动力	34 000.00		14 701.60
	普面	燃料及动力	330 000.00		142 712.00
	小计		430 000.00	0.432 4	185 952.00

　　银苑食品有限公司基本生产车间用水主要是用于挂面的生产，与产量有密切关系，所以水费的分配按产量进行；电费主要是用于生产工艺的动力，所以按机器工时分配比较合适，外购动力费用分配表如表 2-13 所示。

　　实务中，动力供应单位开列账单的起讫日期往往与会计期间不一致，外购动力费一般不是在月末支付，所以"应付账款"账户可能会有借方或贷方的余额。

（三）燃料和动力耗费的账务处理

　　根据燃料费用分配表和外购动力分配表，成本核算岗位填写记账凭证，再根据审核后的记账凭证登记基本生产成本、辅助生产成本、制造费用、管理费用、销售费用和应付账款的明细账。

借：基本生产成本——鸡蛋面 28 538.40
　　基本生产成本——菠菜面 14 701.60
　　基本生产成本——普面 142 712.00
　　贷：燃料——天然气 185 952.00
借：基本生产成本——鸡蛋面 6 382.20
　　基本生产成本——菠菜面 3 158.60
　　基本生产成本——普面 30 463.20
　　辅助生产成本——配料车间 3 483.44
　　辅助生产成本——机修车间 684.32
　　管理费用 2 335.47

表2-13 银苑食品有限公司外购动力分配表

金额单位：元

应记账户	成本或费用项目		分配记入（水费）			机器工时定额	分配记入（电费）			合计
			产量/公斤	分配率	分配金额		机器工时	分配率	分配金额	
基本生产成本	鸡蛋面	燃料及动力	66 000.00		4 125.00	9.00	594 000.00		2 257.20	6 382.20
	菠菜面	燃料及动力	34 000.00		2 125.00	8.00	272 000.00		1 033.60	3 158.60
	普面	燃料及动力	330 000.00		20 605.00	8.00	2 640 000.00		9 858.20	30 463.20
小计			430 000.00	0.062 5	26 855.00		3 506 000.00	0.003 8	13 149.00	40 004.00
管理费用	仓储部	水电费			0.00				525.00	525.00
管理费用	采购部	水电费			0.00				465.00	465.00
管理费用	行政管理部	水电费			355.47				990.00	1 345.47
辅助生产成本	机修车间	水电费			144.32				540.00	684.32
辅助生产成本	配料车间	水电费			2 707.64				775.80	3 483.44
销售费用	销售部	水电费			0.00				600.00	600.00

销售费用	600.00
应交税费——应交增值税（进项税额）	4 921.44
贷：应付账款	52 028.67

　　注：水费的增值税税率为 9%，电费的增值税税率为 13%。

三、职工薪酬的归集和分配

　　职工薪酬，是指企业为获得职工提供的劳务而给予各种形式的报酬以及其他相关支出，包括企业为职工在职期间和离职后提供的全部货币性薪酬和非货币性福利。职工薪酬的分配也要划清计入产品成本与期间费用的界限，计入产品成本的按成本项目归集，为组织和管理生产所发生的管理人员的薪酬，记入"制造费用"账户。

（一）归集汇总职工薪酬费用

　　职工薪酬包括：① 职工工资、奖金、津贴和补贴；② 职工福利费；③ 医疗保险费、养老保险费、失业保险费、工伤保险费和生育保险费等社会保险费；④ 住房公积金；⑤ 工会经费和职工教育经费；⑥ 非货币性福利；⑦ 因解除与职工的劳动关系给予的补偿；⑧ 其他与获得职工提供的服务相关的支出。

　　职工薪酬的归集，必须有一定的原始凭证作为依据。采用计时工资的企业，一般以考勤表作为原始凭证；采用计件工资的企业，一般以产量为原始凭证，比如工序进程单、工作班产量报告表等。计时工资和计件工资以外的各种奖金、津贴、补贴等，按照国家和企业的有关规定计算。月末，各部门将记录职工以上信息的表传递到成本核算岗位，成本核算岗位归集并汇总。

【引例分析】

　　企业工资的核算，可以由人力资源部门完成，也可以由财务部门完成。根据生产车间等各个部门收集上来的出勤情况、计件工资等工资原始信息，完成工资的计算。表 2-2 为银苑食品有限公司 1 月份的工资结算单，这是已经计算过的工资数据。

　　成本核算岗位将此表按部门和人员类别汇总，可根据汇总表编制"直接人工费用分配表"。工资汇总的方法如下：将表 2-2 所示的工资结算单，导入到 Excel，如图 2-18 所示。注意要保证导入后的 Excel 表为数据清单格式，即工作表的列标志位于数据清单的第一行，同一列中各行数据项的类型和格式完全相同，无空白或组合的行或列。针对这样的工作表，插入"数据透视表"，选择部门、人员类别作为行标签，应付职工薪酬总额为列标签，即可生成工资汇总表。如图 2-19 所示。

	A	B	C	D	E	F	G	H	I	J	K
1	姓名	部门	人员类别	应发工资	代扣个人社保	代扣公积金	代扣税	实发合计	公司承担社保	公司承担公积金	应付职工薪酬总额
2	张勇义	行政管理部	管理人员	9700	989.4	1164	76.40	7470.20	3104.00	970.00	13774.00
3	李小强	行政管理部	管理人员	7200	734.4	864	18.05	5583.55	2304.00	720.00	10224.00
4	刘华中	行政管理部	管理人员	7200	734.4	864	18.05	5583.55	2304.00	720.00	10224.00
5	宋丹苹	行政管理部	管理人员	7200	734.4	864	18.05	5583.55	2304.00	720.00	10224.00
6	赵铸洲	行政管理部	管理人员	7200	734.4	864	18.05	5583.55	2304.00	720.00	10224.00
7	张斌	行政管理部	管理人员	9700	989.4	1164	76.40	7470.20	3104.00	970.00	13774.00
8	付公明	采购部	管理人员	7200	734.4	864	18.05	5583.55	2304.00	720.00	10224.00
9	张萌	采购部	管理人员	7200	734.4	864	18.05	5583.55	2304.00	720.00	10224.00
10	刘欢	采购部	管理人员	7200	734.4	864	18.05	5583.55	2304.00	720.00	10224.00
11	刘大海	仓储部	管理人员	7200	734.4	864	18.05	5583.55	2304.00	720.00	10224.00
12	李宪珠	仓储部	管理人员	7200	734.4	864	18.05	5583.55	2304.00	720.00	10224.00
13	王明远	销售部	销售人员	5930	604.86	711.6	0.00	4613.54	1897.60	593.00	8420.60
14	李振中	销售部	销售人员	4342	442.884	521.04	0.00	3378.08	1389.44	434.20	6165.64
15	刘利民	销售部	销售人员	3611	368.322	433.32	0.00	2809.36	1155.52	361.10	5127.62
16	张成飞	销售部	销售人员	3620	369.24	434.4	0.00	2816.36	1158.40	362.00	5140.40
17	尤红利	销售部	销售人员	4417	450.534	530.04	0.00	3436.43	1413.44	441.70	6272.14
18	毛澄敏	销售部	销售人员	4634	472.668	556.08	0.00	3605.25	1482.88	463.40	6580.28
19	张龙生	销售部	销售人员	3593	366.486	431.16	0.00	2795.35	1149.76	359.30	5102.06
20	韩明志	生产部	研发人员	4427	451.554	531.24	0.00	3444.21	1416.64	442.70	6286.34
21	吴龙吉	生产部	研发人员	4611	470.322	553.32	0.00	3587.36	1475.52	461.10	6547.62
22	雷丹	生产部	品控人员	4342	442.884	521.04	0.00	3378.08	1389.44	434.20	6165.64
23	郝俊美	生产部	品控人员	3427	349.554	411.24	0.00	2666.21	1096.64	342.70	4866.34
24	张良生	生产部	生产工人	3427	349.554	411.24	0.00	2666.21	1096.64	342.70	4866.34
25	焦春林	生产部	生产工人	3427	349.554	411.24	0.00	2666.21	1096.64	342.70	4866.34
26	刘文勇	生产部	生产工人	3427	349.554	411.24	0.00	2666.21	1096.64	342.70	4866.34
27	徐家辉	生产部	生产工人	3427	349.554	411.24	0.00	2666.21	1096.64	342.70	4866.34

◀ ▶ … 工资透视表 工资表(2) **工资表** 折旧透视表 6固定资产折旧计算表 7折旧分配表 8其他支出的分配 辅助生

图 2-18　银苑食品有限公司 Excel 格式的工资表

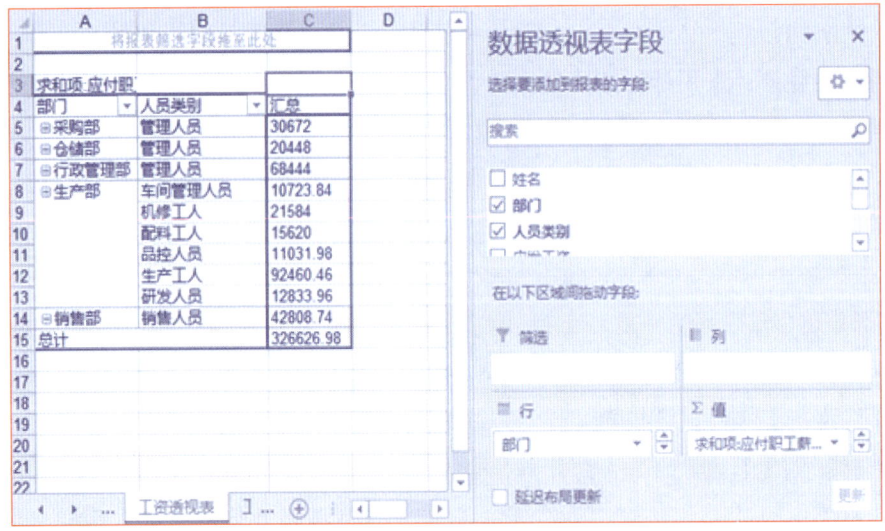

图 2-19　银苑食品有限公司 Excel 格式的工资汇总表

（二）职工薪酬的分配

企业应按照职工薪酬耗费发生的部门（或地点）以及用途进行分配，计入产品成本或当期损益。

1. 职工薪酬的分配去向

基本生产车间人员的职工薪酬。基本生产车间人员的职工薪酬按用途可分为：直接从事产品生产的生产工人职工薪酬，记入"基本生产成本"明细账的"直接人工"成本项目；基本生产车间管理人员的职工薪酬（包括除从事产品生产工人以外其他人员的职工薪酬，如辅助工人），则记入"制造费用"明细账进行归集，月末分配记入"基本生产成本"明细账的"制造费用"成本项目。

辅助生产车间人员的职工薪酬。对于辅助生产车间人员的职工薪酬，按用途也可分为直接从事产品生产的工人职工薪酬和车间管理人员的职工薪酬两部分。直接从事产品生产的工人职工薪酬，记入"辅助生产成本"明细账的"直接人工"成本项目；辅助生产车间管理人员的职工薪酬先记入"制造费用"明细账进行归集，月末分配记入"辅助生产成本"明细账的"制造费用"成本项目，这种处理方法与基本生产车间类似。如果辅助生产车间未设置"制造费用"明细账，辅助生产车间管理人员薪酬可直接记入辅助生产成本中的"直接人工"成本项目。

销售机构、行政管理部门人员的职工薪酬。销售机构、行政管理部门人员的职工薪酬，不计入产品成本，而应分别记入"销售费用""管理费用"明细账，作为期间费用转入"本年利润"账户，冲减当期损益。

2. 职工薪酬的分配方法

对于不能直接计入产品成本的职工薪酬，可以按工时、产品产量、产值比例等方式进行合理分配，记入各有关产品成本的"直接人工"成本项目，计算公式为：

生产职工薪酬费用分配率 = 各产品生产职工薪酬总额 ÷ 各种产品生产工时之和

某种产品应分配的生产职工薪酬 = 该种产品生产工时 × 生产职工薪酬费用分配率

如果取得各种产品的实际生产工时数据比较困难，而各种产品的单件工时定额比较准确，也可按产品的定额工时比例分配职工薪酬，相应的计算公式如下：

某种产品耗用的定额工时 = 该种产品投产量 × 单位产品工时定额

生产职工薪酬费用分配率 = 各种产品生产职工薪酬总额 ÷ 各种产品定额工时之和

某种产品应分配的生产职工薪酬 = 该种产品定额工时 × 生产职工薪酬费用分配率

【引例分析】

银苑食品有限公司生产车间的工人服务于三种挂面的生产，所以其薪酬费用需要在三种产品之间进行分配，待分配的生产工人工资总额为 92 460.46 元，按生产工时进行分配的结果如表 2-14 所示。

表 2-14 银苑食品有限公司 1 月生产工人薪酬分配表   金额单位：元

品种	产量／公斤	单位工时	定额工时	分配率	分配金额
鸡蛋面	66 000.00	10.00	660 000.00		15 504.04
菠菜面	34 000.00	9.00	306 000.00		7 188.24
普面	330 000.00	9.00	2 970 000.00		69 768.18
合计	430 000.00	28.00	3 936 000.00	0.023 5	92 460.46

银苑食品有限公司的辅助生产车间不对外提供商品或产品、辅助生产车间规模较小、辅助产品或劳务单一，为了简化核算工作，没有设置辅助生产车间的"制造费用"账户，辅助生产车间所有人员的职工薪酬直接全部记入"辅助生产成本"明细账中的"直接人工"项目。由此，将图 2-19 工资汇总表中的数据与生产工人薪酬分配表的数据合并，稍加整理，得到银苑食品有限公司 1 月份的职工薪酬分配表如表 2-15 所示。

（三）职工薪酬分配的账务处理

根据职工薪酬分配表编制记账凭证，再依据审核后的记账凭证登记基本生产成本、辅助生产成本、制造费用、管理费用等的明细账。

【引例分析】

依据表 2-15 银苑食品有限公司 1 月份的职工薪酬分配表，编制记账凭证并登记相应的明细账。

表 2-15 银苑食品有限公司职工薪酬分配表   金额单位：元

部门	人员类别	应付职工薪酬总额	应记入的账户	分配计入	分配金额
采购部	管理人员	30 672.00	管理费用		
仓储部	管理人员	20 448.00	管理费用		
行政管理部	管理人员	68 444.00	管理费用		
生产部	车间管理人员	10 723.84	制造费用		
	机修工人	21 584.00	辅助生产成本		
	配料工人	15 620.00	辅助生产成本		
	品控人员	11 031.98	制造费用		
	生产工人	92 460.46	基本生产成本	鸡蛋面	15 504.04
				菠菜面	7 188.24

续表

部门	人员类别	应付职工薪酬总额	应记入的账户	分配计入	分配金额
生产部				普面	69 768.18
	研发人员	12 833.96	管理费用		
销售部	销售人员	42 808.74	销售费用		
总计		326 626.98			

借：基本生产成本——鸡蛋面　　　　　　　　　15 504.04
　　基本生产成本——菠菜面　　　　　　　　　7 188.24
　　基本生产成本——普面　　　　　　　　　　69 768.18
　　辅助生产成本——配料车间　　　　　　　　15 620.00
　　辅助生产成本——机修车间　　　　　　　　21 584.00
　　制造费用　　　　　　　　　　　　　　　　21 755.82
　　管理费用　　　　　　　　　　　　　　　132 397.96
　　销售费用　　　　　　　　　　　　　　　　42 808.74
　　贷：应付职工薪酬　　　　　　　　　　　　326 626.98

四、折旧费用的归集和分配

固定资产在长期的使用过程中，虽然保持着原有的实物形态，但其价值会随着固定资产的损耗而逐渐减少，固定资产由于损耗而减少的价值就是固定资产折旧。折旧费用按固定资产的使用部门结合用途进行汇总后，分配计入产品成本或期间费用。

（一）归集汇总折旧费用

企业固定资产核算员负责进行固定资产取得、持有、处置等日常核算，月末成本核算岗位取得固定资产登记簿后，核实有无新增资产、报废减少的资产，以及资产使用部门变更情况，根据核实后的信息编制固定资产折旧计算表，并按部门和资产类别将本月折旧额进行汇总。

【引例分析】

表 2-3 为银苑食品有限公司固定资产登记表。本月无固定资产变动情况，折旧方法使用的是直线法（年限平均法）。成本核算岗位根据此表在 Excel 中计算每一个固定资产当月的折旧额，计算公式及结果如图 2-20 所示。

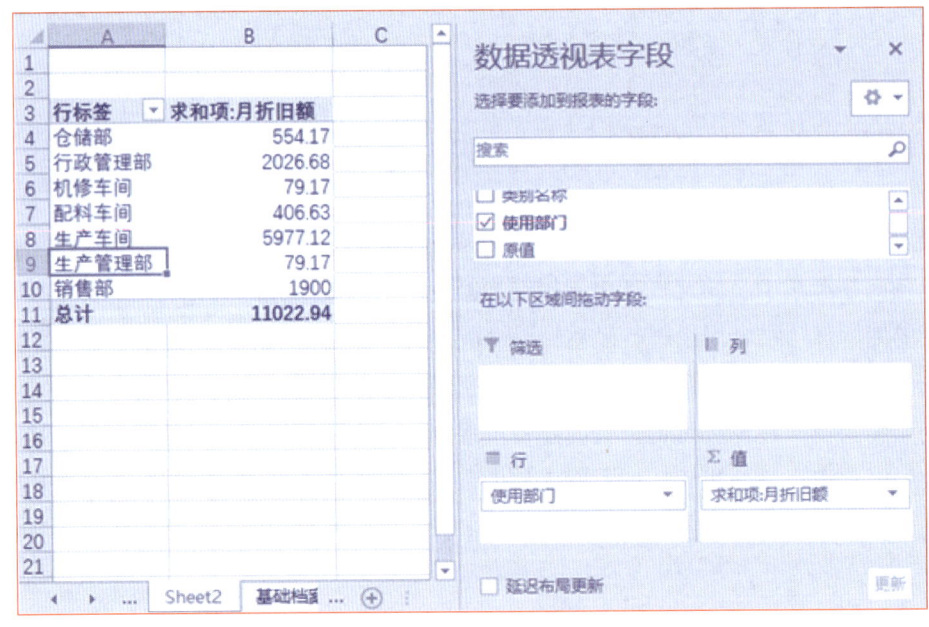

图 2-20　银苑食品有限公司 1 月份固定资产折旧计算表

在 M2 单元录入计算公式后，双击或按黑色"+"向下复制填充，即可计算出所有资产当月的折旧额。在图 2-20 的基础上，插入"数据透视表"，可以得到按部门汇总后的折旧汇总表，如图 2-21 所示。

图 2-21　银苑食品有限公司 1 月份固定资产折旧汇总表

【拓展阅读】

固定资产是企业一项很重要的资产，其折旧作为成本会影响企业的所得税费用，进而影响企业的收益，同时折旧作为一种非付现成本，会影响企业的现金流转。因而，合理选择固定资产的折旧方法，具有重要的现实意义。对于固定资产的折旧方法，我国会计制度允许使用年限平均法、工作量法和加速折旧方法中的年数总和法和双倍余额递减法。

（二）折旧费用的分配

企业的固定资产更多的是服务于多种产品，所以折旧费一般属于间接费用，分配折旧费用时，一般按固定资产使用部门计入成本费用或期间费用。

1. 折旧费用的分配去向

基本生产车间固定资产的折旧费。机器设备折旧费从性质看是基本耗费，因此当折旧费在产品成本中占有较大比重时，应单独设置成本项目列示，特别是一些只为某一特定产品生产使用的专用设备，可以单独设置成本项目予以反映。

但是由于一般企业固定资产折旧费在产品成本中所占比重不大，且大多数企业固定资产的使用与多种产品有关，一种产品往往需要用多台机床加工，一台机床又可能加工多种产品。因此，为了简化成本核算工作，机器设备的折旧费和房屋建筑物的折旧费一样作为间接成本先归集记入"制造费用"明细账，月末随同其他间接成本一起分配记入"基本生产成本"明细账。

辅助生产部门固定资产的折旧费。辅助生产部门固定资产的折旧费同基本生产车间一样，也应计入辅助生产部门的制造费用，月末随同其他制造费用一起分配计入相应辅助生产成本。如果辅助生产部门不单独核算制造费用，则其固定资产折旧费直接记入"辅助生产成本"明细账。

企业行政管理部门和专设销售机构固定资产的折旧费。企业行政管理部门所使用的固定资产，其折旧费记入"管理费用"明细账。专设销售机构所使用的固定资产，其折旧费记入"销售费用"明细账。

2. 折旧费用的分配方法

成本核算岗根据固定资产折旧表和折旧汇总表，按照上述的分配方法，编制固定资产折旧费用分配表。

【引例分析】

银苑食品有限公司为简化核算，没有按车间为"制造费用"设置明细核算，所有发生的制造费用，全部记入"制造费用"总账账户。将图 2-21 的折旧汇总表复制到一个新的工作表中，加上使用的部门对应的会计账户即为折旧费用分配表，如表 2-16 所示。

表 2-16　银苑食品有限公司 1 月份固定资产折旧费用分配表

应记入的账户	使用部门	折旧费用 / 元
管理费用	仓储部	554.17
管理费用	行政管理部	2 026.68
辅助生产成本	机修车间	79.17
辅助生产成本	配料车间	406.63
制造费用	生产车间	5 977.12
制造费用	生产管理部	79.17
销售费用	销售部	1 900.00
总计		11 022.94

（三）折旧费用的账务处理

成本核算岗位根据上述折旧费用分配表，填制记账凭证，依据审核后的记账凭证登记制造费用明细账、辅助生产成本明细账、管理费用和销售费用的明细账。

```
借：辅助生产成本——配料车间                      406.63
    辅助生产成本——机修车间                       79.17
    制造费用                                  6 056.29
    管理费用                                  2 580.85
    销售费用                                  1 900.00
    贷：累计折旧                                         11 022.94
```

五、其他支出的归集和分配

企业生产经营活动中发生的要素耗费，除材料、燃料及动力、职工薪酬和固定资产折旧外，还包括维修费、劳保费等其他支出。这些支出有的计入产品成本，有的计入期间费用，应按照其发生的地点和用途进行分配。

（一）归集汇总其他支出

要素费用中的其他支出包括固定资产修理费、差旅费、邮电费、保险费、劳动保护费、运输费、办公费、水电费、技术转让费、业务接待费、租赁费、印刷费、职工技术培训费及图书报刊资料订阅费、办公用品订购费、利息支出等，这些支出要根据使用部门和用途计入生产成本或期间损益。

其中利息费用是指借款费用中除了予以资本化以外的其他借款的利息支出，包括短期借款利息、应付票据利息、票据贴现利息减去银行存款的利息收入后的净额等。利息费用作为期间费用中财务费用的组成项目，不构成产品的生产成本。

企业财会部门费用岗位或出纳，月末将费用报销的原始单据或记账凭证，传递至成本核算岗位，进行成本核算。

【引例分析】

银苑食品有限公司1月发生了差旅费、办公费、招待费，发放了劳保用品，缴纳了财产保险费，支出了研发费用。成本核算岗位将这些费用归集汇总后，进行费用的分配，将其合理地计入产品的成本或期间费用。值得注意的是，在费用报销时，会计有可能已经填制了记账凭证，成本核算岗位注意不要重复填制凭证，而是检查核对各成本明细账中是否已经登记了这些业务，并将这些数据进行汇总至 Excel 表中。

（二）其他支出的分配

企业生产经营中发生的其他支出应按发生的车间、部门和用途分别计入制造费用、辅助生产成本或期间损益。

1. 其他支出的分配去向

利息费用一般为季末或到期还本时支付，实际支付利息时应借记"应付利息""财务费用"，贷记"银行存款"；当跨年度支付利息费用时，应在年末将属于本年度负担的利息，借记"财务费用"，贷记"应付利息"。

固定资产修理费、差旅费、邮电费、保险费、劳动保护费、运输费、办公费、水电费、技术转让费、业务接待费、租赁费、印刷费、职工技术培训费及图书报刊资料订阅费、办公用品订购费等，其分配去向应按照其发生的地点和用途，借记"管理费用""制造费用"等账户，贷记"库存现金""银行存款"等账户。

凡属于基本生产车间发生的，例如基本生产车间订阅的报刊费、差旅费等，作为车间发生的间接成本，应记入"制造费用"明细账。凡属于辅助生产车间发生的，则记入"辅助生产成本"明细账。

属于行政管理部门发生的，应记入"管理费用"明细账。属于销售过程及销售机构发生的，应记入"销售费用"明细账的有关项目。对跨期生产耗费，例如车间预付的财产保险费、年终支付当年的固定资产租赁费等，应根据权责发生制的原则记入"预付账款"或"其他应付款"账户。

拓展阅读 财产保险费支出

【引例分析】

银苑食品有限公司1月发生了差旅费、办公费、招待费，发放了劳保用品，销售部门使用的，计入销售费用；辅助生产车间发生的，计入辅助生产成本；生产车间发生的，计入制造费用；产品质量保险应计入销售费用；研究阶段的研发费用，虽然发生于生产车间，但需要计入管理费用。

2. 其他支出的分配方法

成本核算岗收集各种支出数据，根据费用受益部门编制其他支出分配表确认费用的分配去向。

【引例分析】

根据表 2-5 以及其他支出数据，银苑食品有限公司成本核算岗位编制的支出汇总表如表 2-17 所示。

表 2-17　银苑食品有限公司 1 月份其他支出汇总表　　　　金额单位：元

应记入的账户	使用部门及车间	差旅费	劳保费	招待费	办公费	研发费	产品责任保险费	合计
管理费用	仓储部		640		80			720
管理费用	行政管理部	2 800	2 000	1 200	1 650			7 650
辅助生产成本	机修车间		200					200
辅助生产成本	配料车间		200					200
制造费用	生产车间		2 350					2 350
制造费用	生产管理人员		320		480			800
销售费用	销售部	5 200		4 600	520		2 000	12 320
管理费用	采购部	3 500						3 500
管理费用	生产车间					2 780		2 780
合计		11 500	5 710	5 800	2 730	2 780	2 000	30 520

（三）其他支出分配的账务处理

成本核算岗位根据其他支出汇总表填制记账凭证，并根据审核过的记账凭证登记相关账簿。注意这些凭证很有可能在费用发生或报销时已经填制，一定不要重复填写、重复登账。

模块三 综合性费用的归集和分配

本教材所指的综合性费用是指归集到辅助生产部门的费用、用于产品生产但又没有直接计入产品成本的制造费用以及生产过程中发生的废品损失，这些费用也需要分配计入产品成本。

一、辅助生产费用的归集和分配

辅助生产车间为生产产品和提供劳务所耗费的各种生产费用，既是辅助生产产品和劳务的成本，又是一种费用，这些辅助生产费用也需要根据受益部门和用途进行分配。如果辅助生产车间又相互提供劳务，那么需要根据情况选择相应的辅助生产费用的分配方法。只有辅助生产产品和劳务成本确定以后，才能计算基本生产的产品成本。

辅助生产费用的归集是通过辅助生产成本账户进行的，该账户按车间和产品品种设置明细核算。

（一）辅助生产费用归集的一般程序

辅助生产费用的归集，与基本生产成本的归集程序类似，其成本计算的一般程序为：

根据各项费用分配表登记各辅助生产成本明细账及其制造费用明细账；

分配辅助生产部门之间相互提供的劳务或产品，记入其辅助生产成本明细账；

期末将各辅助生产部门的制造费用结转到辅助生产成本明细账，计算各辅助生产产品或劳务的成本。

（二）不同类型辅助生产车间的费用归集

以上只是辅助生产成本归集的一般程序，不同类型的辅助生产车间，辅助生产成本在归集程序和分配方法上不尽相同：

1. 单品种辅助生产车间

单品种辅助生产车间是指只生产一种产品或只提供一种劳务的辅助生产车间，如供电车间、供水车间、机修车间和运输车队等。

单品种辅助生产车间一般都是从事劳务、作业性质的生产，不通过仓库的收发，月末时没有在产品结存，因而辅助生产车间里发生的各种耗费都是该车间生产产品、提供劳务发生的直接成本，要全部分配给各受益部门。

为简化成本核算工作，通常不设置"制造费用"账户，而是将车间内发生的全部耗费直接记入"辅助生产成本"账户。

2. 多品种辅助生产车间

多品种辅助生产车间是指生产两种产品或两种以上产品的辅助生产车间，如机械制造厂设立的工夹模具车间，制造基本生产中所需用的各种工具、刀具、模具和夹具等。

多品种辅助生产车间里发生的各种耗费在归集时，需要区分直接成本和间接成本。为生产辅助产品发生的直接材料、直接人工以及其他直接成本，直接记入"辅助生产成本"账户；而多品种辅助生产车间为管理和组织生产活动发生的各项间接成本，需要首先归集在"制造费用"账户，月末再分配记入"辅助生产成本"及有关明细账户。

多产品辅助生产车间生产的产品往往要通过仓库收发，月末将完工辅助生产的产品成本转入企业存货成本（如周转材料），待该部分存货领用时，再根据用途一次或分次分配计入受益产品的成本。

【引例分析】

银苑食品有限公司配备两个辅助生产车间，一个配料车间，一个机修车间，配料车间只为菠菜面提供打汁服务，机修车间提供机器设备的维修服务。辅助生产车间对外提供的产品或服务比较单一，不必再在辅助生产成本下设置"制造费用"明细账核算，而是将辅助生产成本设置为原材料、人工费、折旧费、水电费、其他等项目进行核算，归集生产费用的两个辅助生产成本明细账如表 2-18 和表 2-19 所示。

表 2-18　辅助生产成本明细账

车间：配料车间　　　　　　　　　　　　　　　　　　　　　　　　金额单位：元

2020 年		凭证号	摘要	材料费	水电费	人工费	折旧费	其他	合计
月	日								
1	31	45	分配材料费	3 950.00					3 950.00
	31	47	分配外购动力		3 483.44				7 433.44
	31	48	分配人工工资			15 620.00			23 053.44
	31	49	计提折旧				406.63		23 460.07
	31	50	其他支出					200.00	23 660.07
	31		本月小计	3 950.00	3 483.44	15 620.00	406.63	200.00	23 660.07

表 2-19 辅助生产成本明细账

车间：机修车间 金额单位：元

2020年		凭证号	摘要	材料费	水电费	人工费	折旧费	其他	合计
月	日								
1	31	45	分配材料费	136.00					136.00
	31	47	分配外购动力		684.32				820.32
	31	48	分配人工工资			21 584.00			22 404.32
	31	49	计提折旧				79.17		22 483.49
	31	50	其他支出					200.00	22 683.49
	31		本月小计	136.00	684.32	21 584.00	79.17	200.00	22 683.49

（三）辅助生产费用的分配

1. 辅助生产费用的分配去向

辅助生产部门发生的费用，也要根据受益对象进行分配。为基本生产车间服务的，计入制造费用；为行政管理部门服务的，计入管理费用；为销售过程及销售机构服务的，计入销售费用；如果是为其他辅助生产车间服务而发生的费用，则要通过一定分配方法，分配计入辅助生产成本。

2. 辅助生产费用的分配方法

辅助生产车间主要是为基本生产和管理提供劳务，但辅助生产车间之间也相互提供劳务。如运输车间为机修车间提供运输，机修车间为运输车间提供修理劳务。这时，为了计算运输成本，需要计算机修劳务成本；为了计算机修劳务成本，又要确定运输成本。在实际工作中，通常采用直接分配法、交互分配法、代数分配法、计划成本分配法和顺序分配法对辅助生产费用进行分配。

（1）直接分配法。直接分配法是将各辅助生产成本明细账中归集的成本总额，不考虑各辅助生产车间之间相互提供的劳务（或产品），直接分配给辅助生产部门以外的各受益产品、车间或部门。计算公式为：

$$某辅助生产成本直接分配率 = \frac{该辅助生产车间归集的成本}{该辅助生产车间对外提供的劳务总量}$$

$$\begin{matrix}辅助生产车间外部受益对象\\应负担的辅助生产成本\end{matrix} = \begin{matrix}该受益对象\\接受的劳务量\end{matrix} \times \begin{matrix}辅助生产成本\\直接分配率\end{matrix}$$

直接分配法的特点是：辅助生产成本只对外分配，不对内分配。

【例2-2】某企业设有机修和供电两个辅助生产车间。2020年5月在分配辅助生产费用以前，机修车间发生费用24 000元，按修理工时分配费用，共提供修理工时500小时，其中，供电车间耗用20小时，其他车间耗用工时如表2-20所示。供电车间发生费用3 600元，按耗电数分配费用，共提供供电2 000千瓦时，其中修理车间耗用400千瓦时。其他车间耗电数如表2-20所示，其中蓝色底纹的单元格为已知数据。该企业辅助生产车间的制造费用不通过"制造费用"账户核算，采用直接分配法分配辅助生产车间的费用。

表2-20　直接分配法辅助生产费用分配表　　　　　　　　　　　　　金额单位：元

辅助生产车间名称		机修车间		供电车间		合计
		修理工时 / 小时	修理费用	供电数 / 千瓦时	供电费用	
待分配的辅助生产费用及劳务数量		480	24 000	1 600	3 600	27 600
费用分配率			50		2.25	
基本生产耗用（计入制造费用）	第一车间	300	15 000	900	2 025	17 025
	第二车间	120	6 000	400	900	6 900
	小计	420	21 000	1 300	2 925	23 925
行政管理部门耗用计入管理费用		40	2 000	200	450	2 450
销售部门耗用计入销售费用		20	1 000	100	225	1 225
合计		480	24 000	1 600	3 600	27 600

计算步骤：

（1）分别计算辅助生产费用分配率：

电费分配率 = 3 600 ÷（2 000 - 400）= 2.25（元 / 千瓦时）

机修分配率 = 24 000 ÷（500 - 20）= 50（元 / 时）

（2）分别计算受益部门应分配的辅助生产费用：

以第一车间为例，应分配辅助生产费用 = 300 × 50 + 900 × 2.25 = 17 025（元）

（3）编制分配辅助生产费用的会计凭证，并登记相应的明细账。

借：制造费用　　　　　　　　　　　　　　　　　　　　　　　23 925

　　管理费用　　　　　　　　　　　　　　　　　　　　　　　2 450

销售费用	1 225
贷：辅助生产成本——机修车间	24 000
辅助生产成本——供电车间	3 600

采用直接分配法，各辅助生产车间的待分配耗费只对辅助生产车间以外的各单位分配，计算工作简便。但由于这种分配方法建立在辅助生产车间之间不相互提供劳务、作业的基础上，辅助生产车间包括的耗费不全，如上例供电车间的耗费中不包括所耗的修理费，机修车间的费用中不包括所耗的电费，因而分配结果不尽准确。因此，直接分配法一般适宜于在辅助生产车间内部相互提供劳务、作业不多，对辅助生产成本和企业产品成本影响不大的情况下采用。

（2）交互分配法。交互分配法是辅助生产车间之间先进行一次相互分配，然后再将辅助生产成本对辅助生产车间外部各受益对象进行分配的一种辅助生产成本的分配方法。

交互分配法分配辅助生产成本分两个步骤进行：首先对内进行交互分配，也就是在各辅助生产车间、部门之间，按相互提供的劳务数量和交互分配的成本分配率进行交互分配；然后对外进行分配，也就是在辅助生产车间、部门以外的各受益产品、车间、部门之间，按其接受的劳务数量和对外分配率进行分配。

计算公式如下：

第一步，对内交互分配：

$$\frac{某辅助生产成本}{交互分配率} = \frac{该辅助生产成本明细账交互分配前归集的成本}{劳务总量}$$

$$\frac{辅助生产成本}{交互分配额} = \frac{某辅助生产车间}{对内的劳务量} \times \frac{该辅助生产成本}{交互分配率}$$

$$\frac{交互分配后}{辅助生产成本} = \frac{交互分配前}{的成本} + \frac{交互分配}{转入的成本} - \frac{交互分配}{转出的成本}$$

运用交互分配法分配辅助生产成本，在进行交互分配时，接受劳务将转入成本，提供劳务则转出成本。

第二步，对外分配：

$$\frac{某辅助生产成本}{对外分配率} = \frac{该辅助生产车间交互分配后的成本}{该辅助生产车间对外提供的劳务总量}$$

$$\frac{辅助生产车间外部某一受益}{对象应负担的辅助生产成本} = \frac{该受益对象}{接受的劳务量} \times \frac{某辅助生产成本}{对外分配率}$$

【例2-3】承前例，采用交互分配法分配其辅助生产费用。如表2-21所示。其中蓝色底纹的单元格为已知数据。

表 2-21　交互分配法分配辅助生产费用分配表　　　　　　　　　　　金额单位：元

辅助生产车间名称			交互分配			对外分配		
			机修	供电	合计	机修	供电	合计
待分配辅助生产费用			24 000	3 600	27 600	23 760	3 840	27 600
供应劳务数量			500	2 000		480	1 600	
费用分配率			48	1.8		49.50	2.40	
辅助生产车间耗用（计入辅助生产成本）	机修车间	耗用量		400				
		分配金额		720				
	供电车间	耗用量	20					
		分配金额	960					
	分配金额小计		960	720				
基本生产耗用（计入制造费用）	第一车间	耗用量				300	900	
		分配金额				14 850	2 160	17 010
	第二车间	耗用量				120	400	
		分配金额				5 940	960	6 900
	小计					20 790	3 120	23 910
行政管理部门耗用计入管理费用		耗用量				40	200	
		分配金额				1 980	480	2 460
销售部门耗用计入销售费用		耗用量				20	100	
		分配金额				990	240	1 230
合计								27 600

计算步骤：

（1）分别计算辅助生产成本对内交互分配的分配率和分配额：

机修和供电的费用分配率分别是：24 000÷500＝48 和 3 600÷2 000＝1.8

机修车间耗电：400×1.8＝720（元）

供电车间修理费：20×48＝960（元）

（2）分别计算各辅助生产车间对外分配的辅助生产费用：

机修车间对外的总费用：24 000＋720－960＝23 760（元）

供电车间对外的总费用：$3\,600 + 960 - 720 = 3\,840$（元）

（3）计算辅助生产车间向辅助生产车间以外各受益单位分配的辅助生产费用：

这个步骤，同直接分配法，此处不再赘述。

（4）编制辅助生产费用分配表，如表2-21所示。

（5）填写分配辅助生产成本的记账凭证，此处略。

交互分配法虽然较直接分配法复杂，但计算结果比较准确，因为它反映了辅助生产车间之间相互服务的关系。但是，若企业的辅助生产车间过多则不宜采用此法。

采用交互分配法，在各月辅助生产成本水平相差不大的情况下，为简化计算工作，也可以用上月的辅助生产单位成本作为本月交互分配的单位成本。

（3）计划成本分配法。计划成本分配法是按辅助生产成本的计划单位成本和各受益单位耗用的劳务数量，分配辅助生产成本的一种方法。

采用计划成本分配法分配辅助生产成本分两个步骤进行：首先，根据各产品、车间和部门实际耗用的劳务数量和事先确定的计划单位成本，计算分配辅助生产成本（计划成本）；然后，计算辅助生产车间实际成本和计划成本的差异，进行差异的调整分配。

计算公式如下：

第一步，按计划价计算各部门负担的辅助生产费用：

$$\begin{matrix} \text{某受益部门应负担的} \\ \text{辅助生产成本（计划成本）} \end{matrix} = \begin{matrix} \text{该受益部门} \\ \text{接受的劳务量} \end{matrix} \times \begin{matrix} \text{辅助生产} \\ \text{计划单位成本} \end{matrix}$$

第二步，计算各辅助车间的实际成本：

$$\begin{matrix} \text{辅助生产车间} \\ \text{实际成本} \end{matrix} = \begin{matrix} \text{计划成本分配前} \\ \text{归集的成本} \end{matrix} + \begin{matrix} \text{接受劳务按计划单位} \\ \text{成本计算转入的成本} \end{matrix}$$

第三步，成本差异的计算：

$$\begin{matrix} \text{某辅助生产车间} \\ \text{成本差异} \end{matrix} = \begin{matrix} \text{该辅助生产车间} \\ \text{实际成本} \end{matrix} - \begin{matrix} \text{按计划单位成本} \\ \text{分配出去的计划成本} \end{matrix}$$

辅助生产车间成本差异确定后，应将差异进行调整分配。成本差异的调整分配上有两种处理方法：一是将差异按辅助生产车间外部各受益对象的受益比例分配；二是将差异全部分配计入管理费用。由于第二种方法简便易行，也有利于对基本生产车间的考核评价，因而在实际工作中被广泛采用。

【例2-4】承前例，假设机修车间每修理工时耗费50元，供电车间每千瓦时电耗费1.9元。采用计划成本分配法分配其辅助生产费用。如表2-22所示。其中蓝色底纹的单元格为已知数据。

表 2-22 计划成本分配法分配辅助生产费用分配表　　　　　　　　　金额单位：元

辅助生产车间名称			交互分配		
			机修	供电	合计
待分配辅助生产费用			24 000	3 600	27 600
计划单位成本			50	1.9	
供应劳务数量			500	2 000	
辅助生产车间耗用（计入辅助生产成本）	机修车间	耗用量		400	
		分配金额		760	760
	供电车间	耗用量	20		
		分配金额	1 000		1 000
	分配金额小计		1 000	760	1 760
基本生产耗用（计入制造费用）	第一车间	耗用量	300	900	
		分配金额	15 000	1 710	16 710
	第二车间	耗用量	120	400	
		分配金额	6 000	760	6 760
	小计		21 000	2 470	23 470
行政管理部门耗用计入管理费用		耗用量	40	200	
		分配金额	2 000	380	2 380
销售部门耗用计入销售费用		耗用量	20	100	
		分配金额	1 000	190	1 190
按计划价分配金额合计			25 000	3 800	28 800
辅助生产车间实际成本			24 760	4 600	29 360
辅助生产成本差异			-240	800	560

计算步骤：

（1）按计划价计算各部门负担的辅助生产费用：

机修费用按计划价分配总和 = 各部门耗费量 × 计划单位成本

$$= 1\ 000 + 21\ 000 + 2\ 000 + 1\ 000 = 25\ 000（元）$$

电费用按计划价分配总和 = 各部门耗费量 × 计划单位成本

$$= 760 + 2\ 470 + 380 + 190 = 3\ 800（元）$$

（2）计算各辅助生产车间实际成本：

机修车间实际成本 = 24 000 + 760 = 24 760（元）

供电车间实际成本 = 3 600 + 1 000 = 4 600（元）

（3）计算各辅助生产成本差异：

机修车间辅助生产成本差异 = 24 760 − 25 000 = −240（元）

供电车间实际成本 = 4 600 − 3 800 = 800（元）

根据计划成本分配法分配辅助生产费用分配表填制记账凭证，此处略。

计划成本分配法的特点是辅助生产车间为各受益单位提供的劳务，都是按劳务的计划成本进行分配的，这种方法便与考核和分析各受益单位的成本，有利于分清各单位的经济责任，但缺点是成本分配不够准确，适用于辅助生产车间劳务计划单位成本比较准确的企业。

（4）顺序分配法。顺序分配法，也称梯形分配法，是将归集的各车间辅助生产成本，按序依次向排列在后的内部受益部门以及外部受益对象进行分配的一种辅助生产成本分配的方法。

顺序分配法的基本思路，首先是在各个辅助生产部门之间按相互受益多少排序，受益少的排列在前，受益多的排列在后，按序依次将辅助生产成本向排列在后的内部受益部门以及外部受益对象进行分配。需要指出的是，排列在前已进行分配的辅助生产部门不负担后分配的辅助生产成本，排列在后待分配辅助生产成本的部门应加上排列在前的部门分配转入数额。

顺序分配法的特点：向后向外分配，不向前分配。

计算公式如下：

$$某辅助生产成本顺序分配率 = \frac{该辅助生产部门归集的成本 + 按序从排列在前的辅助生产部门分配转入的成本之和}{该辅助生产部门提供的劳务总量 − 排列在前已进行分配各辅助生产部门接受的劳务量}$$

$$受益对象应承担的辅助生产成本 = 该受益对象接受的劳务量 × 辅助生产成本顺序分配率$$

【例2-5】承前例，采用顺序分配法分配其辅助生产费用。由于供电车间耗用的劳务费用少于机修车间耗用的劳务费用，因此供电车间先分配劳务费用。分配结果如表2-23所示，其中灰色底纹的单元格为已知数据。

计算步骤：

（1）分配辅助生产费用少的电费 = 各部分耗用量 × 分配率（包括向机修车间分配）

（2）机修车间待分配的费用 = 原待分配的费用 + 分配进来的辅助生产车间的费用 = 24 000 + 720 = 24 720（元）

（3）向各受益部门分配机修费用。

金额单位：元

表2-23　顺序分配法分配辅助生产费用分配表

项目	辅助生产成本						制造费用				管理费用		销售费用		分配金额合计
	供电车间			机修车间			第一车间		第二车间						
	劳务数量	待分配费用	分配率	劳务数量	待分配费用	分配率	耗用量	耗用金额	耗用量	耗用金额	耗用量	耗用金额	耗用量	耗用金额	
分配供电费用	2 000	3 600	1.8	400	720		900	1 620	400	720	200	360	100	180	3 600
修理费合计	−2 000	−3 600		500	24 000										24 720
分配修理费用				480	24 720	51.5	300	15 450	120	6 180	40	2 060	20	1 030	24 720
合计								17 070		6 900		2 420		1 210	27 600

顺序分配法从一定程度上考虑到辅助生产部门之间相互提供劳务，但不尽充分，分配结果正确性受到一定影响。此种方法适用于各辅助生产部门之间相互受益程度有明显顺序的企业。

（5）代数分配法。代数分配法，是按照联立方程的方法计算辅助生产劳务的单位成本，然后根据各受益单位（包括辅助生产车间）耗用的数量和单位成本计算分配辅助生产成本的一种方法。

采用代数分配法的计算程序是：将辅助生产车间产品或劳务的单位成本设为未知数，并根据各辅助生产车间相互提供的劳务数量，建立并求解联立方程，计算出辅助生产车间产品或劳务的单位成本；然后，再根据各受益单位（包括辅助生产车间）耗用的数量和单位成本计算分配辅助生产成本。

【例2-6】承前例，采用代数分配法分配其辅助生产费用。假设 x 为每小时的修理成本，y 为每千瓦时电的耗用成本。建立方程如下：

$24\,000 + 400y = 500x$

$3\,600 + 20x = 2\,000y$

求解方程得出：$x = 49.838\,7$，$y = 2.298\,4$

按照以上分配率，计算各个受益单位应负担的辅助生产费用。

求解二元一次方程，使用 Excel 的"单变量求解"也可以实现，请同学们自行尝试。

采用代数分配法分配辅助生产成本，分配结果最为准确。但当辅助生产车间部门较多时，数学模型的建立和求解会非常复杂，因而这种方法在会计工作已经实现信息化的企业中采用较为适宜。

【引例分析】

经过材料费用、人工费用、燃料及外购动力和其他支出的分配，银苑食品有限公司的两个辅助生产车间，已经归集了所发生的费用，汇总表如表2-24所示。

表2-24　银苑食品有限公司辅助生产费用汇总表　　　　　　　　　　金额单位：元

部门	原材料	工资	折旧费	劳保费	电费	水费	合计
配料车间	3 950.00	15 620.00	406.63	200.00	775.80	2 707.64	23 660.07
机修车间	136.00	21 584.00	79.17	200.00	540.00	144.32	22 683.49

已知银苑食品有限公司机修车间对外提供的劳务量如表 2-25 所示。

表 2-25　银苑食品有限公司机修服务劳动量汇总及分配表　　　　　　金额单位：元

受益对象	机修工时	分配率	分配金额
配料车间	24.00		2 387.74
生产车间	140.00		13 928.46
销售部门	23.00		2 288.25
行政管理部	41.00		4 079.04
合计	228.00	99.49	22 683.49

经过分析，我们可知：

配料车间为生产菠菜提供原料加工服务，提供的产品"菠菜汁"的成本直接计入产品"菠菜挂面"的成本中；配料车间不为机修车间提供产品。

机修车间为生产车间以及管理部门提供设备仪器的修理服务，包括为配料车间提供服务，这些受益部门共同负担机修车间发生的费用 22 683.49 元，按工时进行分配后的数据如表 2-25 中的分配金额。

（四）辅助生产费用分配的账务处理

根据辅助生产费用分配表编制辅助生产费用分配的记账凭证，并根据审核后的记账凭证登记账簿。

【引例分析】

银苑食品有限公司分配机修车间的辅助生产成本的会计分录为：

借：辅助生产成本——配料车间　　　　　　　　　　　　2 387.74

　　贷：辅助生产成本——机修车间　　　　　　　　　　　　　2 387.74

借：制造费用　　　　　　　　　　　　　　　　　　　13 928.46

　　管理费用　　　　　　　　　　　　　　　　　　　　4 079.04

　　销售费用　　　　　　　　　　　　　　　　　　　　2 288.25

　　贷：辅助生产成本——机修车间　　　　　　　　　　　　20 295.75

借：基本生产成本——菠菜面　　　　　　　　　　　　26 047.81

　　贷：辅助生产成本——配料车间　　　　　　　　　　　　26 047.81

配料车间发生的总成本为 23 660.07 元，加上机修车间分配过去的 2 387.74 元，合计

26 047.81 元，直接记入"基本生产成本——菠菜面"账户。

二、制造费用的归集和分配

制造费用是指工业企业生产车间为生产产品或提供劳务而发生的应由产品或劳务负担的各项间接成本。制造企业发生的制造费用，应当按照合理的分配标准按月分配计入各成本核算对象的生产成本，也可以根据自身经营管理特点和条件，利用现代信息技术，采用作业成本法对不能直接归属于成本核算对象的成本进行归集和分配。

（一）归集汇总制造费用

制造费用的内容比较复杂，包括物料消耗，车间管理人员的薪酬，车间管理用房屋和设备的折旧费、租赁费和保险费、车间管理用具摊销、车间管理用的照明费、水费、取暖费、劳保费、设计制图费、试验检验费、差旅费、办公费以及季节性及修理期间的停工损失等。为了减少费用项目，简化核算工作，可将性质相同的费用合并设立相应项目，如将用于产品生产的固定资产的折旧费合并设立"折旧费"项目，也可根据费用比重大小和管理上的要求另行设立制造费用项目。但是，为了使各期成本费用资料可比，制造费用项目一经确定，不应任意变更。

"制造费用"账户应当根据有关付款凭证、转账凭证和前述各种成本分配表登记。通常，"制造费用"按不同的车间设立明细账，账内按照成本项目设立专栏，分别反映各车间各项制造费用的发生情况和分配转出情况。

【引例分析】

银苑食品有限公司没有按车间设置"制造费用"的明细账核算，生产中发生的各种间接费用，直接记入"制造费用"明细账中的相关项目。经过前面各个模块的分配和记账，已经归集汇总了这些间接费用，总计 46 320.57 元，详见图 2-13"制造费用"明细账。

（二）制造费用的分配

从事多品种生产的辅助生产车间，对发生在该车间的共同性、间接性耗费，可以在"辅助生产成本"账户下设置"制造费用"明细分类账或成本项目进行核算。

1. 制造费用分配步骤

（1）分配辅助生产的制造费用。将辅助生产的制造费用计入辅助生产成本。

（2）分配辅助生产费用。将其中应由基本生产负担的辅助生产费用分摊计入基本生产的制造费用。

（3）分配基本生产的制造费用。一般情况下，制造费用应当按照车间分别进行，不应将各车间的制造费用汇总，在企业范围内统一分配。制造业企业发生的制造费用应当按照合理的分配标准按月分配计入各成本核算对象的生产成本。

【引例分析】

银苑食品有限公司的加工车间、烘房和包装车间，共同在一个厂房中，难以区分一些共同耗用的资源；同时辅助生产车间发生的费用不多，根据经济效益原则，银苑食品有限公司可以不按车间对制造费用设置明细核算，而是把各种间接费用直接记入"制造费用"账户，统一向基本生产成本分配。

2. 制造费用分配方法

企业应当根据制造费用的性质合理选择分配方法。也就是说，企业所选择的制造费用分配方法，必须与制造费用的发生具有比较密切的相关性，并且使分配到每种产品上的制造费用金额基本合理，同时还应适当考虑计算手续的简便。

制造费用分配方法很多，通常采用生产工人工时比例法（或生产工时比例法）、生产工人工资比例法（或生产工资比例法）、机器工时比例法和按年度计划分配率分配法等。企业具体选用哪种分配方法，由企业自行决定。分配方法一经确定，不得随意变更。

通常来说，生产工人工资比例分配法适用于各种产品生产机械化程度相差不多的企业，如果生产工人工资是按生产工时比例分配，该方法实际上等同于生产工人工时比例。机器工时比例法是按照各产品生产所用机器设备运转时间的比例分配制造费用的方法，适用于产品生产的机械化程度较高的企业。按年度计划分配率分配法是按照年度开始前确定的全年度适用的计划分配率分配费用的方法，分配率计算公式的分母按定额工时计算，是年度各种产品计划产量的定额工时之和，分子为年度制造费用计划总额。如果年度内发生全年的制造费用实际数与计划数差别较大，应及时调整计划分配率。该方法特别适用于季节性生产企业。

制造费用分配的计算方法：

制造费用分配率 = 制造费用总额 ÷ 各产品分配标准之和
各种产品应分配的制造费用 = 该种产品分配标准 × 制造费用分配率

【引例分析】

银苑食品有限公司使用的是全自动生产线，耗用的各种间接费用，比较适合生产工时比例法进行制造费用的分配。分配结果如表 2-26 所示。

表 2-26　银苑食品有限公司制造费用分配表

应记账户	品种	产量 / 公斤	单位生产工时 / 小时	生产工时 / 小时	分配率	分配的金额 / 元
基本生产成本	鸡蛋面	66 000.00	10.00	660 000.00		7 767.17
	菠菜面	34 000.00	9.00	306 000.00		3 601.14
	普面	330 000.00	9.00	2 970 000.00		34 952.26
合计				3 936 000.00	0.011 8	46 320.57

（三）制造费用的账务处理

制造费用的分配方法一经确定，不应任意变更。无论采用哪种分配方法，都应根据制造费用分配表填写记账凭证并登记明细账。

三、生产损失的核算

几乎所有的制造业都无法避免这样或那样的原因造成的损失。生产中的一切损失，归根结底要由合格品负担。为了充分利用经济资源，生产出更多的合格品，把损失控制在合理的范围内，除在生产技术上采取措施外，对生产损失进行核算不失为一项重要措施。

（一）生产损失的范围及核算任务

生产损失是指企业在生产过程中由于某种原因而发生的各种损失，不同企业生产损失的类型不尽相同，通常有以下几种类别，如表 2-27 所示。

表 2-27　生产损失的类别

类别	含义	和生产成本的关系
生产损耗	指投入原材料的收缩、蒸发、跑冒滴漏、自然损耗等损失	在生产数量一定的情况下，生产损耗越多，必然增加产品的制造成本
生产废料	指生产过程中产生的边角余料等，比如服装业生产的边角布料、家具制造业加工中的边材碎料	在投入量一定的情况下，废料越多，产出越少，必然增加产品的生产成本
废品损失	指在生产过程中，由于主观或客观原因造成的产品质量不符合规定技术标准而发生的额外耗费	当投入量一定时，产生的废品越多，合格品数量则越少。废品损失多，必然增加合格产品的成本
停工损失	指由于机器故障停工、季节性停工及修理期间停工而发生的耗费	停工次数越多，停工时间越长，停工损失则越高，必然增加产品的制造成本

生产损失核算的主要任务是：加强对生产损失的控制，及时揭示造成损失的原因和责任；及时正确计算生产中的各种损失额；采用适当的方法，将各种损失恰当地计入产品成本。

对于生产损失中的生产废料和生产损耗，虽说是生产过程中难以避免的，可以从生产工艺和生产流程上改进，但计算产品成本时也应适当地考虑进去。本教材主要介绍废品损失和停工损失的核算。

（二）废品损失的含义

废品是指不符合规定的技术标准，不能按照原定用途使用或者需要加工修复后才能使用的在产品、半成品或产成品。废品损失是指因产生废品而造成的损失，是指由于产生废品而发生的损失及修复费用。废品损失包括在生产过程中和入库后发现的不可修复废品的报废成本，以及可修复废品的修复成本，扣除回收的残料价值和应收赔偿价值以后的净损失。

造成废品的原因不同，废品损失承担的方式也就不同。废品损失的类型如表2-28所示。

表2-28　废品损失的类别

分类		含义	损失承担
按产生原因分	工废品	指由于生产工人未执行技术操作标准的原因造成的废品，由操作工人的过失造成	应由操作人员承担相应的责任，企业收回其赔款
	料废品	指由于加工的原材料、半成品或零部件质量不符合要求而造成的废品	不应由生产工人承担责任，应由当月合格产品成本负担
按消除缺陷在技术和经济上的合理性	可修复废品	指技术上可以修复，并且支付修复费用在经济上合算的废品	发生的修复费用由当月合格产品成本负担
	不可修复废品	指在技术上不能修复，或者支付修复费用在经济上不合算的废品	不可修复废品的生产成本，由当月合格产品成本负担

【引例分析】

正常的挂面长度为180~300毫米等规格，挂面生产中的废品主要表现为酥面。所谓酥面，表面上看是好的，但下锅煮的时候会断开，严重的时候，一下锅碎成10毫米左右的长度无筋无味的面糊。银苑食品有限公司1月普通挂面存在一批共计250千克的酥面，经品控人员检测，由于烘房中第一道工序"冷风定条"时温度太高使面条表皮水分蒸发过快导致。酥面按产生的原因属于工废的不可修复废品，应由责任人赔偿，产生的净损失，由当月合格产品成本负担。

【议一议】

这批酥面，如果通过一定的技术处理（比如添加 4 倍的面粉和某些食品添加剂后重新和面）可以再使用，属于可修复废品还是不可修复废品？其废品损失如何计算？如果酥面直接报废销毁，其废品损失如何计算？

值得注意的是，在几种特殊情况下，从某些意义上讲可能符合废品的定义，但是为了核算方便，我们一般不将其损失作为废品损失来单独核算，而是采用专门的方法进行处理：

比如，产成品入库以后，由于保管不善或是发货过程中运输不当等原因造成的产品的变质、损毁，其损失属于管理上的原因，应列作管理费用，不作为废品损失处理；再如，实行产品包退、包修、包换（"三包"）的企业，在产品出售以后发现废品，所发生的一切损失，一般也直接计入管理费用，不计算在废品损失内。

经过质量检验部鉴定不需要返修，但可降价出售的不合格品或次品，应与合格品同等计算成本，其损失体现为销售损益，而不作为废品损失处理。

（三）废品损失的会计核算

1. 账户和成本项目设置

为了更加准确地计算其产品成本，严格考核和控制各生产单位的废品损失，我们可以在会计账户中，增设"废品损失"总分类账户，或者在"基本生产成本"账户下设"废品损失"成本项目，用于废品损失的核算。

"废品损失"账户借方登记可修复废品的修复费用和不可修复废品的生产成本；贷方登记回收的废品的残料价值和过失单位或个人的赔款；月末，应将废品损失净额从该账户的贷方转入"基本生产成本"账户的借方，由当月合格产品成本负担；月末将废品损失转入生产成本以后，"废品损失"账户应无余额。

"废品损失"账户应当按产品品种设置明细账进行明细核算。"废品损失"明细账应按成本项目分设专栏，以准确反映废品损失的构成情况。

2. 废品损失的归集

计算废品损失的原始凭证主要是经审核后的"废品通知单"，格式可以如表 2-29 所示。"废品通知单"属于内部单据，没有统一的格式，企业可以从自身管理需要出发，自行设计。

表 2-29　银苑食品有限公司废品通知单

产品名称	普通挂面	报废日期	2020 年 1 月 31 日	备注
规格型号		生产日期	2020 年 1 月 16 日	
报废工序	冷风定条	生产部门	烘房	
操作工人	张强	检验人员	刘斌	
废品记录	材料消耗		修复费用	
	损失金额		残值	962.23 元
	料废数	250 公斤	工废数	
	单件重量		工时定额	
	总重量	250 公斤	总工废	210.52 元

可修复废品的损失也是一种费用,修复废品发生的料、工、费同正常生产耗费一样,也要做好领用登记、薪酬分配和制造费用的分配。成本核算岗位根据各种要素耗费中的材料耗费分配表、职工薪酬分配表、制造费用分配表以及相应分配的记账凭证,将可修复废品在修复过程中所发生的直接材料、直接人工和制造费用全部归集记入在"废品损失"明细账中。

不可修复废品的损失,是不可修复废品的生产成本扣除回收的残料价值和应收赔款以后的净损失。不可修复废品的成本是与同种合格产品成本同时发生的,并已记入该种产品的生产成本明细账中,所以不可修复废品的损失不用刻意归集,而是要将废品的成本从该种产品总成本中剥离出来。

3. 废品损失的计算和账务处理

【例 2-7】可修复废品的核算

(1)归集修复成本。假设某企业 1 月修复废品实际耗用直接材料 300 元,承担直接人工和制造费用分别为 800 元和 500 元。编制会计分录如下:

借:废品损失——A 产品　　　　　　　　　　　　　　　　1 600
　　贷:原材料　　　　　　　　　　　　　　　　　　　　　　　　300
　　　　应付职工薪酬　　　　　　　　　　　　　　　　　　　　　800
　　　　制造费用　　　　　　　　　　　　　　　　　　　　　　　500

(2)结转残料残值及责任人赔偿。假设废品回收的残料价值为 100 元,过失人张东赔偿 500 元。

借:其他应收款——张东　　　　　　　　　　　　　　　　500
　　原材料　　　　　　　　　　　　　　　　　　　　　　100

贷：废品损失——A 产品　　　　　　　　　　　　　　　　　　600

（3）计算并分配废品净损失：

废品净损失 = 修复成本 − 残料残值 − 责任人赔偿 = 1 000（元）

编制分配废品净损失会计分录：

借：基本生产成本——A 产品　　　　　　　　　　　　　　　1 000

　　贷：废品损失——A 产品　　　　　　　　　　　　　　　　1 000

　　不可修复废品的生产成本也包括材料费用、人工费用和制造费用。但这些费用已经随合格产品成本同时发生，所以应将全部生产成本在合格产品与废品之间进行分配，从生产成本明细账中将不可修复废品所包含的那部分成本转入"废品损失"明细账中。

【引例分析】

　　银苑食品有限公司 1 月共生产 330 000 公斤普通挂面，其中有 250 公斤不可修复废品，将全月总的生产费用归集，按实际成本计算合格产品与废品的成本，如表 2-30 所示。

表 2-30　银苑食品有限公司废品与合格品成本分配表　　　　　　　　　　　　金额单位：元

项目	直接材料	燃料及动力	直接人工	制造费用	合计
生产总成本	1 270 145.69	173 175.20	69 768.18	34 952.26	1 548 041.33
分配标准量	330 000.00	330 000.00	330 000.00	330 000.00	
费用分配率	3.848 9	0.524 8	0.211 4	0.105 5	
废品生产成本	962.23	131.19	52.85	26.48	1 172.75
废品净损失					210.52

依据上表编制的会计分录为：

借：废品损失——普面　　　　　　　　　　　　　　　　　　1 172.75

　　贷：基本生产成本——普面　　　　　　　　　　　　　　　1 172.75

假设收回价值 962.23 元的残料，则账务处理为：

借：原材料　　　　　　　　　　　　　　　　　　　　　　　962.23

　　贷：废品损失——普面　　　　　　　　　　　　　　　　　962.23

结转废品损失净损失：

借：基本生产成本——普面　　　　　　　　　　　　　　　　210.52

　　贷：废品损失——普面　　　　　　　　　　　　　　　　　210.52

（四）停工损失的核算

停工损失是指生产车间或车间内某个班组在停工期间发生的各项费用，包括停工期间发生的材料费用、职工薪酬费用和制造费用等。

在实际工作中，停工不满一个工作日的，一般不计算停工损失；应由过失单位或保险公司负担的赔款、季节性生产企业在其季节性停工期间发生的费用，不作为停工损失核算。

1. 账户设置

企业可以通过设置"停工损失"总分类账户来考核和控制停工期间发生的各项费用，或者在"基本生产成本"账户下设置"停工损失"明细账，组织停工损失的核算。

"停工损失"账户借方登记生产单位停工期间发生的各项停工损失，借记"停工损失"账户，贷记"原材料""应付职工薪酬""制造费用"等账户。贷方登记应向过失单位或保险公司索赔的、计入营业外支出的和分配结转的停工损失，借记"其他应收款""营业外支出""基本生产成本"等账户，贷记"停工损失"账户。分配结转停工损失以后，该账户应无余额。

2. 停工损失费用归集

生产单位因各种原因发生停工时，值班人员应当及时向生产部门负责人报告，以便查明原因，尽快恢复生产，此时填写的停工报告单，也是会计进行账务处理的原始凭证。

企业由于外部原因和自然灾害发生停工，除由生产单位填写"停工报告单"外，还应编写专门报告并附有关凭证，以便处理停工损失。企业和生产单位的核算人员，应当对"停工报告单"所列示的时间及其原因和过失单位等内容进行审核，并查明原因，明确责任单位或个人。只有经过审核以后的"停工报告单"，才能作为停工损失核算的原始依据。

3. 停工损失的计算和账务处理

在核算停工损失时，由于是按照生产车间或某个班组来组织核算，所以各项费用如原材料、水电费、职工薪酬费用等，一般可以根据有关原始凭证确认后直接计入；制造费用能够直接确认的应尽量直接计入，不能直接确认的可以按照停工工时数和制造费用分配率分配计入。

根据发生停工期间耗费的材料、人工和制造费用，做以下会计处理：

借：停工损失
　　贷：原材料
　　　　应付职工薪酬
　　　　制造费用

企业在"停工损失"账户归集的停工损失，应当根据发生停工的原因进行分配和结转。可以获得赔偿的停工损失，应当积极索赔并冲减停工损失；由于自然灾害等原因引起的非正常停工损失，应计入营业外支出；机器设备大修期间停工的损失计入生产单位制造费用；其他原因造成的停工损失，应计入产品成本（停工损失项目）。

模块四　ERP 系统中的成本核算

以上生产费用的归集和分配，是手工方式下成本计算的过程，需要搜集的资料繁多，归集和分配的计算复杂。目前，企业已实现不同层次的信息化管理，信息系统改变了生产费用的归集方式，并使费用的分配变得自动化和智能化。

一、ERP 系统的功能架构

ERP（企业资源管理计划）是在先进的企业管理思想的基础上，应用信息技术实现对整个企业资源的一体化管理，它是一种可以提供跨地区、跨部门，甚至跨公司整合实时信息的企业管理信息系统。ERP 在企业资源最优化配置的前提下，整合企业内部主要或所有的经营活动，包括财务会计、管理会计、生产计划及管理、物料管理、销售与分销等主要功能模块，以达到效率化经营的目标。

（一）ERP 系统的基本组成

1. 生产规划系统

让企业以最优水平生产，并同时兼顾生产弹性，包括生产规划、物料需求计划、生产成本计划、生产现场控制等子系统。

2. 物料管理系统

协助企业有效地控管物料，以降低存货成本，包括采购、库存管理、仓储管理、发票验证、库存控制、采购信息系统等子系统。

3. 财务会计系统

提供企业更精确和实时的财务信息，包括间接成本管理、成本会计、利润分析、应收应付款管理、固定资产管理、总账等子系统。

4. 销售与分销系统

协助企业迅速地掌握市场信息，以便对顾客需求做出最快速的反应，包括销售管理、订单管理、发货运输、发票管理等子系统。

5. 企业情报管理系统

提供决策者更实时有用的决策信息，包括决策支持系统、企业计划与预算系统、利润中心会计系统。

（二）ERP 系统的基本架构

ERP 系统以 MRP（物料需求计划）为核心，将企业的规划、营销、供应、生产、财务等管理职能和企业信息系统融为一体，通过信息共享使企业职能部门实现横向联系，进而提升管理绩效。ERP 系统的基本功能架构如图 2-22 所示，包括物料清单（BOM）、主生产计划（MPS）、需求规划（MRP）、车间管理、工序委外等生产制造系统以及薪资管理、固定资产管理、库存管理和存货核算等财务系统，覆盖企业的供应、生产、销售和财务等各个环节。

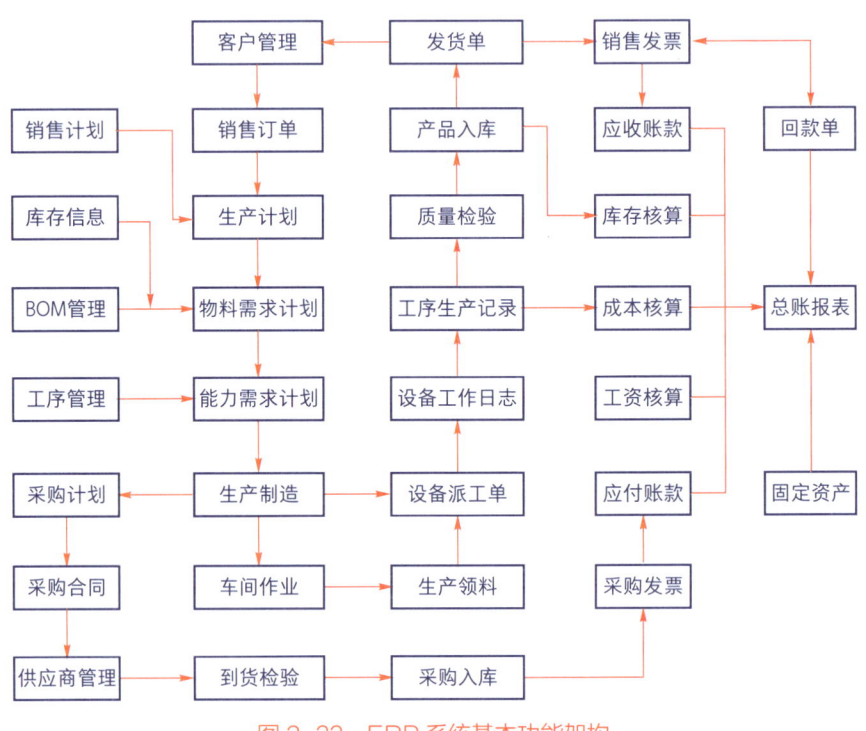

图 2-22　ERP 系统基本功能架构

二、ERP 系统成本核算流程

在 ERP 系统中，材料和产成品等存货数据从生产制造子系统中获取。生产车间根据生产计划领料，更新库存管理子系统材料的出库信息；产品完工质量检验合格后数据传递到库存子系统，材料和产成品数据在存货核算子系统完成分配和计算，存货数据的归集路径如图 2-23 所示。

与成本计算相关的子系统还包括薪资管理子系统、固定资产管理子系统等财务相关的子系统，这些子系统也可以自动核算，向存货核算子系统传递工资分配、折旧等成本数据，ERP 各子系统数据传递关系如图 2-24 所示。

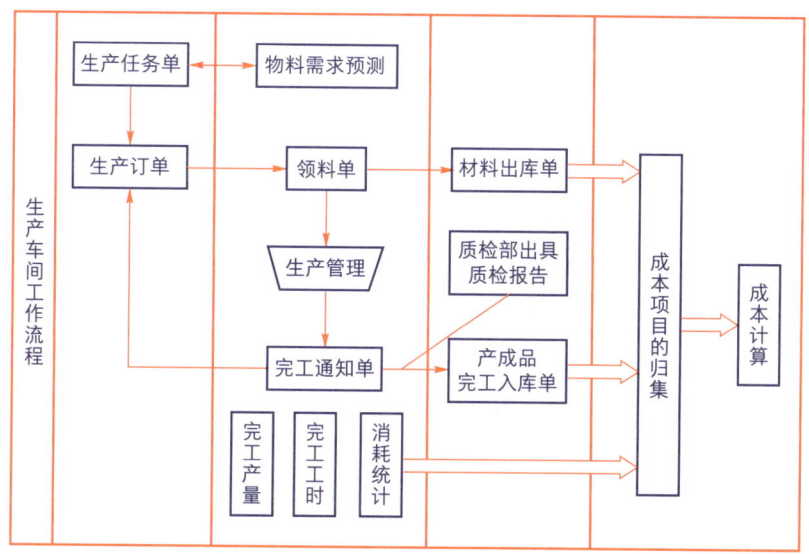

图 2-23　ERP 系统存货数据的归集

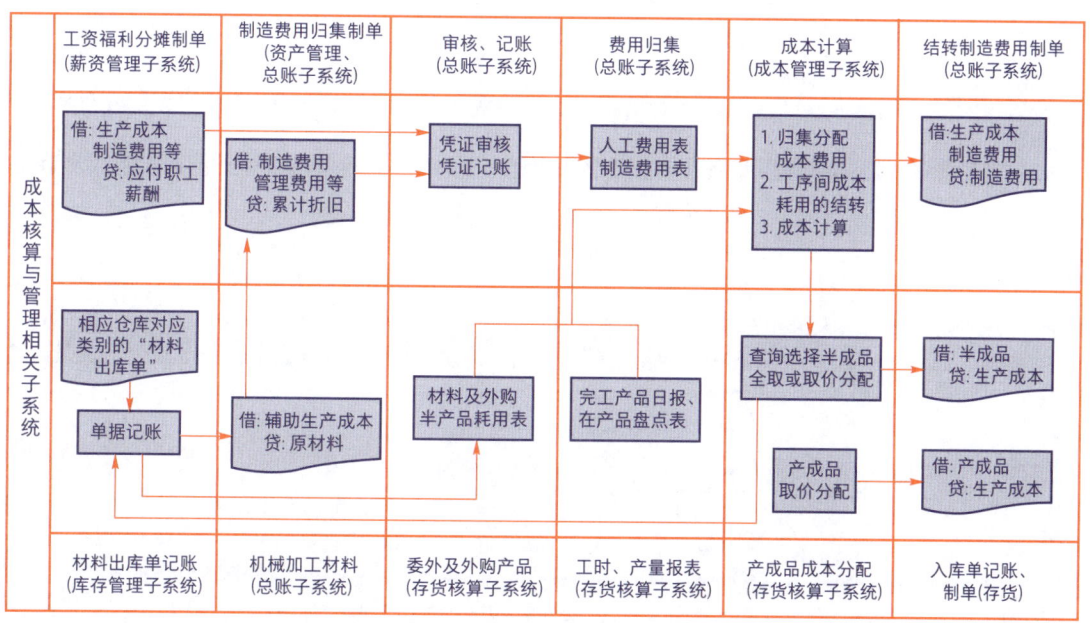

图 2-24　ERP 各子系统数据传递关系

三、ERP 系统成本核算的初始化

ERP 系统可以自动进行费用的归集和分配,计算出产品的成本。但需要提前在系统中设置参数,比如设置库存收发规则、存货计价方式等,还需要将产品的 BOM 结构、期初库存等信息录入到系统,然后在此基础上,在系统中进行日常材料的领用、工资和固定资产折旧的计提,系统方可自动归集和分配生产费用。

以用友 U8-ERP V13.0 软件为例，图 2-25 和图 2-26 为物料清单和存货档案的设置，图 2-27 和图 2-28 为成本计算方法和存货计价方法的选择，这些基础档案和参数确定了日常数据归集和分配的方式，不同的参数选择将产生不同的处理结果。

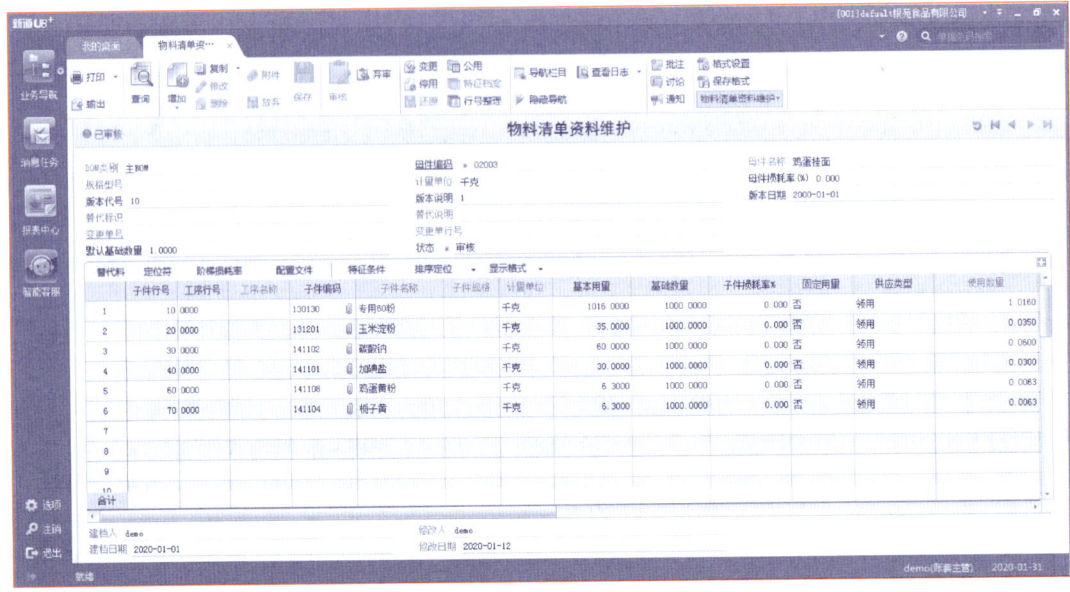

图 2-25　用友 U8-ERP 物料清单设置

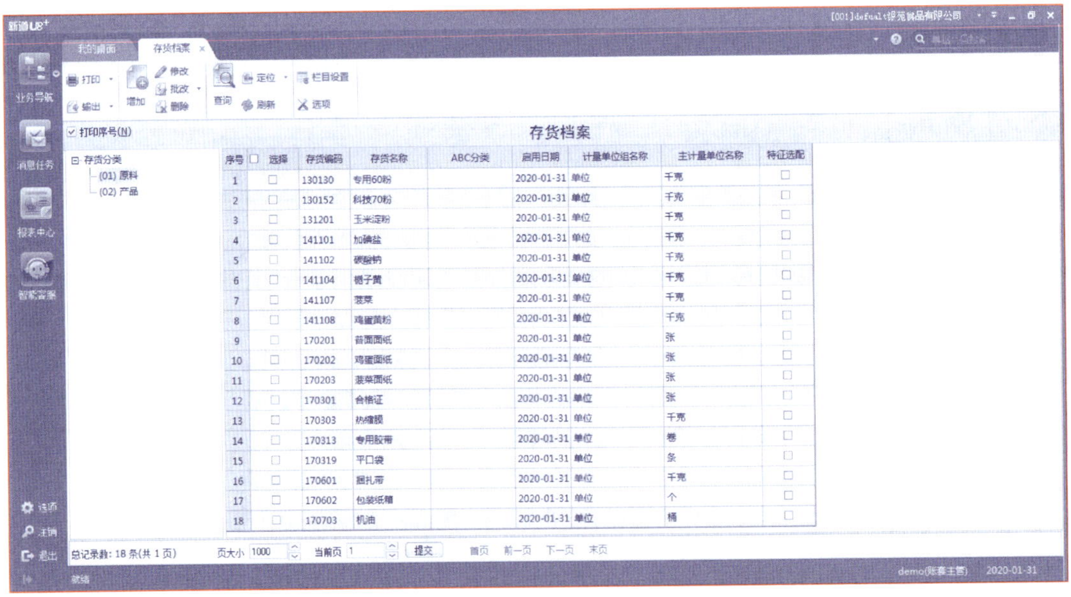

图 2-26　用友 U8-ERP 期初存货档案设置

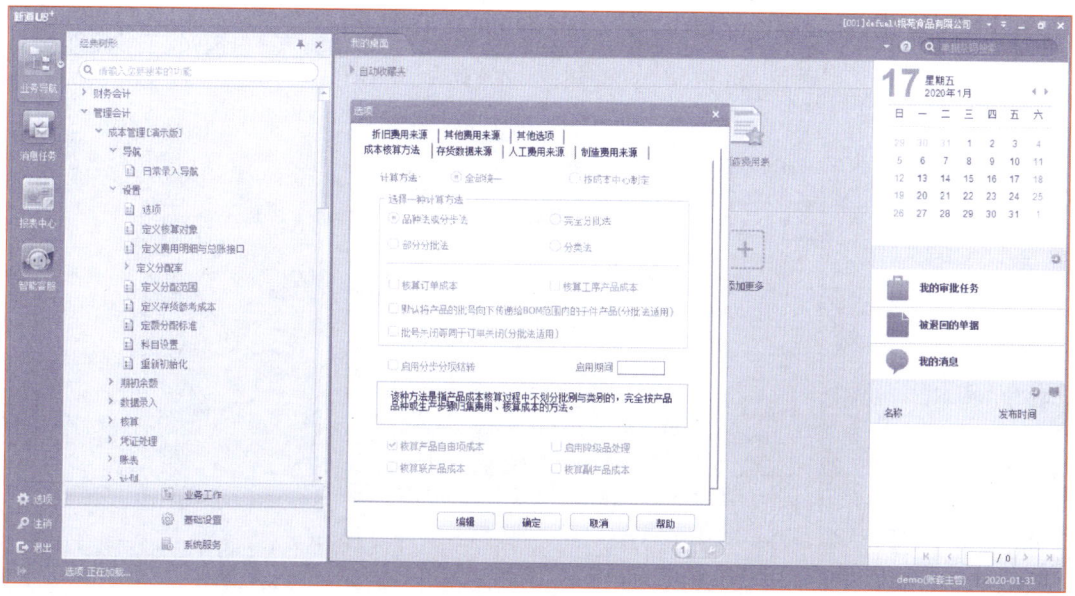

图 2-27　用友 U8-ERP 成本计算方法选择

图 2-28　用友 U8-ERP 存货计价方式参数设置

日常采购入库、领料出库、薪资计算、固定资产折旧等业务均在系统中完成，比如图 2-29 和图 2-30 所示的日常材料入库和出库。随着日常业务的积累，数据在系统中自动汇总，并实时传输到存货核算子系统，期末在存货核算子系统共同完成产成品成本的计算。具体操作不再详细讲解。

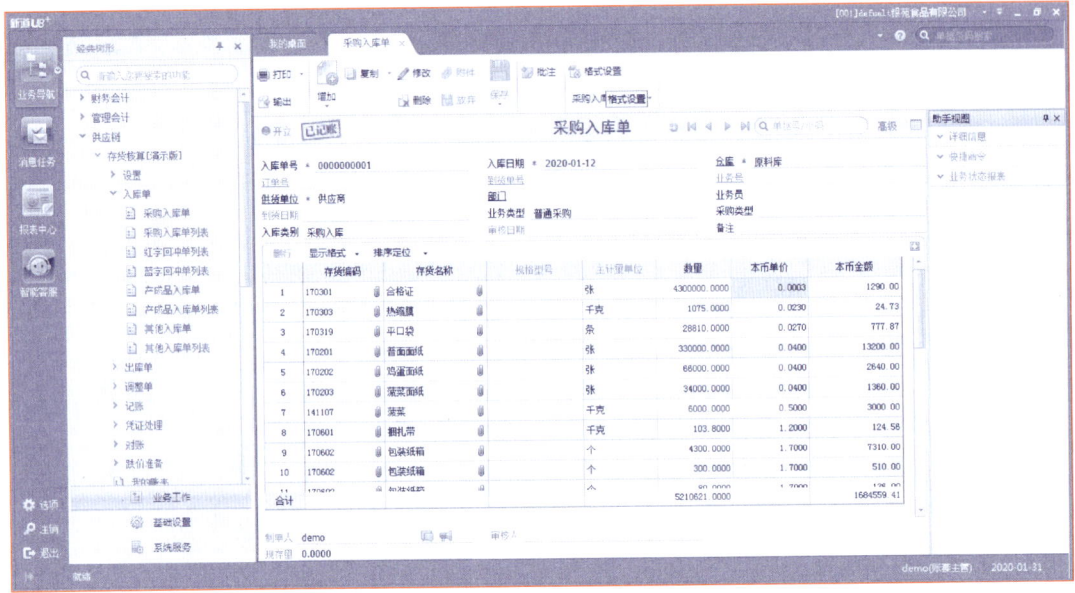

图 2-29　用友 U8-ERP 系统中的采购入库单

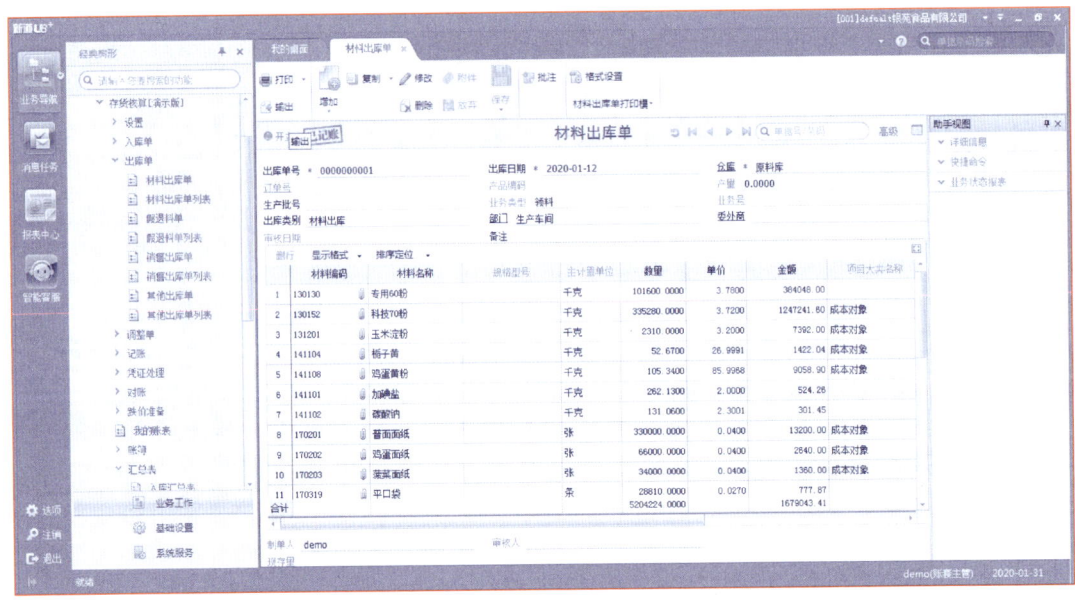

图 2-30　用友 U8-ERP 系统中的材料出库单

✎ 项目小结

计算完工产品成本要经过审核生产费用、确定成本计算对象、归集分配要素费用、归集分配综合性费用、划分完工产品和在产品等步骤。生产过程中发生的各项要素费用要按其发生地点和用途加以分配；两种或两种以上的费用要素组成的综合性费用要按照一定的方法计入产品成本。现代信息系统可以按设定好的分配方法等参数，自动完成费用的归集和分配。

思维导图

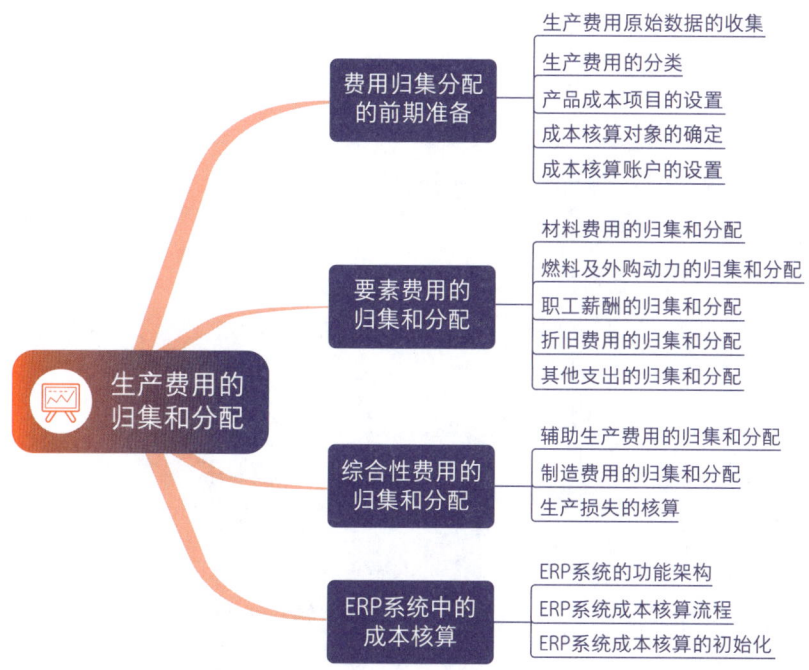

知识技能考核

一、单项选择题

1. 辅助生产费用直接分配法的特点是将辅助生产费用（　　　）。

A. 直接记入"生产成本——辅助生产成本"账户

B. 直接分配给所有受益的车间、部门

C. 直接分配给辅助生产单位以外的各受益单位

D. 直接记入"生产成本——基本生产成本"账户

2. 某企业生产甲、乙两种产品，2019 年 1 月共发生生产工人工资 10 000 元。上述人工费按生产工时比例在甲、乙产品间分配，其中甲产品的生产工时为 300 小时，乙产品的生产工时为 200 小时，该企业生产甲产品应分配的人工费为（　　　）元。

A. 4 200

B. 5 000

C. 6 000

D. 4 000

3. 能直接记入"生产成本——基本生产成本"账户的材料费用是指（　　　）。

A. 行政部门管理领用的材料　　　　　B. 生产车间管理领用的材料

C. 辅助生产领用的材料　　　　　　　D. 生产产品领用的外购材料

4. （　　　）不能计入产品生产成本。

A. 基本生产车间管理人员的工资及福利费

B. 辅助生产车间人员的工资及福利费

C. 行政管理部门人员的工资及福利费

D. 生产某种产品人员的工资及福利费

5. 辅助生产费用的交互分配法，对外分配时是在（　　　）。

A. 各受益的基本生产车间进行分配

B. 各受益的单位之间进行分配

C. 辅助生产单位以外的各受益单位之间进行分配

D. 各辅助生产单位之间进行分配

6. 直接用于产品生产的燃料费用，应直接记入或者分配记入（　　　）。

A. "制造费用"账户　　　　　　　　　B. "管理费用"账户

C. "财务费用"账户　　　　　　　　　D. "生产成本"账户

7. 企业基本生产车间计提的固定资产折旧费，应借记（　　　）。

A. "生产成本"账户　　　　　　　　　B. "管理费用"账户

C. "制造费用"账户　　　　　　　　　D. "财务费用"账户

8. 直接用于产品生产，并构成该产品实体的原材料费用应记入的会计账户是（　　　）。

A. "销售费用"　　　　　　　　　　　B. "生产成本"

C. "管理费用"　　　　　　　　　　　D. "制造费用"

9. 企业为筹集资金而发生（支付）的手续费等，应借记（　　　）。

A. "制造费用"账户　　　　　　　　　B. "财务费用"账户

C. "管理费用"账户　　　　　　　　　D. "销售费用"账户

10. 按产品材料定额成本比例法分配材料费用时，其适用的条件是（　　　）。

A. 产品的产量与所耗用的材料有密切的联系

B. 产品的重量与所耗用的材料有密切的关系

C. 几种产品共同耗用几种材料

D. 各项材料消耗定额比较准确稳定

11. 某运输工具原值 200 000 元，预计使用 5 年，预计净残值 5 000 元，预计每年行驶 20 000 公里，1 月份实际行驶 3 000 公里，按工作量法计提折旧，则该月应计提的折旧额为（　　　）。

A. 6 000 元　　　　　　　　　B. 5 850 元

C. 30 000 元　　　　　　　　　D. 29 250 元

12. 生产费用要素中的职工薪酬费用，支付时，应借记（　　　）。

A."生产成本"账户　　　　　　B."应付职工薪酬"账户

C."制造费用"账户　　　　　　D."银行存款"账户

13. 企业分配职工薪酬费用时，基本生产车间管理人员的薪酬，应借记（　　　）。

A."销售费用"账户　　　　　　B."生产成本"账户

C."管理费用"账户　　　　　　D."制造费用"账户

14. 下列各项中不应计入废品损失的是（　　　）。

A. 不可修复废品的生产成本　　B. 可修复废品的生产成本

C. 用于修复废品的人工费用　　D. 用于修复废品的材料费用

二、多项选择题

1. 企业对于间接计入费用的分配标准主要有（　　　）。

A. 成果类　　　　　　　　　　B. 消耗类

C. 加工类　　　　　　　　　　D. 定额类

2. 职工工资总额的组成内容主要有（　　　）。

A. 计时工资　　　　　　　　　B. 各种奖金

C. 各种津贴　　　　　　　　　D. 劳动保险费

3. 计算应付职工工资（工资总额）的依据主要有（　　　）。

A. 考勤记录　　　　　　　　　B. 产量记录

C. 工资等级　　　　　　　　　D. 工资标准

4. 要素费用中的外购材料费用，可能计入的成本项目有（　　　）。

A. 直接材料　　　　　　　　　B. 直接人工

C. 废品损失　　　　　　　　　D. 制造费用

5. 生产费用的分配原则是（　　　）。

A. 直接费用直接计入生产成本　　B. 直接费用分配计入生产成本

C. 间接费用直接计入生产成本　　D. 间接费用分配计入生产成本

6. 企业分配的外购动力费用，可记入的账户有（　　　）。

A. 生产成本　　　　　　　　　B. 废品损失

C. 制造费用　　　　　　　　　D. 管理费用

7. 记录材料消耗数量的原始凭证主要有（　　　）。

A. 领料登记表　　　　　　　　B. 退料单

C. 限额领料单   D. 领料单

8. 外购动力费用的分配方法主要有（   ）。

A. 定额耗用量比例分配法   B. 生产工时分配法

C. 机器工时分配法   D. 标准产量分配法

9. 制造费用的分配方法有（   ）。

A. 生产工时比例法   B. 机器工时比例法

C. 生产工人工资比例法   D. 计划成本比例法

10. 辅助生产成本明细账账户余额的特点有（   ）。

A. 如果为自制材料和包装物、自制工具和模具等产品的生产，辅助生产成本明细账结转完工入库后，期末借方余额为期末在产品成本

B. 如果为生产产品的辅助生产成本明细账，期末分配给受益对象后，应有贷方余额

C. 如果为供水、供电、供气、运输等产品和劳务的辅助生产成本明细账，期末分配给各受益对象以后，应无余额

D. 各种辅助生产成本明细账，一般应有期末借方余额

11. 根据"工资结算汇总表"和"直接人工费用分配表"进行分配工资费用的账务处理，会计分录中对应的借方账户主要是（   ）等。

A. 生产成本   B. 制造费用

C. 财务费用   D. 管理费用

12. 对于几种产品共同耗用的原材料，常用的分配方法有（   ）。

A. 定额耗用量分配法   B. 定额费用比例法

C. 定额工时法   D. 生产工人工资比例法

三、判断题

1. 企业发生的其他费用支出，如差旅费、邮电费、保险费、运输费、水电费等，应该计入产品成本。（   ）

2. 在采用计时工资情况下，若只生产一种产品，则生产人员工资及社保费应直接计入该种产品成本。（   ）

3. 实行计件工资的企业，由于材料缺陷产生的废品，不付计件工资。（   ）

4. 销售后发现的废品包括废品的生产成本和运输费用等，都应列作废品损失。（   ）

5. 基本生产车间固定资产的修理费用是产品成本的组成部分，应与企业行政管理部门、专设销售机构固定资产修理费一起间接计入产品成本。（   ）

6. 期末，制造费用分配转入生产成本，因此期末该账户一定无余额。（   ）

7. 企业季节性停工和大修理停工损失，应计入产品生产成本。（   ）

四、实务题

假定甲工厂设有机修和供电两个辅助生产车间。2019 年 1 月在分配辅助生产费用以前，机修车间发生生产费用 1 200 万元，按修理工时分配费用（假定不存在固定资产后续支出资本化问题），提供修理工时 5 000 小时，其中，供电车间 200 小时；供电车间发生生产费用 2 400 万元，按耗电数分配费用，提供供电数 2 000 万千瓦时，其中，机修车间耗用 400 万千瓦时，其他车间耗用工时和耗电度数如表 2-31 所示。该企业辅助生产的制造费用不通过"制造费用"账户核算。

表 2-31　各车间耗用工时和耗电度数　　　　　　　　　　　　　金额单位：万元

辅助生产车间名称		机修车间		供电车间		合计
		修理工时 / 小时	修理费用	供电数 / 万千瓦时	供电费用	
待分配辅助生产费用及劳务数量		4 800	1 200	1 600	2 400	3 600
费用分配率						
基本生产耗用	第一车间	3 000		900		
	第二车间	1 200		400		
	小计	4 200		1 300		
行政管理部门耗用		400		300		
销售部门耗用		200		150		
合计						

要求：分别使用直接分配法、交互分配法、顺序分配法、代数分配法完成辅助生产费用的分配。

项目三　产品成本的计算

知识目标
- 掌握成本计算的品种法核算的一般程序
- 理解成本计算的分批法核算的一般程序
- 理解成本计算的分步法核算的一般程序

技能目标
- 能熟练使用品种法完成产品成本的计算
- 能根据企业生产特征和管理需求选择合适的成本计算方法
- 能在ERP系统中完成产品成本的计算

素养目标
- 通过生产成本的计算，养成认真细致的工作态度
- 通过成本方法的选择，培养创新思维，提升职业判断能力

项目引例

一公斤挂面的生产成本是多少？

2020年1月，银苑食品有限公司改进生产，引进新的生产线，生产线的数量多达18条。企业从仅生产鸡蛋挂面、菠菜挂面和普通挂面3个品种，发展到生产杂粮挂面（绿豆面、荞麦面、苦荞面等）、蔬菜挂面（菠菜面、胡萝卜面、南瓜面等）、鸡蛋挂面（阳春挂面、长寿挂面、龙须挂面、一般鸡蛋面等）、营养挂面（儿童配方、青少年配方、老年配方等）、异形挂面（蝴蝶面、心形面、面叶、刀削面等）等5个大类120个品种，每个月生产的品种及数量不确定，银苑食品有限公司应以什么作为成本核算的对象？如何计算本月完工产品的成本？

企业生产成本归集和分配完毕后，应按成本核算对象编制成本计算单，并选择合适的成本计算方法，计算各种产品的总成本和单位成本。企业在进行成本计算时，应当根据生产工艺过程、生产组织特点和成本管理的要求，确定成本计算方法。成本计算的基本方法有品种法、分批法和分步法三种。

模块一　完工产品和在产品成本的分配

生产过程发生的耗费经过归集和分配，逐步汇总到了生产成本明细账中，并按成本项目予以反映，此时这些生产费用已经有了明确的成本对象。但企业生产是个连续的过程，有可能出现在产品、联产品或副产品，要正确计算本期完工产品的成本，还需要将归集的生产费用在完工产品与在产品、联产品和副产品之间进行分配。

一、在产品的确认与核算

在产品是指没有完成生产过程、不能作为商品销售的产品，包括正在车间加工中的在产品（包括正在返修中的废品）、已经完成一个或几个生产步骤但还需要继续加工的半成品（包括未经验收入库的产品和等待返修的废品），不包括对外销售的自制半成品，对某个车间或某生产步骤而言，在产品只包括该车间或该生产步骤正在加工的那部分产品，车间或生产步骤完工的半成品不包括在内。

（一）在产品数量的确定

在产品数量是核算在产品成本的基础，在产品成本与完工产品成本之和就是产品的生产费用总额。月末，产品成本明细账按照成本项目归集了相应的生产费用后，为确定完工产品总成本和单位成本，还应当将已经归集的产品成本在完工产品和月末在产品之间进行分配，所以需要取得完工产品和在产品收发结存的数量资料。

为确定在产品结存的数量，企业需要做好两方面工作：一是在产品收发结存的日常核算；二是做好在产品的清查工作。车间在产品收发结存的日常核算，通常通过在产品收发结存账进行。

为进行在产品收发结存的日常核算，应在车间内按产品的品种和在产品的品名（如零部件的品名）设置"在产品收发结存账（在产品台账）"，用以反映车间各种在产品的转入、转出和结存的数量。根据生产工艺特点和管理的需要，必要时还需进一步按照加工工序组织在产品的数量核算。在产品在车间之间或车间内部的转移，应认真做好计量验收的交接工作。在此基础上，根据领料凭证、在产品内部转移凭证、产品检验凭证和产品交库凭证，及时登记在产品收发结存账，该账可由车间核算人员登记，也可以由各班组的核算员登记。

在产品清查工作应定期进行，也可以不定期轮流清查，车间没有建立在产品收发日常核算的，应当每月月末清查一次在产品，以取得在产品的实际盘存资料，再用来计算产品成本。

（二）在产品的核算

对于在产品清查的结果，应根据实际盘点的实存数编制"在产品盘存单"；并以实存数与在产品收发结存账相核对，编制"在产品盘点盈亏报告表"，列明实存数、账面数、盘盈盘亏数，以及盘亏的原因和处理意见等，对于报废和毁损的在产品还要登记残值。成本核算人员应对在产品盘点盈亏报告表进行认真审核，并报有关部门审批，同时对在产品的盘盈、盘亏及时进行账务处理。

如果发生盘盈，按盘盈的在产品成本（一般按定额成本来计算），借记"基本生产成本"账户，贷记"待处理财产损溢——待处理流动资产损溢"账户，经批准后转入"制造费用"账户。

如果在产品发生盘亏，借记"待处理财产损溢——待处理流动资产损溢"账户，贷记"基本生产成本"账户。取得的残料，应借记"原材料"等账户，贷记"待处理财产损溢——待处理流动资产损溢"账户，经批准处理时，应分别转入相应账户，其中由于车间管理不善造成的损失，转入"制造费用"账户。

【温馨提示】

不管在产品盘盈还是盘亏，都会影响到"制造费用"账户转出的金额，所以，在产品盘盈盘亏的账务处理，应在"制造费用"账户结账之前，这样才能保证将本期发生的生产费用全部归集并分配。

【引例分析】

挂面生产工艺过程中的和面、压片和切条是在加工车间完成的，这个过程在流水线设备中自动完成，很少存在在产品。湿面条进入烘房烘干和包装车间进行包装，所需时间相对较长，有可能会产生半成品。所以半成品的产生，可能是在这两个环节。

银苑食品有限公司1月期初有鸡蛋挂面1 200公斤，其期初余额和普通挂面期末在产品情况如表3-1所示。

表3-1　银苑食品有限公司1月期初在产品和期末在产品数量　　　　　　　　金额单位：元

产品名称	项目	直接材料	燃料及动力	直接人工	制造费用	合计
鸡蛋挂面	期初余额	4 090.1	819.00	327.3	163.6	5 400.00
普通挂面	期末在产品数量/公斤	1 900		加工工序	烘干工序	包装工序
				0	1 600	300

二、完工产品和在产品成本的计算

完工产品和在产品之间的成本分配

　　　　虽然"基本生产成本"账户归集了本月的生产费用，但这些费用只是本月发生的生产耗费，因为有可能出现在产品，所以生产成本归集的耗费并不一定是完工产品的成本。企业应当根据在产品数量的多少、各月在产品数量变化的大小、各项成本比重的大小，以及定额管理基础的好坏等具体条件，采用适当的分配方法将生产费用在完工产品和在产品之间进行分配。

　　产品成本与本月发生的生产耗费和月初月末在产品成本的关系如下：

　　本月完工产品成本 = 本月发生生产费用 + 月初在产品成本 − 月末在产品成本

　　根据这一关系，结合生产特点以及在产品的数量、各月在产品数量的变化等因素，可以采用以下方法，将生产成本在完工产品和在产品之间进行分配。

（一）不计算在产品成本法

　　采用不计算在产品成本法时，虽然有月末在产品，但不计算其成本。也就是说，这种产品每月发生的成本，全部由完工产品负担，其每月发生的成本之和即为每月完工产品成本。这种方法适用于月末在产品数量很小的产品。

（二）在产品按固定成本计价法

　　采用在产品按固定成本计价法，各月末在产品的成本固定不变。某种产品本月发生的生产成本就是本月完工产品的成本。但在年末，在产品成本不应再按固定不变的金额计

拓展阅读 例 3–1

价，否则会使按固定金额计价的在产品成本与其实际成本有较大差异，影响产品成本计算的正确性。因而在年末，应当根据实际盘点的在产品数量，具体计算在产品成本，据以计算 12 月份产品成本。这种方法适用于月末在产品数量较多，但各月变化不大的产品或月末在产品数量很小的产品。

（三）在产品按所耗直接材料成本计价法

　　这种方法亦称原材料成本扣除法。采用在产品按所耗直接材料成本计价法，月末在产品只计算其所耗直接材料成本，不计算直接人工等加工成本。也就是说，产品的直接材料成本（月初在产品的直接材料成本与本月发生的直接材料成本之和）需要在完工产品和月末在产品之间进行分配，而生产产品本月发生的加工成本全部由完工产品成本负担。这种方法适用于各月月末在产品数量较多、各月在产品数量变化也较大，直接材料成本在生产成本中所占比重较大且材料在生产开始时一次就全部投入的产品。

拓展阅读 例 3–2

（四）在产品按完工产品成本计价法

　　采用在产品按完工产品成本计价法时，企业应将在产品视同完工产品计算、分配生产费用。这种方法适用于期末在产品已接近完工，或产品已加工完毕但尚未验收入库的产品。

【引例分析】

实务中，挂面生产的品种很多，期末在产品数量少，且各月变化不大，这种情况下，即可以不计算在产品的成本，也可以按固定成本计算在产品的成本。这个时候，当期归集的生产费用，就是完工产品的成本。但为了教学演示，我们还是按下面的方法，进行挂面在产品成本的计算。

（五）约当产量比例法

采用约当产量比例法，应将月末在产品数量按照完工程度折算为相当于完工产品的产量，即约当产量，然后将产品应负担的全部成本按照完工产品产量和月末在产品约当产量的比例分配计算完工产品成本和月末在产品成本。比如，在产品 10 件，平均每件完工程度 40%，则约当于完工产品 4 件。这种方法适用范围比较广，尤其是在月末在产品数量较多，各月在产品数量变化较大，且产品成本中直接材料和直接人工等加工费用的比重相差不大的情况下，采用这种方法比较适合。其计算公式如下：

$$在产品约当产量 = 在产品数量 × 投料程度或完工程度$$

$$约当总产量 = 在产品约当产量 + 完工产品产量$$

$$单位成本 =（月初在产品成本 + 本月发生的生产费用）÷ 约当总产量$$

$$完工产品成本 = 完工产品产量 × 单位成本$$

$$在产品成本 = 在产品约当产量 × 单位成本$$

应用这种方法时，应区分完工程度和投料程度。

1. 完工程度的确定

完工程度是指在产品实耗（或定额）工时占完工产品应耗（或定额）工时的百分比，也称完工百分比或完工率。完工程度的计算一般分以下两种情况。

如果企业生产进度比较均衡，月末在产品在各工序加工数量都相差不大，为简化核算，月末在产品的完工程度通常按 50% 计算。期末在产品约当产量的计算公式如下：

$$期末在产品约当产量 = 期末在产品数量 × 完工程度（通常为 50\%）$$

如果期末在产品各工序加工程度不均衡，则必须根据各工序在产品的累计工时定额占完工产品工时定额数和比率，分别计算各工序在产品的完工程度。期末在产品约当产量的计算公式如下：

$$期末某工序在产品约当产量 = 期末该工序在产品数量 × 期末该工序在产品完工程度$$

$$期末某工序完工程度 =（前面各道工序累计工时定额 + 本道工序工时定额 ×50\%）$$

$$÷ 完工产品工时定额 ×100\%$$

【例 3-1】某公司生产 B 产品，单位工时定额 400 小时，经两道工序制成。各工序单位工时定额为：第一道工序 160 小时，第二道工序 240 小时。为简化核算，假定各工序内产品完工程度平均为 50%，请计算第一道工序和第二道工序在产品完工程度。

第一道工序完工程度：$160 \times 50\% \div 400 \times 100\% = 20\%$

第二道工序完工程度：$(160 + 240 \times 50\%) \div 400 \times 100\% = 70\%$

有了各工序在产品完工程度和各工序在产品盘存数量，即可求得在产品的约当产量。各工序产品的完工程度可事先制定，产品工时定额不变时可长期使用。如果各工序在产品数量和单位工时定额都差不多，在产品的完工程度也可按 50% 计算。

2. 投料程度的确定

在产品投料程度是指在产品已投入材料（各工序材料的消耗定额）占完工产品应投入材料（完工产品材料的消耗定额）的百分比，也称投料百分比或投料率。实务中，不同产品的原材料投料方式不同，有的产品的耗用材料是在生产开始时一次投入，有的产品所耗原材料是分步骤投入，分步骤投入又有在各工序开始时一次投入和在各工序随加工步骤陆续投入等情况。因此，确定各工序在产品投料程度时，应分别采用不同方法进行计算。

（1）原材料在生产开始时一次投入。如果某种产品所耗原材料是在生产开始时一次投入，即在第一道工序开始时就将材料全部投入，加工过程中不论其形状和重量如何变化，不论哪一道工序的在产品，其所耗的材料均与完工产品相同，投料程度达到 100%。在此种情况下，原材料项目的耗费可按完工产品产量和月末在产品数量的比例进行分配。

【例 3-2】某企业生产甲产品，需经过两道工序，采用品种法计算产品成本。生产成本按约当产量法在完工产品和月末在产品间进行分配。材料在产品投产时一次投入。当月企业完工甲产品 1 000 件，在产品 600 件，生产产品累计的直接材料成本为 28 000 元，则完工产品和月末在产品成本分担的材料费用如下：

直接材料成本分配率 = $28\,000 \div (1\,000 + 600) = 17.5$

完工产品应分担的材料费用 = $1\,000 \times 17.5 = 17\,500$（元）

在产品应分担的材料费用 = $600 \times 17.5 = 10\,500$（元）

（2）原材料分工序一次投入。由于各工序的原材料在本工序开始时一次投入，同一工序内所有产品不论其是否完工，所耗用的原材料数量是相同的，因而在确定各工序在产品投料程度时，对于本工序材料消耗定额（或累计材料耗费定额），原材料的投料程度均为100%。最后一道工序所有在产品的材料消耗定额（或累计材料耗费定额），即为该种完工产品的材料消耗定额（或累计材料耗费定额）。各工序的在产品投料程度计算公式如下：

$$某工序在产品投料程度 = \frac{（以前各道工序消耗定额之和 + 本工序材料消耗定额）}{完工产品材料消耗定额} \times 100\%$$

【例3-3】某企业乙产品的生产需要经过两道工序进行，月初和本月直接材料合计34 400元，直接人工合计12 000元，制造费用合计9 000元，月末完工产品1 000件，各工序月末在产品分别为600件和400件。原材料在各工序开始时一次投入。两道工序的材料消耗定额分别为80千克和70千克，工时定额分别为30小时和20小时。请计算在产品的完工程度和约当产量。按约当产量法分配计算完工产品和在产品成本。

（1）计算在产品的投料程度和约当产量，如表3-2所示。

表3-2 在产品投料程度及约当产量计算表

工序	在产品数量/件	消耗定额/千克	投料程度	约当产量/件
第一道	600	80	$= 80 \div 150 \times 100\% = 53\%$	320.00
第二道	400	70	100%	400.00
合计	1 000	150		720.00

（2）计算在产品的加工程度和约当产量，如表3-3所示。

表3-3 在产品完工程度及约当产量计算表

工序	在产品数量/件	工时定额/小时	完工程度	约当产量/件
第一道	600	30	$=（30 \times 50\%）/50 = 30\%$	180.00
第二道	400	20	$=（30 + 20 \times 50\%）/50 = 80\%$	320.00
合计	1 000	50		500.00

（3）按约当产量法分配计算完工产品和在产品的成本。

① 分配直接材料：

直接材料分配率：$34\ 400 \div （1\ 000 + 720） = 20$

完工产品直接材料 $= 1\ 000 \times 20 = 20\ 000$（元）

在产品直接材料 $= 720 \times 20 = 14\ 400$（元）

② 分配直接人工：

直接人工分配率：$12\ 000 \div （1\ 000 + 500） = 8$

完工产品直接人工 $= 1\ 000 \times 8 = 8\ 000$（元）

在产品直接人工 $= 500 \times 8 = 4\ 000$（元）

③ 分配制造费用：

制造费用分配率：$9\ 000 \div （1\ 000 + 500） = 6$

完工产品制造费用 $= 1\ 000 \times 6 = 6\ 000$（元）

在产品制造费用 = 500 × 6 = 3 000 元（元）

乙产品完工产品成本 = 20 000 + 8 000 + 6 000 = 34 000（元）

乙产品在产品成本 = 14 400 + 4 000 + 3 000 = 21 400（元）

以上计算，可以放在 Excel 电子表中进行，计算速度更快，且可以保留每一步的计算过程。

（3）原材料分工序陆续投入。原材料在各工序随加工步骤陆续投入，可根据各工序在产品的累计材料消耗定额（或累计材料成本定额）占单位完工产品材料消耗定额（或累计材料成本定额）的比率，确定各工序在产品的投料程度。其计算公式如下：

$$某工序在产品投料程度 = \frac{该工序在产品累计材料消耗定额}{单位完工产品材料消耗定额} \times 100\%$$

$$= \frac{在产品以前各工序材料消耗定额之和 + 本道工序在产品材料消耗定额 \times 50\%}{单位完工产品材料消耗定额} \times 100\%$$

【例 3-4】某企业丙产品的生产需要经过三道工序进行，各成本项目余额及发生额如表 3-4 所示。月末完工产品 3 000 件，各工序在产品数量及材料定额如表 3-5 所示（注：消耗定额为已知数据）。计算在产品的完工程度和约当产量，按约当产量法计算完工产品、在产品的成本。

表 3-4　丙产品各成本项目期初余额及发生额　　　　　　　　　　　　　　　　金额单位：元

项目	直接材料	直接人工	制造费用
月初余额	60 000.00	8 000.00	5 000.00
本月发生	75 000.00	85 000.00	6 000.00
合计	135 000.00	93 000.00	11 000.00

表 3-5　丙产品在产品材料定额及投料程度

工序	在产品数量/件	消耗定额/千克	投料程度	约当产量/件
第一道	1 000	6.00	=（6÷50）×50% = 6%	60.00
第二道	600	28.00	=（6÷50）+（28÷50）×50% = 40%	240.00
第三道	500	16.00	=（34÷50）+（16÷50）×50% = 84%	420.00
合计	2 100	50.00		720.00

（1）计算在产品投料程度和约当产量，如表 3-5 所示。建议同学们在 Excel 电子表中进行计算，数据逻辑更加清晰。

（2）根据定额工时，计算在产品加工程度和约当产量，计算结果如表 3-6 所示（注：工时定额为已知数据）。

表 3-6　丙产品在产品完工程度及约当产量

工序	在产品数量 / 件	工时定额 / 小时	完工程度	约当产量 / 件
第一道	1 000	24.00	=（24÷50）×50%=24%	240.00
第二道	600	16.00	=（24÷50）+（16÷50）×50%=64%	384.00
第三道	500	10.00	=（40÷50）+（10÷50）×50%=90%	450.00
合计	2 100	50.00		1 074.00

（3）按约当产量法分配完工产品和在产品成本。材料费的分配，按照在产品投料程度和约当产量进行计算，如表 3-7 所示。

表 3-7　丙产品在产品与完工产品材料费用的分配　　　　　　　　　　　　　　金额单位：元

待分配的材料费		135 000	
产品	数量 / 件	材料分配率	各自分配的材料费
完工产品	3 000		108 870.00
在产品	720		26 130.00
合计	3 720	36.29	135 000.00

人工费用的分配，是根据在产品的加工程度和约当产量计算的，计算结果如表 3-8 所示。

表 3-8　丙产品在产品与完工产品人工费用的分配　　　　　　　　　　　　　　金额单位：元

待分配的人工费		93 000	
产品	数量 / 件	人工费分配率	各自分配的人工费
完工产品	3 000		68 490.00
在产品	1 074		24 510.00
合计	4 074	22.83	93 000.00

制造费用的分配与人工费用的分配相似，也是利用在产品完工程度计算的，计算结果如表3-9所示。

表3-9　丙产品在产品与完工产品制造费用的分配　　　　　　　　　　　金额单位：元

待分配的制造费用		11 000	
产品	数量/件	制造费用分配率	各自分配的制造费用
完工产品	3 000		8 100.00
在产品	1 074		2 900.00
合计	4 074	2.7	11 000.00

【温馨提示】

值得说明的是，分配率的计算，牵涉到小数位，可以保留两位，也可以保留4位或5位，保留的小数位不同，有可能使分配出来各自分担的金额相加不等于总金额。所以，分配最后一个费用时要使用倒挤法，才能使分配后的费用之和等于总的待分配的费用。例如，上表中分配制造费用，计算出完工产品待分配的制造费用8 100元后，用（11 000-8 100）计算月末在产品的成本。在Excel中，可以使用Round（）函数，保留数值的小数点后两位。

根据以上计算结果，将在产品和完工产品所分配的材料费用、人工费用和制造费用合并，即可得出在产品和完工产品的成本。我们也可以放在表格中汇总显示。如表3-10所示。

表3-10　丙产品产品成本计算单　　　　　　　　　　　　　　　　　金额单位：元

本月完工/件	3 000	月末在产品/件		2 100
项目	直接材料	直接人工	制造费用	合计
期初在产品成本	60 000.00	8 000.00	5 000.00	73 000.00
本期发生生产费用	75 000.00	85 000.00	6 000.00	166 000.00
生产费用合计	135 000.00	93 000.00	11 000.00	239 000.00
月末在产品成本	26 130.00	24 510.00	2 900.00	53 540.00
完工产品成本	108 870.00	68 490.00	8 100.00	185 460.00
完工产品单位成本				61.82

【引例分析】

银苑食品有限公司1月份有普通挂面在产品，分布在第二和第三道工序上，原材料在第一道工序一次投料。按约当产量法计算在产品的成本。计算方法如下：

（1）计算完工程度和约当产量，如表3-11所示（注：工时定额为已知数据）。

表3-11　银苑食品有限公司普通挂面在产品数量及工时定额

普面生产工序	在产品数量/公斤	工时定额/小时	完工程度	约当产量/公斤
加工	0	1.00	=（1÷9）×50%=6%	0.00
烘干	1 600.00	7.00	=（1÷9）+（7÷9）×50%=50%	800.00
包装	300.00	1.00	=（8÷9）+（1÷9）×50%=94%	283.33
合计	1 900.00	9.00		1 083.33

（2）按约当产量法分配完工产品和在产品成本。

因为是一次投料，所以材料费的耗费可按完工产品产量和月末在产品产量比例进行分配，分配的方法和结果如表3-12所示。

表3-12　银苑食品有限公司普通挂面在产品和完工产品材料费用分配　　　　金额单位：元

待分配的材料费		1 269 183.46	
产品	数量/公斤	材料分配率	各自分配的材料费
完工产品	328 100.00		1 261 872.60
在产品	1 900.00		7 310.86
合计	330 000.00	3.846 0	1 269 183.46

燃料和动力的分配按完工产品产量和月末在产品数量的比例进行，分配结果如表3-13所示。

表3-13　银苑食品有限公司普通挂面在产品和完工产品燃料和动力的分配　　　　金额单位：元

待分配的燃料和动力金额		173 044.01	
产品	数量/公斤	材料分配率	各自分配的燃料和动力
完工产品	328 100.00		172 482.17
在产品	1 083.33		561.84
合计	329 183.33	0.525 7	173 044.01

人工费用和制造费用的分配，要根据在产品的完工程度和约当产量计算，计算结果如表 3-14 所示。

表 3-14　银苑食品有限公司普通挂面在产品和完工产品人工费用和制造费用的分配

金额单位：元

待分配的人工费		69 715.33	待分配的制造费用		34 925.78
产品	数量 / 公斤	人工费用分配率	各自分配的人工费	制造费用分配率	各自分配的制造费用
完工产品	328 100		69 491.58		34 811.41
在产品	1 083.33		223.75		114.37
合计	329 183.33	0.211 8	69 715.33	0.106 1	34 925.78

根据以上各步骤的计算，将在产品和完工产品所分配的生产费用汇合在一张表中，即可得计算出在产品和完工产品的成本，如表 3-15 所示。

表 3-15　银苑食品有限公司普通挂面成本计算单

金额单位：元

完工数量 / 公斤	328 100.00			月末在产品数量 / 公斤	1 900	
项目	直接材料	燃料及动力	直接人工	制造费用	废品损失	合计
期初在产品成本	0	0	0	0	0	0
本期发生生产费用	1 269 183.46	173 044.01	69 715.33	34 925.78	210.52	1 547 079.10
发生费用合计	1 269 183.46	173 044.01	69 715.33	34 925.78	210.52	1 547 079.10
费用分配率	3.846 0	0.525 7	0.211 8	0.106 1		
月末在产品成本	7 310.86	561.84	223.75	114.37		8 210.82
完工产品成本	1 261 872.60	172 482.17	69 491.58	34 811.41	210.52	1 538 868.28
完工产品单位成本						4.69

至此，我们已经归集了普通挂面全部的生产费用，包括废品损失，并将这些费用在完工产品和在产品之间进行了分配，计算出了完工产品的成本和单价。成本核算岗位可以把这些数据，填制"结转完工产品成本"的记账凭证，即：

借：库存商品——普通挂面　　　　　　　　　　　　　1 538 868.28

　　贷：基本生产成本——普通挂面　　　　　　　　　　1 538 868.28

鸡蛋挂面和菠菜挂面的成本计算，也可以比照这种方法进行，此处不再赘述，生产成本明细账如图 2-8 和图 2-9 所示。

（六）定额成本法

定额成本法又称在产品按定额成本计价法。它是根据月末在产品实际结存数量和单位定额成本，计算出月末在产品的定额成本，以在产品的定额成本代替在产品的实际成本，对月末在产品进行计价的方法。

采用在产品按定额成本计价法，月末在产品成本按定额成本计算，该种产品的全部成本减去按定额成本计算的月末在产品成本，余额为完工产品成本；每月生产成本脱离定额的节约差异或超支差异全部计入当月完工产品成本。这种方法适用于各项消耗定额或成本定额比较准确、稳定，而且各月末在产品数量变化不是很大的产品。

定额成本法的计算公式为：

在产品定额材料成本 = 在产品数量 × 单位在产品消耗定额 × 计划单价

在产品定额人工成本 = 在产品数量 × 单位在产品工时定额 × 计划单价

在产品定额制造费用 = 在产品数量 × 单位在产品工时定额 × 计划单价

月末在产品定额 = 在产品定额材料成本 + 在产品定额人工成本 + 在产品定额制造费用

采用定额成本法分配完工产品和在产品的成本，月末在产品定额成本的计算，对于完工产品成本的正确计算有着决定性影响，而月末在产品定额成本计算的关键在于确定单位在产品材料耗费定额和单位在产品工时定额两项指标。一般情况下，单位在产品定额指标可根据完工产品材料耗费定额和工时定额，结合考虑在产品的投料程度和加工程度加以确定。如果产品生产需要经过多道工序连续加工制成，月末在产品定额成本还应分工序加以计算和确定。

【例 3-5】某企业生产甲产品，需经过两道工序。甲产品各项消耗定额准确、稳定。各月末在产品数量变化不大，且按定额成本计价。在产品在所在工序的完工程度均按 50% 计算，材料在产品投产时一次投入，甲产品直接材料成本定额为 54 元。第一道工序工时定额为 2 小时，第二道工序工时定额为 3 小时，每小时直接人工成本和制造费用定额分别为 10 元和 12 元。月末第一道在产品 600 件，第二道工序上 400 件，假设当月直接材料成本累计额 162 000 元，直接人工成本累计额 128 000 元，制造费用累计额 142 000 元。请计算：各工序上在产品的工时定额以及月末在产品和完工产品的成本。

计算过程和结果如下：

（1）第一道工序上在产品的工时定额 = 2×50% = 1（小时）

第二道工序上在产品的工时定额 = 2 + 3×50% = 3.5（小时）

（2）月末在产品的定额工时 = 600×1 + 400×3.5 = 2 000（小时）

（3）月末在产品的定额成本 = 1 000×54 + 2 000×（10+12）= 98 000（元）

（4）当月完工产品成本 = （162 000 + 128 000 + 142 000）- 98 000 = 334 000（元）

（七）定额比例法

在企业定额管理基础较好，各项消耗定额比较正确、稳定，各月月末在产品结存数量波动较大的情况下，为确保产品成本计算的准确性，可以采用定额比例法计算完工产品和在产品成本。

拓展阅读 例 3-3

采用定额比例法，产品的生产成本在完工产品和月末在产品之间按照两者的定额消耗量或定额成本比例分配。其中直接材料成本，按直接材料的定额消耗量或定额成本比例分配。直接人工和制造费用，可以按各该定额成本的比例分配，也可按定额工时比例分配。

采用定额比例法，可以按下列公式计算：

拓展阅读 联产品和副产品的成本分配

$$直接材料分配率 = \frac{月初在产品实际直接材料 + 本月实际直接材料}{完工产品定额直接材料 + 月末在产品定额直接材料}$$

$$加工费分配率 = \frac{月初在产品实际加工费 + 本月实际加工费}{完工产品定额工时 + 月末在产品定额工时}$$

三、品种法成本计算的特点和流程

品种法的核算原理

品种法是指以产品品种作为成本核算对象归集和分配生产成本，计算产品成本的一种方法。这种方法适用于单步骤、大量生产的企业，如发电、供水、采掘等企业。在这种类型的生产中，产品的生产技术过程不能从技术上划分步骤，管理上不要求按照生产步骤计算产品成本。

（一）品种法计算成本的特点

我们可以从成本核算对象、成本计算期及生产费用在完工产品与在产品之间的分配三个方面来看待不同成本计算方法的特点。

1. 成本计算对象

在采用品种法计算产品成本的企业或车间里，成本计算对象就是产品品种。如果企业只生产一种产品，计算产品成本时，只需要为这种产品开设一本产品成本明细账，账内按成本项目设立专栏或专行。在这种情况下，所发生的全部生产费用都是直接计入费用，可以直接计入该产品成本明细账的有关成本项目，不存在在各种成本核算对象之间分配成本的问题；如果生产多种产品，产品成本明细账就要按照产品品种分别设置，发生的生产费用中，能分得清是哪种产品耗用的，可以直接计入该产品成本明细账的各有关成本项目，分不清的则要采用适当的分配方法，在各成本计算对象之间进行分配，然后分别计入各产品成本明细账的有关成本项目。

2. 成本计算期

品种法下一般定期（每月月末）计算产品成本。因为大量大批生产意味着不断投入和不断产出，很难确定产品的生产周期，只能定期在月末计算当月产出的完工产品成本。因此，成本计算期与会计报告期一致，但与产品生产周期不一致。

3. 费用在完工产品与在产品之间的分配

单步骤生产的品种法下月末一般不存在在产品，一般不需要将生产费用在完工产品与在产品之间进行划分，当期发生的生产费用总和就是该种完工产品的总成本。

在多步骤生产但管理上不要求提供各步骤成本的情况下，由于多步骤生产需要多个步骤，所以月末一般会有在产品。如果企业月末有在产品，须将生产成本在完工产品和在产品之间进行分配。

（二）品种法成本核算的一般程序

品种法的成本计算对象是产品的品种，企业一般在产品品种比较稳定的情况下，采用品种法进行计算，其核算的一般程序为：

（1）按产品品种设立成本明细账，根据各项费用的原始凭证及相关资料编制有关记账凭证并登记有关明细账，并编制各种费用分配表分配各种要素费用。

（2）根据上述各种费用分配表和其他有关资料，登记辅助生产成本明细账、基本生产成本明细账和制造费用明细账等。

（3）根据辅助生产成本明细账编制辅助生产成本分配表，分配辅助生产成本。

（4）根据制造费用明细账编制制造费用分配表，在各种产品之间分配制造费用，并据以登记基本生产成本明细账中的"制造费用"成本项目。

（5）根据各产品基本生产成本明细账编制产品成本计算单，分配完工产品成本和在产品成本。

（6）编制产成品的成本汇总表，结转产成品成本。

品种法成本计算的程序如图3-1所示。本项目银苑食品有限公司的案例就是品种法的典型应用，此处不再举例。

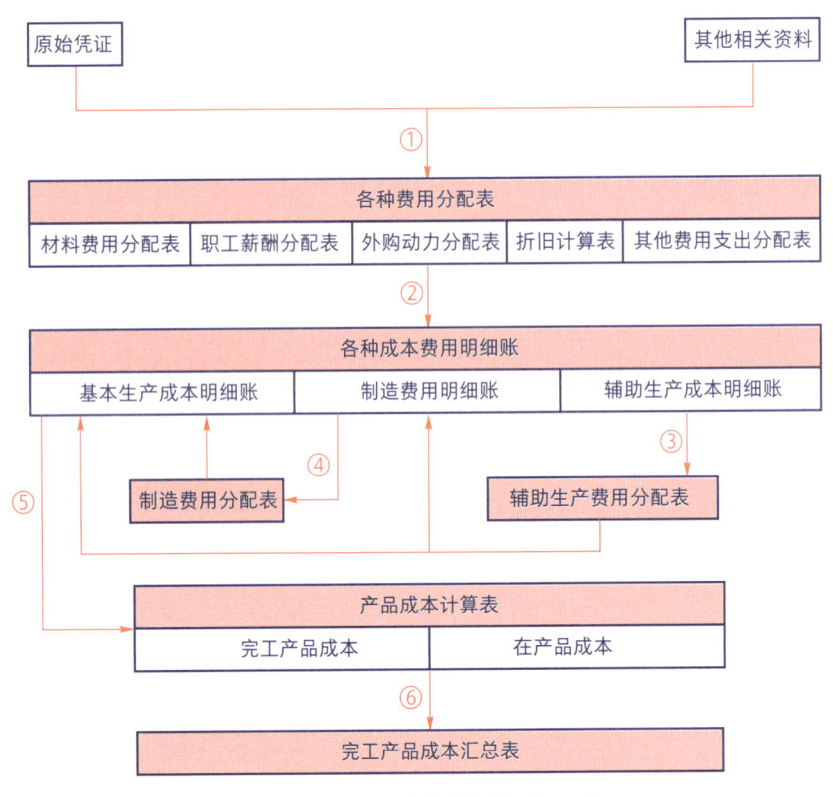

图 3-1　品种法成本计算的一般程序

【例 3-6】某企业设有一个基本生产车间，连续大量生产甲、乙两种产品，根据生产特点和成本管理的要求，采用品种法计算产品成本。原材料随着加工进度分别陆续投入，直接人工和制造费用按照工时比例在甲、乙两种产品之间进行分配，生产甲产品耗用定额工时 600 小时，生产乙产品耗用定额工时 400 小时。按照约当产量法将生产成本在完工产品与月末在产品之间进行分配，月末在产品完工程度均为 50%。其他成本核算相关资料如下表 3-16、表 3-17 和表 3-18 所示。

表 3-16　产品产量情况　　　　　　　　　　　　　　　　　　　　　　　　　　单位：件

项目	甲产品	乙产品
期初在产品	30	10
本期投产	210	110
月末完工产品	200	80
月末在产品	40	40

表 3-17 期初在产品成本

单位：元

产品名称	直接材料	直接人工	制造费用	合计
甲产品	2 460	3 080	1 280	6 820
乙产品	1 200	500	660	2 360

表 3-18 本月发生生产费用

单位：元

产品名称	直接材料	直接人工	制造费用
甲产品	16 240		
乙产品	7 800		
合计	24 040	11 000	9 600

计算过程及结果如下：

（1）直接人工分配率 = 11 000 ÷（600 + 400）= 11（元 / 小时）

甲产品分配的直接人工 = 600 × 11 = 6 600（元）

乙产品分配的直接人工 = 400 × 11 = 4 400（元）

（2）制造费用分配率 = 9 600 ÷（600 + 400）= 9.6（元 / 小时）

甲产品分配的制造费用 = 600 × 9.6 = 5 760（元）

乙产品分配的制造费用 = 400 × 9.6 = 3 840（元）

（3）编制甲产品的成本计算单，如表 3-19 所示。

表 3-19 产品成本计算单——甲产品

单位：元

成本项目	直接材料	直接人工	制造费用	合计
期初在产品成本	2 460	3 080	1 280	6 820
本期发生费用	16 240	6 600	5 760	28 600
合计	18 700	9 680	7 040	35 420
本月完工产品数量	200	200	200	—
月末在产品数量	40	40	40	
月末在产品约当产量	20	20	20	—
约当总产量	220	220	220	—
费用分配率	85	44	32	161
完工产品成本	17 000	8 800	6 400	32 200
期末在产品成本	1 700	880	640	3 220

（4）编制乙产品的成本计算单，如表3-20所示。

表3-20　产品成本计算单——乙产品　　　　　　　　　　　　　　　　　　　　单位：元

成本项目	直接材料	直接人工	制造费用	合计
期初在产品成本	1 200	500	660	2 360
本期发生费用	7 800	4 400	3 840	16 040
合计	9 000	4 900	4 500	18 400
本月完工产品数量	80	80	80	—
月末在产品数量	40	40	40	—
月末在产品约当产量	20	20	20	—
约当总产量	100	100	100	—
费用分配率	90	49	45	184
完工产品成本	7 200	3 920	3 600	14 720
期末在产品成本	1 800	980	900	3 680

模块二　分批次计算产品成本

分批法，是指以产品的批别作为产品成本核算对象，归集和分配生产成本，计算产品成本的一种方法。这种方法主要适用于单件、小批生产的企业，如造船、重型机器制造、精密仪器制造等，也可用于一般企业中的新产品试制或试验的生产、在建工程以及设备修理作业等。

一、确定核算对象和成本计算期

分批法成本核算对象是产品的批别。由于产品的批别多是根据销货订单确定的，因此，这种方法又称订单法。

分批法的核算
原理

产品的订单与组织产品生产的批号之间存在着三种情况：① 一份订单一个批号，这时按照产品批号计算产品成本，实际就是按照订单计算产品成本。② 一份订单几个批号，具体有三种情况：当一份订单中有多种产品时，按照产品的品种划分批号组织生产，计算产品成本；当一份订单中是一件或一种由许多部件装配而成的大型复杂产品，如大型船舶制造，产品价值大，生产周期长，也可以按照产品的组成部分，分批号组织生产，计算产品成本；当一份订单的批量较大，对方又要求分期交货时，可以划分为若干批号组织生产，计算产品成本。③几份订单一个批号，当在同一周期内，企业接到不同购货单位要求生产同一产品的几张订单，为了经济合理地组织生产，可以将其合并为一批组织生产，计算产品成本。

因此，分批法的成本计算对象不是购货单位的订单，而是企业生产部门按照购货单位的订单，结合企业的实际情况签发下达的生产任务通知单，对该批生产任务进行编号，这种编号称为产品批号或生产令，成本会计部门应当根据产品批号设置基本生产成本明细账。

分批法产品成本的计算是与生产任务通知单的签发和结束紧密配合的，因此，产品成本计算是不定期的。成本计算期与产品生产周期基本一致，但财务报告期不一致。

二、分批法下生产费用的归集和分配

如果是单件生产，产品完工以前，产品成本明细账所记的生产费用都是在产品成本；产品完工时，产品成本明细账所记的生产费用，就是完工产品成本，因而在月末计算成本时，不存在在完工产品与在产品之间分配费用的问题。

如果是小批生产，批内产品一般都能同时完工，在月末计算成本时，或是全部已经完工，或是全部没有完工，因而一般也不存在在完工产品与在产品之间分配费用的问题。

在批量较大的情况下，出现批内跨月陆续完工交货的，就有必要将所归集的生产费用在完工产品与在产品之间进行分配，以便计算完工产品成本和在产品成本。为了简化核算手续，对于同一批次内先完工的产品，可以按计划单位成本、定额单位成本，或最近一期相同产品的实际单位成本计价，从该批产品的成本计算单中转出，剩下的即为该批产品的在产品成本。当该批产品全部完工时，另行计算该批产品实际总成本和单位成本，但对原来计算并转出的前期完工产品成本，不作账面调整。如果同一批次产品跨月完工的数量较多，为正确计算产品成本，采用适当的方法，在完工产品和在产品之间分配生产费用。为了使同一批产品尽量同时完工，避免跨月陆续完工的情况，减少在完工产品与月末在产品之间分配费用的工作，在合理组织生产的前提下，可以适当缩小产品的批量。

三、分批法成本核算的一般程序

采用分批法计算产品成本，一般按如下三个步骤进行。

（1）首先，以产品生产批别设置基本生产成本明细账，以直接材料、直接人工、制造费用等成本项目设置专栏（或专行），归集各批产品的生产耗费；同时设置其他成本费用明细账。

拓展阅读　简化的分批法

（2）编制各种耗费分配表，将本月发生的生产耗费分配计入各批产品成本，即分配记入按产品生产批别开设的各基本生产成本明细账。对于直接计入费用，应按产品批别列示并直接记入各个批别的产品成本明细账；对于间接计入费用，应按生产地点归集，并按适当的方法分配记入各个批别的产品成本明细账。

（3）月末根据完工批别产品的完工通知单，将记入已完工的该批产品的成本明细账所归集的生产费用，按成本项目加以汇总，计算出该批完工产品的总成本和单位成本，并结转完工产品的成本。

【例3-7】大方重型机械厂根据订单，小批量生产A、B、C三种机械产品，采用分批法计算成本。该公司2020年7月的生产情况和生产费用支出情况如表3-21、表3-22和表3-23所示。

表3-21　产品生产情况 　　　　　　　　　　　　　　　　　　　　　　　单位：件

产品批号	产品名称	投产情况	本月完工数量	月末在产品
0611	A产品	6月3日投产	10	6
0712	B产品	7月8日投产		20
0613	C产品	6月20日投产	6	18

表3-22　期初在产品资料 　　　　　　　　　　　　　　　　　　　　金额单位：万元

产品批号	产品名称	直接材料	直接人工	制造费用
0613	C产品	487	216	120

表3-23　产品本月生产费用汇总表 　　　　　　　　　　　　　　　　金额单位：万元

产品批号	产品名称	材料费	人工费	制造费用
0611	A产品	904	551	340
0712	B产品	796	628	312
0613	C产品	1 200	1 052	621

完工产品与在产品的分配方法：

A产品本月完工数量较大，采用约当产量法确认期末在产品的成本，该批产品所需要的原材料在生产开始时一次投入，在产品的完工程度为50%；B产品全部未完工，本月生产费用全部为在产品成本；C产品在产品成本定额比较准确，为简化核算，在产品按定额成本计算，已知C产品在产品每台的定额成本：材料费64万元，人工费20万元，制造费用18万元。根据以上资料，计算A、B、C三种产品完工产品与在产品的成本。

计算过程及结果如下：

（1）登记A产品基本生产成本明细账，将期初及本期发生额登记到A产品明细账中，并计算A产品完工产品与在产品的成本：

材料费用分配率 $= 904 \div (10+6) = 56.5$

人工费用分配率 $= 551 \div (10+6 \times 50\%) = 42.38$

制造费用分配率 $= 340 \div (10+6 \times 50\%) = 26.15$

根据三个分配率，将本月生产费用在完工产品和月末在产品中分配的结果如表3-24"A产品基本生产成本明细账"所示。

表3-24　A产品基本生产成本明细账　　　　　　　　　　　　　金额单位：万元

摘要	直接材料	直接人工	制造费用	合计
本月发生费用	904	551	340	1 795
分配率	56.5	42.38	26.15	
完工产品成本	565	423.8	261.5	1 250.3
期末在产品成本	339	127.2	78.5	544.7

（2）登记B产品基本生产成本明细账。B产品没有完工产品，只在成本明细账中归集各费用，B产品基本生产成本明细账如表3-25所示。

表3-25　B产品基本生产成本明细账　　　　　　　　　　　　　金额单位：万元

摘要	直接材料	直接人工	制造费用	合计
本月发生费用	796	628	312	1 736
期末在产品成本	796	628	312	1 736

（3）登记C产品基本生产成本明细账，将期初及本期发生额登记到C产品明细账中，并计算C产品完工产品与在产品的成本（C产品在产品成本按定额成本计算）：

在产品应负担的材料费用 $= 18 \times 64 = 1 152$（万元）

在产品应负担的人工费用 $= 18 \times 20 = 360$（万元）

在产品应负担的制造费用 $= 18 \times 18 = 324$（万元）

本月生产费用合计减去完工产品成本，即为在产品的成本，C产品基本生产成本明细账如表3-26所示。

表 3-26　C 产品基本生产成本明细账　　　　　　　　　　　　　　　　金额单位：万元

摘要	直接材料	直接人工	制造费用	合计
期初在产品成本	487	216	120	823
本月发生费用	1 200	1 052	621	2 873
生产费用合计	1 687	1 268	741	3 696
完工产品成本	535	908	417	1 860
期末在产品成本	1 152	360	324	1 836

模块三　分步骤计算产品成本

　　分步法，是指按照生产过程中各个加工步骤（分品种）为成本核算对象，归集和分配生产成本，计算各步骤半成品和最后产成品成本的一种方法，这种方法适用于大量大批的多步骤生产，如冶金、纺织、机械制造等。在这类企业中，产品生产可以分为若干个生产步骤，通常不仅要求按照产品品种计算成本，而且还要求按照生产步骤计算成本，以便为考核和分析各种产品及各生产步骤的成本计划的执行情况提供资料。

一、确定成本核算对象和成本计算期

　　分步法成本核算的对象是各种产品及其所经过的各生产步骤，按生产步骤及产品品种设置产品成本明细账，以便按成本项目汇集各步骤的生产费用。如果一个生产步骤只生产一种产品，可按该种产品和生产步骤设置产品成本明细账；如果一个生产步骤生产多种产品，则需按生产步骤和产品品种分别设置产品成本明细账。某步骤、某种产品发生的直接费用，应直接计入该步骤该种产品成本明细账的相应成本项目；各步骤、各种产品共同发生的间接费用，应采用一定的标准，分配计入各步骤、各种产品的成本明细账内。

分步法的核算原理

　　大量、大批、多步骤生产中，由于生产过程较长，可以间断，而且往往都是跨月陆续完工，因此，成本计算一般都是按月、定期地进行，而与产品的生产周期不相一致。

　　由于大量、大批、多步骤的产品往往都是跨月陆续完工，月末各步骤一般都存在未完工的在产品。因此，在计算成本时，还需要采用适当的分配方法，将归集在各种产品、各生产步骤产品成本明细账的生产费用，在完工产品与在产品之间进行分配，计算各生产步骤的完工产品成本和在产品成本。

　　由于产品生产是分步进行的，上一步骤生产的半成品是下一步骤的加工对象，因此，为了计算各种产品的产成品成本，还需要按照产品品种，结转各步骤成本。

　　在实际工作中，由于企业管理要求不同，以及各生产步骤的成本计算和结转方式不同，根据各生产步骤是否需要计算半成品成本，分步法分为逐步结转分步法和平行结转分步法。

【议一议】

　　服装生产一般经历裁剪、缝纫和熨烫等三个工序。某服装企业按生产工艺设置了三个车间，批量、流水作业。你认为服装成本的计算，按步骤核算成本与按批次核算成本哪个更适合？说说你的理由。

二、逐步结转分步法计算产品成本

　　逐步结转分步法是为了分步计算半成品成本而采用的一种分步法，也称计算半成品成本分步法。它是按照产品加工的顺序，逐步计算并结转半成品成本，直到最后加工步骤完成后才能计算产成品成本的一种方法。这种方法用于大量大批连续式复杂性生产的企业。这种类型的企业有的不仅将产成品作为商品对外销售，而且将生产步骤所产半成品也经常作为商品对外销售。例如钢铁厂的生铁、钢锭，纺织厂的棉纱等，都需要计算半成品成本。

（一）逐步结转分步法的计算程序

　　采用逐步结转分步法，根据企业完工的半成品是否验收入库而采取不同的计算程序。

　　半成品不通过仓库收发时，上步骤生产的半成品直接为下步骤领用，所以上一步骤半成品成本等额转入下一步骤成本明细账"自制半成品"项目，所做账务处理为：

　　借：基本生产成本（下步骤）

　　　　贷：基本生产成本（上步骤）

　　不通过仓库收发的成本计算程序如图 3-2 所示。

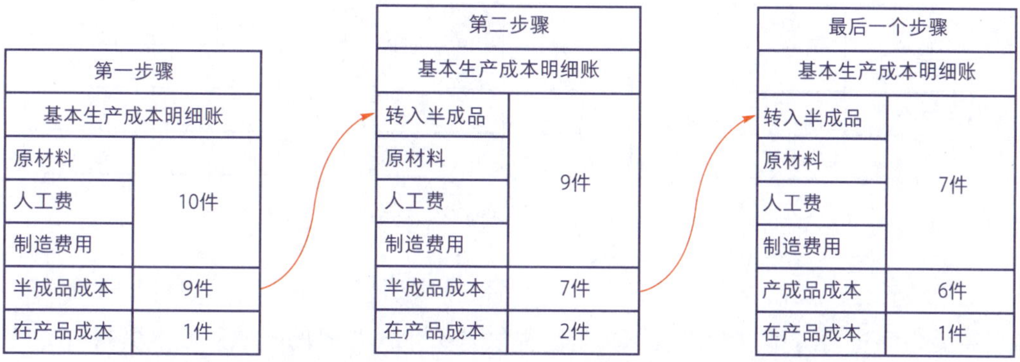

图 3-2　半成品不通过仓库收发的成本计算程序

半成品领用经过半成品仓库时，需要设置"自制半成品"账户核算，在账务上需要做两笔分录：

借：自制半成品

    贷：基本生产成本（上步骤）

借：基本生产成本（下步骤）

    贷：自制半成品

特别值得说明的是，半成品通过仓库收发，验收入库时按上步骤结转出来的实际成本入账，但发出半成品时，可按加权平均法、先进先出法、个别计价法等方法计算。半成品通过仓库收发的成本计算程序如图3-3所示。假设图中每个仓库原来都有一定量的存货，再被下一个步骤领用时，如果发出时采用是非个别计价法，转入下一步骤的半成品的成本，不一定等于上一步骤计算出来的半成品成本。比如，假设第一步骤计算出完工的半成品9件，单价100元，在第一步骤的半成品仓库原有3件，每件单价90元，那么被第二步骤领用9件时，发出存货的成本如果使用移动加权法计算，单价则为$(9 \times 100 + 3 \times 90) \div 12 = 97.5$元，计入第二步骤"转入半成品"中的金额将是$97.5 \times 9 = 877.5$元，而不是900元。

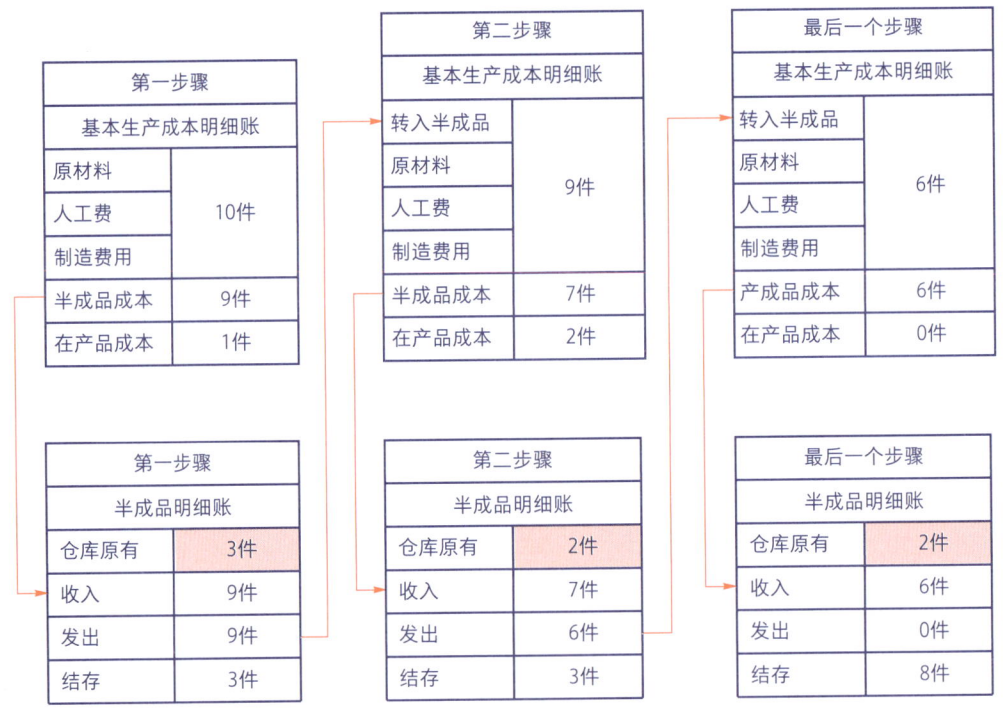

图3-3　半成品通过仓库收发的成本计算程序

逐步结转分步法需要在完工产品和在产品之间分配生产成本，即在各步骤完工产品和在产品之间进行分配。其优点：一是能提供各个生产步骤的半成品成本资料；二是为各生产步骤在产品实物管理及资金管理提供资料；三是能够全面地反映各生产步骤的生产耗费水平，更好地满足各生产步骤成本管理的要求。其缺点是成本结转工作量较大，各生产步骤的半成品成本如果采用逐步综合结转方法，还要进行成本还原，增加了核算的工作量。

（二）逐步结转分步法半成品成本结转的方式

采用逐步结转分步法，各生产步骤之间转移半成品实物的同时，要进行半成品成本的结转。按照成本在下一步骤成本计算单中的反映方式，逐步结转分步法还可以分为综合逐步结转分步法和分项逐步结转分步法两种方法。

1. 综合逐步结转分步法

综合逐步结转分步法是指上一步骤转入下一步骤的半成品成本，以"直接材料"或专设的"半成品"项目综合列入下一步骤的成本计算单中。如果半成品通过半成品库收发，由于各月所生产的半成品的单位成本不同，因而所耗半成品的单位成本需要同材料核算一样，采用先进先出法或加权平均法计算。

2. 分项逐步结转分步法

分项逐步结转分步法是指按产品加工顺序，将上一步骤半成品成本按原始成本项目分别转入下一步骤成本计算单中相应的成本项目内，逐步计算并结转半成品成本，直到最后一个步骤计算出产成品成本的一种逐步结转分步法。

【例3-8】某企业大量生产甲产品，该产品顺序经过三个车间（每个车间一个生产步骤）连续加工，最后形成产成品。一车间生产甲A半成品，直接转入二车间加工制成甲B半成品，甲B半成品直接转入三车间加工成甲产品。原材料在生产开始时一次性投入，其他费用陆续发生。各步骤完工的半成品直接转入下步骤加工，不通过半成品仓库收发。在产品完工程度均为50%。该企业采用综合逐步结转分步法计算产品成本，半成品成本按实际成本综合结转，完工产品（产成品或半成品）与在产品之间的费用分配采用约当产量法计算。

已知某企业1月甲产品产量信息如表3-27所示。

表3-27 车间产量记录表　　　　　　　　　　　　　　　　　　　　　单位：件

项 目	一车间	二车间	三车间
月初在产品数量	70	30	70
本月投入或上车间转入数量	300	250	200
本月完工转出数量	250	200	250
月末在产品数量	120	80	20

各车间期初及本月发生的生产费用如表3-28所示。

表3-28　月初在产品成本及本月发生的生产费用　　　　　　　　　　　金额单位：元

项目	一车间		二车间		三车间	
	月初在产品成本	本月发生生产费用	月初在产品成本	本月发生生产费用	月初在产品成本	本月发生生产费用
直接材料	4 300	21 000	3 000		8 500	
直接人工	550	6 050	480	10 800	3 850	24 750
制造费用	950	10 450	520	11 700	3 150	20 250
合计	5 800	37 500	4 000	22 500	15 500	45 000

根据以上资料，采用综合逐步结转分步法计算产成品的成本，并编制产成品成本计算单。计算过程和结果如下：

（1）计算第一步半成品的成本。通过表3-29所示的成本计算单完成。

表3-29　第一步产品成本计算单　　　　　　　　　　　　　　　　　金额单位：元

生产步骤	第一步		产品名称	甲A半成品	完工产量250件，在产品120件	
成本项目	月初在产品	本月发生	费用合计	费用分配率	完工半成品	在产品
直接材料	4 300	21 000	25 300	68.38	17 095	8 205
直接人工	550	6 050	6 600	21.29	5 322.5	1 277.5
制造费用	950	10 450	11 400	36.77	9 192.5	2 207.5
合计	5 800	37 500	43 300		31 610	11 690

其中，直接材料分配率 = 25 300 ÷（250 + 120）= 68.38

直接人工分配率 = 6 600 ÷（250 + 60）= 21.29

制造费用分配率 = 11 400 ÷（250 + 60）= 36.77

结转半成品成本的会计分录为：

借：基本生产成本——第二步骤（半成品）　　　　　　　　　31 610

　　贷：基本生产成本——第一步骤（半成品）　　　　　　　　31 610

（2）计算第二步半成品的成本。通过表3-30所示的成本计算单完成。

表3-30 第二步产品成本计算单

金额单位：元

生产步骤	第二步		产品名称	甲B半成品	完工产量200件，在产品80件	
成本项目	月初在产品	本月发生	费用合计	费用分配率	完工半成品	在产品
直接材料	3 000	31 610	34 610	123.61	24 722	9 888
直接人工	480	10 800	11 280	47	9 400	1 880
制造费用	520	11 700	12 220	50.92	10 184	2 036
合计	4 000	54 110	58 110		44 306	13 804

计算的方法与第一步的计算方法相似，不再赘述。值得一提的是，本月发生的材料费，即为上一步结转过来的半成品的成本。

第二步结转半成品成本的会计分录为：

借：基本生产成本——第三步骤（半成品）   44 306

贷：基本生产成本——第二步骤（半成品）   44 306

（3）计算第三步产成品的成本。通过表3-31所示的成本计算单完成。

表3-31 产品成本计算单

金额单位：元

生产步骤	第三步（最后一步）		产品名称	甲产成品	完工产量250件，在产品20件	
成本项目	月初在产品	本月发生	费用合计	费用分配率	完工产品	在产品
直接材料	8 500	44 306	52 806	195.58	48 895	3 911
直接人工	3 850	24 750	28 600	110	27 500	1 100
制造费用	3 150	20 250	23 400	90	22 500	900
合计	15 500	89 306	104 806		98 895	5 911

第三步结转完工产品成本的会计分录为：

借：库存商品   98 895

贷：基本生产成本——第三步骤（半成品）   98 895

（4）因为采用综合逐步结转分步法结转半成品成本，各步骤耗用上一步骤半成品的费用，可以直接从成本计算单中反映出来。这样，对于加强对各步骤耗用的半成品情况的监督、分析考核及提高成本管理水平都有重要作用。但由于这种方法在成本计算单中，下一步将上一步料、工、费的合计当作材料费计入，所以不能直接提供按原始成本项目反映的成本资料。为此,在管理上为了整个企业考核和分析产品成本的真实性,还应将综合逐步结转分步法计算的产成品成本进行成本还原。

所谓成本还原就是从最后一个步骤起,把本月产成品成本中所耗上一步骤半成品的综合成本还原成"直接材料""直接人工""制造费用"等原始成本项目,从而求得按原始成本项目反映的产成品成本资料。成本还原的计算过程如表 3-32 所示。

表 3-32　产成品成本还原计算表　　　　　　　　　　　　　　　　　　　　单位:元

成本项目	还原前总成本	第二步骤半成品成本	第一次还原率	第一次还原额	第一步骤半成品成本	第二次还原率	第二次还原额	还原后总成本
直接材料(半成品)	48 895	24 722		27 282.58	17 095		14 754.69	14 754.69
直接人工	27 500	9 400	48895/44306	10 373.61	5 322.5	27 282.58/31 610	4 593.85	42 467.46
制造费用	22 500	10 184		11 238.81	9 192.5		7 934.04	41 672.85
合计	98 895	44 306		48 895	31 610		27 282.58	98 895

注:成本还原分配率 = $\dfrac{产成品所耗以前生产步骤半成品成本合计}{以前生产步骤所产该种半成品成本合计}$

还原前产成品成本构成:

半成品:48 895 ÷ 98 895 × 100% = 49%

直接人工:27 500 ÷ 98 895 × 100% = 28%

制造费用:22 500 ÷ 98 895 × 100% = 23%

还原后产成品成本构成:

直接材料:14 754.69 ÷ 98 895 × 100% = 15%

直接人工:42 467.46 ÷ 98 895 × 100% = 43%

制造费用:41 672.85 ÷ 98 895 × 100% = 42%

采用上述同样的数据,按分项逐步结转分步法计算产品成本。

(1)计算第一步半成品的成本。通过表 3-33 所示的成本计算单完成。

表 3-33　第一步产品成本计算单　　　　　　　　　　　　　　　　　金额单位:元

生产步骤:第一步		产品名称	甲 A 半成品	完工产量:250 件,在产品 120 件
项目	直接材料	直接人工	制造费用	合计
月初在产品成本	4 300	550	950	5 800
本月发生生产费用	21 000	6 050	10 450	37 500

续表

生产步骤：第一步	产品名称	甲 A 半成品	完工产量：250 件，在产品 120 件	
项 目	直接材料	直接人工	制造费用	合 计
合 计	25 300	6 600	11 400	43 300
约当产量	370	310	310	
单位成本（分配率）	68.38	21.29	36.77	
转出完工半成品成本	17 095	5 322.5	9 192.5	31 610
月末在产品成本	8 205	1 277.5	2 207.5	11 690

第一步骤分配结转的方法，与综合结转没有区别，但转入到第二个步骤时，不转入第一步骤生产的半成品成本，而是分"直接材料""直接人工""制造费用"三项分别转入。

（2）计算第二步半成品的成本。通过表 3-34 所示的成本计算单完成，表中"上步骤转入半成品成本"一行的数据即为从第一步骤分项转入的各项成本。

表 3-34 第二步产品成本计算单   金额单位：元

生产步骤：第二步	产品名称	甲 B 半成品	完工产量 200 件，在产品 80 件	
项 目	直接材料	直接人工	制造费用	合 计
月初在产品成本	3 000	480	520	4 000
本月发生生产费用		10 800	11 700	22 500
上步骤转入半成品成本	17 095	5 322.5	9 192.5	31 610
合 计	20 095	16 602.5	21 412.5	58 110
约当产量	280	240	240	—
单位成本（分配率）	71.77	69.18	89.22	230.17
转出完工半成品成本	14 354	13 836	17 844	46 034
月末在产品成本	5 741	2 766.5	3 568.5	12 076

（3）计算第三步产成品的成本。通过表 3-35 所示的成本计算单完成，表中"上步骤转入半成品成本"一行的数据即为从第二步骤分项转入的各项成本。

表 3-35　第三步产品成本计算单　　　　　　　　　　　　　　　　金额单位：元

生产步骤：第三步	产品名称	甲产成品	完工产量 250 件，在产品 20 件	
项 目	直接材料	直接人工	制造费用	合计
月初在产品成本	8 500	3 850	3 150	15 500
本月发生生产费用		24 750	20 250	45 000
上步骤转入半成品成本	14 354	13 836	17 844	46 034
合 计	22 854	42 436	41 244	106 534
约当产量	270	260	260	—
单位成本（分配率）	84.64	163.22	158.63	—
转出完工产成品成本	21 160	40 805	39 657.5	101 622.5
月末在产品成本	1 694	1 631	1 586.5	4 911.5

由上表可知，此时产成品成本构成：

直接材料：$21\ 160 \div 101\ 622.5 \times 100\% = 20.82\%$

直接人工：$40\ 805 \div 101\ 622.5 \times 100\% = 40.15\%$

制造费用：$39\ 657.5 \div 101\ 622.5 \times 100\% = 39.03\%$

与使用综合逐步结转分步法成本还原后的成本比较贴近。

采用分项逐步结转分步法，逐步结转半成品成本，可以直接、正确地提供按原始成本项目反映的产成品成本资料，便于从整个企业角度考核和分析产品成本计划的执行情况，不需要进行成本还原。但是，这种方法的成本结转比较复杂，而且在各步骤完工产品成本中看不出所耗上一步骤半成品的费用和本步骤加工费用的水平，不便于进行完工产品成本分析。因此，这种结转方法一般适用于管理上不要求分别提供各步骤完工产品所耗上步骤费用和本步骤加工资料，但要求按原始成本项目反映产品成本的企业。

三、平行结转分步法计算产品成本

平行结转分步法也称不计算半成品成本分步法。它是指在计算各步骤成本时，不计算各步骤所产半成品的成本，也不计算各步骤所耗上一步骤的半成品成本，而只计算本步骤发生的各项其他成本，以及这些成本中应计入产成品的份额，将相同产品的各步骤成本明细账中的这些份额平行结转、汇总，即可计算出该种产品的产成品成本。

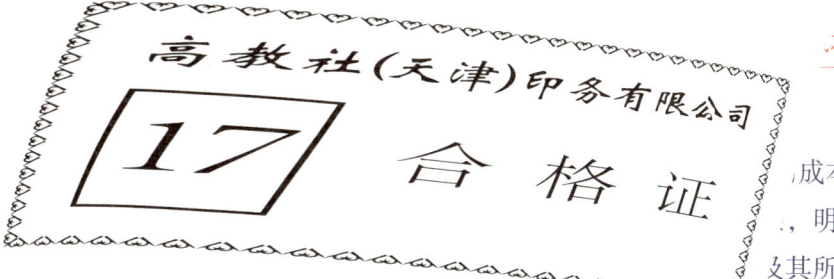

（一）

平行……………………………………成本份额。如果只生……………………………………，明细账可按产品品……………………………………及其所经过的各生产步骤，成本明细账则应分别按照每种产品的各┐┐…………。

在实际工作中，产品成本计算的步骤与产品生产实际步骤的划分不一定完全一致。一般而言，在按生产步骤设立车间的企业中，分步计算成本也就是分车间计算成本。但如果企业生产规模很大，车间内分成几个生产步骤，管理上又要求分步计算成本，则应在车间内再分步计算成本；相反，如果企业规模很小，管理上也不要求按每一车间分别计算成本，则可以把几个车间合并为一个步骤计算成本。

（二）平行结转分步法的成本计算期

平行结转分步法的成本计算期与逐步结转分步法一样，是每月的会计报告期。

（三）产品生产成本在完工产品和在产品之间的分配

采用平行结转分步法，每一生产步骤的生产成本也要在其完工产品与月末在产品之间进行分配。这里的"完工产品"是指最终完工的产成品；"在产品"是指就整个企业而言的未完工产品，即广义在产品，具体包括：本步骤正在加工的在产品（亦称狭义在产品）、本步骤完工转入以后各步骤尚未最终完成的在产品和本步骤完工转入半成品库的半成品。

平行结转分步法各生产步骤不计算半成品成本，只核算本步骤所发生的生产费用（除第一步骤外），采用这一方法，各步骤之间不结转半成品成本，不论半成品实物是在各生产步骤之间直接转移，还是通过半成品库收发，都不进行总分类核算，也就是说半成品成本不随半成品实物的转移而转移。

平行结转分步法各步骤可以同时计算产品成本，平行汇总计入产成品成本，不必逐步结转半成品成本；能够直接提供按原始成本项目反映的产成品成本资料，不必进行成本还原，而能够简化和加速成本计算工作。

但是平行结转分步法不能提供各个步骤的半成品成本资料；在产品的费用在产品最后完成以前，不随实物转出而转出，即不按其所在的地点登记，而按其发生的地点登记，因而不能为各个生产步骤在产品的实物和资金管理提供资料；各生产步骤的产品成本不包括所耗半成品费用，因而不能全面地反映各步骤产品的生产耗费水平，不能更好地满足这些步骤成本管理的要求。

（四）平行结转分步法的成本计算程序

（1）按产品的生产步骤和产品品种开设基本生产成本明细账，按成本项目归集在本步骤发生的生产费用中，上一生产步骤的半成品成本不随半成品实物转入下一步骤。

（2）将各生产步骤归集的生产费用在完工产品与月末广义在产品之间进行分配，以确定应计入完工产品成本的生产费用"份额"。

（3）将各步骤应计入相同完工产品成本的生产费用"份额"直接相加，计算出完工产品的实际总成本和单位成本。

平行结转分步法的计算程序如图3-4所示。

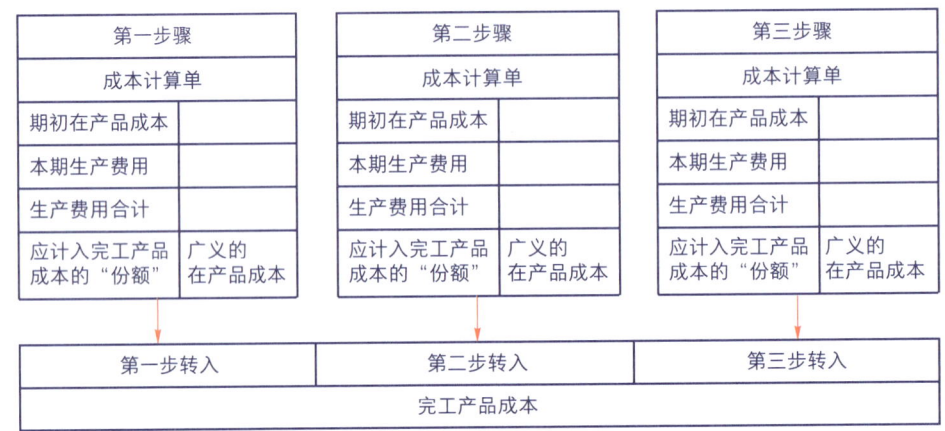

图3-4 平行结转分步法的计算程序

平行结转分步法下的完工产品成本，等于各步骤应计入完工产品成本中的"份额"之和。这个应计入产品成本中的"份额"是按下列方式计算的。

某步骤应计入产品成本的份额 = 产成品产量 × 单位产成品耗用该步骤半成品的数量 × 该成本项目费用分配率

其中，"该成本项目费用分配率"可用约当产量法、定额比例法或定额成本法等方法计算求得。此处只介绍约当产量法下的计算公式：

$$成本项目费用分配率 = \frac{该步骤月初在产品成本 + 该步骤本月发生费用}{该步骤产品约当产量}$$

该步骤产品约当产量 = 本月最终产成品数量 + 该步骤广义在产品约当产量

【例3-9】沿用上例，某企业生产甲产品需经过三个车间（或步骤）连续加工制成，一车间生产甲A半成品，直接转入二车间加工制成甲B半成品，甲B半成品直接转入三车间加工成甲产品。原材料于生产开始时一次投入，各车间月末在产品完工率均为50%。各车间生产费用在完工产品和在产品之间的分配采用约当产量法。1月的产量信息、各车间期初在产品及本月发生费用如表3-27和表3-28所示。使用平行结转分步法计算产成品的成本。

计算过程和结果如下：

（1）按成本项目归集在各步骤发生的生产费用，采用约当产量法将各步骤的生产费用在完工产品应负担的成本份额和月末在产品应负担的成本之间分配，并登记第一、二、三车间的产品成本计算单。第一车间产品成本计算单如表3-36所示。

表 3-36　第一车间产品成本计算单

产品名称：甲 A 半成品　　　　　　2020 年 1 月　　　　完工产量：250 件　　　　金额单位：元

项目	直接材料	直接人工	制造费用	合计
月初在产品成本	4 300	550	950	5 800
本月发生生产费用	21 000	6 050	10 450	37 500
生产费用合计	25 300	6 600	11 400	43 300
完工产品数量	250	250	250	250
广义在产品约当产量	220	160	160	—
本步骤的约当产量	470	410	410	—
单位成本（分配率）	53.83	16.1	27.8	97.73
期末广义在产品	11 842.5	2 575	4 450	18 867.5
转入完工产品的份额	13 457.5	4 025	6 950	24 432.5

注意表中约当产量的计算：完工产品指的是最终完工的数量（此例为 250 件），广义的在产品包括本步骤正在加工的在产品（此例为 120 件）、本步骤完工转入以后步骤的在产品（此例为 80 件、20 件）以及本步骤完工转入半成品仓库的在产品（此例中无）。所以：

广义在产品直接材料约当产量 ＝ 120 ＋ 80 ＋ 20 ＝ 220（件）

广义在产品直接人工和制造费用的约当产量 ＝ 120 × 50% ＋ 80 ＋ 20 ＝ 160（件）

正确计算本步骤的约当产量，是平行结转分步法的关键。二车间计算方法同理，二车间产品成本计算单如表 3-37 所示。

表 3-37　第二车间产品成本计算单

产品名称：甲 B 半成品　　　　　　2020 年 1 月　　　　完工产量：250 件　　　　金额单位：元

项目	直接材料	直接人工	制造费用	合计
月初在产品成本	3 000	480	520	4 000
本月发生生产费用	—	10 800	11 700	22 500
生产费用合计	3 000	11 280	12 220	26 500
完工产品数量	250	250	250	250
广义在产品约当产量	100	60	60	—
本步骤的约当产量	350	310	310	—
单位成本（分配率）	8.57	36.39	39.42	84.38
期末广义在产品	857.5	2 182.5	2 365	5 405
转入完工产品的份额	2 142.5	9 097.5	9 855	21 095

其中，本步骤直接材料的约当产量 = 250 + 80 + 20 = 350（件）

本步骤直接人工、制造费用的约当产量 = 250 + 80 × 50% + 20 = 310（件）

第三车间产品成本计算单如表 3-38 所示。

表 3-38　第三车间产品成本计算单

产品名称：甲产品　　　　　2020 年 1 月　　　　完工产量：250 件　　　　金额单位：元

项目	直接材料	直接人工	制造费用	合计
月初在产品成本	8 500	3 850	3 150	15 500
本月发生生产费用	—	24 750	20 250	45 000
生产费用合计	8 500	28 600	23 400	60 500
完工产品数量	250	250	250	—
广义在产品约当产量	20	10	10	—
本步骤的约当产量	270	260	260	—
单位成本（分配率）	31.48	110	90	231.48
期末广义在产品	630	1 100	900	2 630
转入完工产品的份额	7 870	27 500	22 500	57 870

其中，本步骤直接材料的约当产量 = 250 + 20 = 270（件）

本步骤直接人工、制造费用的约当产量 = 250 + 20 × 50% = 260（件）

（2）将第一车间、第二车间、第三车间计算出应转入完工产品成本的"份额"，加以汇总，即是完工产品的制造成本。编制完工产品成本计算汇总表，如表 3-39 所示。

表 3-39　完工产品成本计算汇总表

产品名称：甲产品　　　　　2020 年 1 月　　　　完工产量：250 件　　　　金额单位：元

项目	直接材料	直接人工	制造费用	合计
第一车间份额	13 457.5	4 025	6 950	24 432.5
第二车间份额	2 142.5	9 097.5	9 855	21 095
第三车间份额	7 870	27 500	22 500	57 870
产成品总成本	23 470	40 622.5	39 305	103 397.5
单位成本	93.88	162.49	157.22	413.59

从上面计算可以看出，平行结转分步法可以同时平行汇总计算产品成本，不用进行成本还原。这样既简化了成本计算手续，又加速了成本计算进度，但这种方法也有一些缺点，比如，在这种成本计算法下，由于各步骤间不结转半成品成本，实物结转和成本结转不一致，因而不能全面反映各步骤的生产情况，不便于加强车间成本管理。同时，在这种成本法下，不计算半成品成本，不能为分析半成品成本计划的完成情况和计算半成品的销售成本提供资料。

所以，平行结转分步法只适合在半成品种类较多、逐步结转半成品成本时工作量较大、管理上又不要求提供半成品资料的情况下采用。

企业产品成本计算的品种法、分批法和分步法，主要是以成本计算对象为标准区分的，除这三种基本方法外，企业还可以选择分类法、定额法等辅助方法，与基本方法结合应用。

拓展阅读　产品成本计算的辅助方法

模块四　成本计算方法的选择

企业应当根据产品的生产特点和管理要求，选择成本计算方法，在同一个企业里，可以采用一种成本计算方法，也可以将多种成本计算方法结合使用，还可以利用现代信息技术，进行多维度、多层次的成本核算、管理和控制。

一、生产工艺对成本计算的影响

企业的生产按工艺流程的特点划分为单步骤生产和多步骤生产。

单步骤生产是指生产工艺过程不能间断、不能分散在不同工作地点进行的生产。这种生产类型的企业，其产品的生产周期一般比较短，通常没有自制半成品或其他中间产品，而且产品由于工艺过程的特点决定了只能由一个企业独立完成，而不能由几个企业协作进行生产。发电、采掘等企业是单步骤生产的典型企业，单步骤生产由于工艺过程不能间断，必须以产品为成本计算对象。

多步骤生产是指生产工艺技术过程是由可以间断的若干生产步骤所组成的生产，它既可以在一个企业或车间内独立进行，也可以由几个企业或车间在不同的工作地点协作进行生产。多步骤生产的企业，其产品的生产周期一般较长，产品品种不是单一的，有半成品或中间产品，而且可以由几个企业或车间协作进行生产，多步骤连续加工式生产，需要以生产步骤为成本计算对象；多步骤装配式加工生产的企业，由于产品的零件、部件可以在不同地点同时进行加工，然后装配成最终产品，而零件、部件等半成品没有独立的核算意义，因此不需要按步骤计算半成品成本，而以产品品种为成本计算对象。

二、生产组织方式对成本计算的影响

企业的生产按生产组织的特点划分为大量生产、成批生产和单件生产。

大量生产是不断地重复生产一种或几种产品。产品品种较多，每种产品产量大，一般采用专用设备重复地进行生产，专业化水平高。大量生产的企业主要生产组织方式为流水生产，其基础是由设备、工作地和传送装置构成的设施系统，即流水生产线。

成批生产是指工业企业（车间、工段、班组、工作地）在一定时期重复轮换制造多种产品的一种生产类型。

单件生产是指按照各订货单位要求，生产某种规格、型号、性能的特定产品。单件生产的特点是：产品对象基本上是一次性需求的专用产品，一般不重复生产。

大量大批生产的，按产品品种作为成本计算对象；小批单件生产的，则以产品批别作为成本计算对象。在大量大批单步骤生产的企业里，一般产量较大，生产过程不能间断，所以应以产品品种作为成本计算对象；在大量大批多步骤生产的企业里，由于其生产过程是可以间断的，因而不仅可以计算出每种产品的成本，而且还可以计算出各步骤半成品的成本，所以它的成本计算对象就是每种产品和该产品的各生产步骤；在单件小批生产的企业里，一般是按客户的订单或批别来组织生产的，在进行成本计算时，要求计算每一订单产品或每批产品的成本，所以它的成本计算对象就是产品的批别。

【拓展阅读】

农业企业一般按照生物资产的品种、成长期、批别（群别、批次）、与农业生产相关的劳务作业等确定成本核算对象。比如，种植业以品种、生长期为成本核算对象；畜牧养殖业以群别、生长期为成本核算对象；林业以苗木、树种、批别、成长期为成本核算对象。批发零售企业一般按照商品的品种、批次、订单、类别等确定成本核算对象。建筑企业一般按照订立的单项合同确定成本核算对象。房地产企业一般按照开发项目、综合开发期数并兼顾产品类型等确定成本核算对象。采矿企业一般按照所采掘的产品确定成本核算对象。交通运输企业一般按照航线、航次、单船（机）、基层站段等确定成本核算对象。

企业产品成本的核算，要遵守财政部 2013 年颁布的《企业产品成本核算制度（试行）》及后期陆续发布的分行业成本核算制度，保证产品成本信息真实性、准确性和完整性，更要大力推广管理会计，避免出现"重核算轻管理"的状况，要将成本核算与成本计划、成本控制和业绩评价有机组合，真正做到"算管结合、算为管用"，使会计信息真正成为决策有用的信息。

【引例分析】

挂面厂如果只生产鸡蛋面、菠菜面和普通挂面，采用按产品的品种归集生产费用、计算产品成本的品种法比较恰当。但 2020 年，银苑食品有限公司扩大生产，生产的品种多达 120 多种，再使用品种法进行计算，成本计算的工作量将大大增加，不便于及时获取成本数据。同一系列的挂面生产，要么配方相似，要么工艺相似，所以可以按系列分成五类，按类别归集费用，再在每一类别内使用系数或定额进行分配。

【议一议】

某企业主要生产男士西服和羽绒服。男士西服为企业的主要产品，长期大量生产；羽绒服季节性比较强，实行批量生产；利用生产羽绒服生产线的剩余生产能力可接受羽绒被等产品的订单生产。同学们议一议，使用什么样的成本核算方法来核算这家企业的男士西服、羽绒服和羽绒被的生产成本呢？如何选择成本核算对象和成本的计算期？

模块五　ERP 系统中成本的计算

要素费用和综合性费用经过归集和分配，形成本期生产费用；本期生产费用与期初生产费用之和通过一定的方法在完工产品和在产品中再次分配，计算出完工产品的成本和在产品成本。在计算过程中，成本数据层层归集和分配，不仅工作量大，而且精确度也难以保证。目前，企业已经广泛使用信息化手段，在 ERP 系统中完成成本项目的核算，以实现成本管理的精细化。

一、要素费用的归集和分配

ERP 系统设置有成本项目核算，在材料费用、人工费用和制造费用等业务发生的同时，费用被自动收集并计入相应的成本项目中。图 3-5 所示的工资分摊一览表，是对工资计算表的分类汇总，汇总后的数据由系统自动计入到相应的生产成本或制造费用中。

ERP 系统中的固定资产管理，在录入固定资产清单，选择每类资产对应的折旧方法和使用年限后，由系统自动计提折旧，并将其折旧额直接计入成本项目或制造费用中。用友 U8-ERP 软件中固定资产的折旧清单如图 3-6 所示。

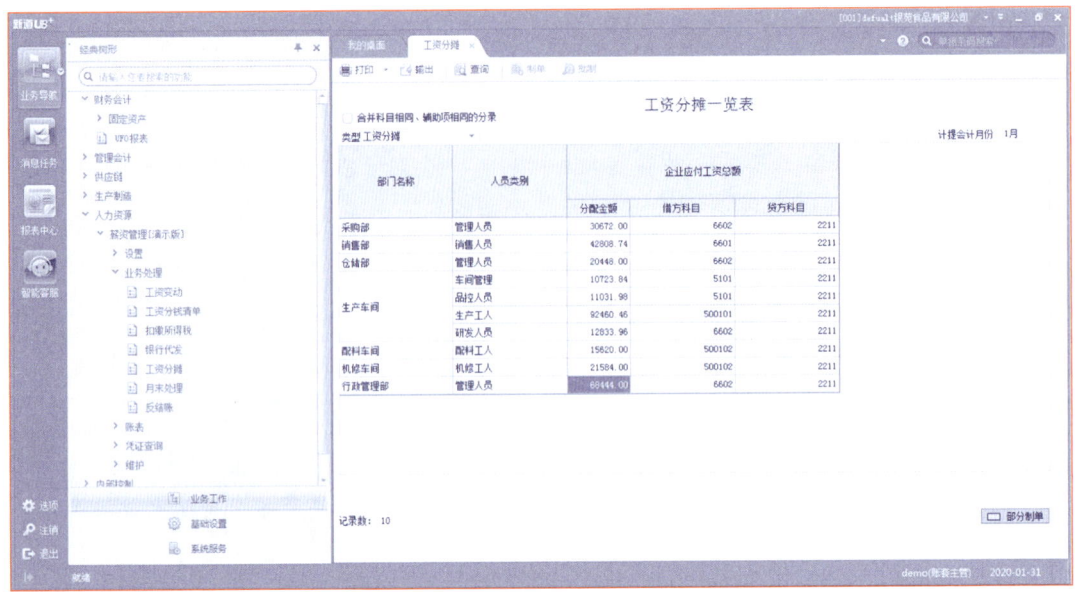

图 3-5　用友 U8-ERP 软件中的工资分摊

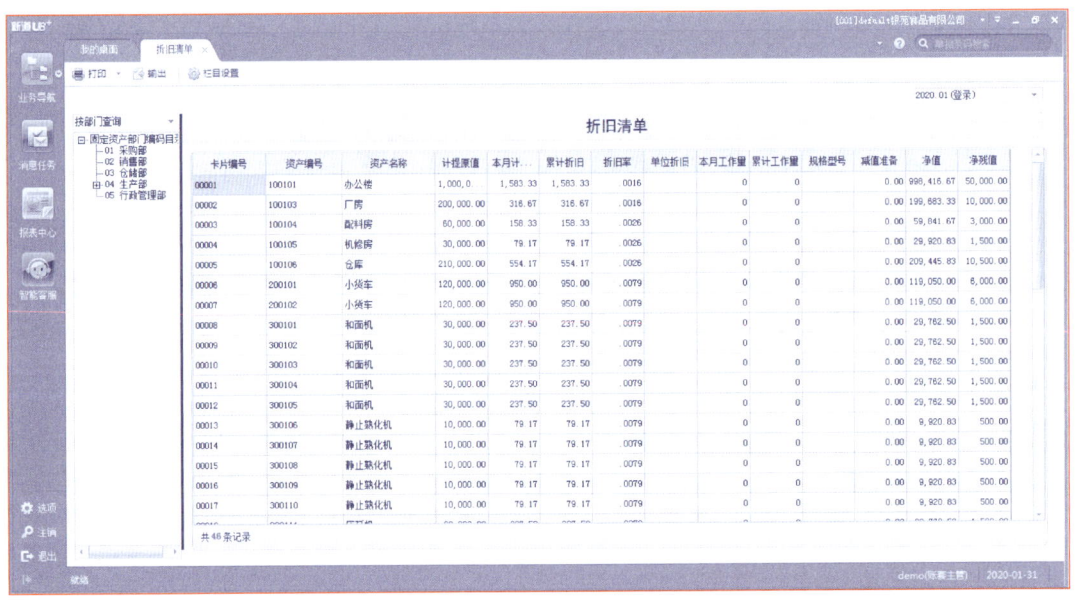

图 3-6　用友 U8-ERP 软件中的固定资产折旧

材料费用的分配，则是在材料出库时按选择的存货计价方法，由系统自动计入到了相应的成本项目中。所以在会计期末，要素费用已经归集和分配到相应产品的成本项目中。

二、成本项目的核算

ERP 系统中，每批产品完工入库，需要在系统中填写"产成品入库单"，此时的入库单中只有数量，没有单价。会计期末，在 ERP 系统的存货核算子系统中进行"期末处理"，完工产品的成本将自动计算出来，其单价和金额被回填到"产成品入库单"中。ERP 系统存货期末处理如图 3-7 所示，成本信息自动回填如图 3-8 所示。

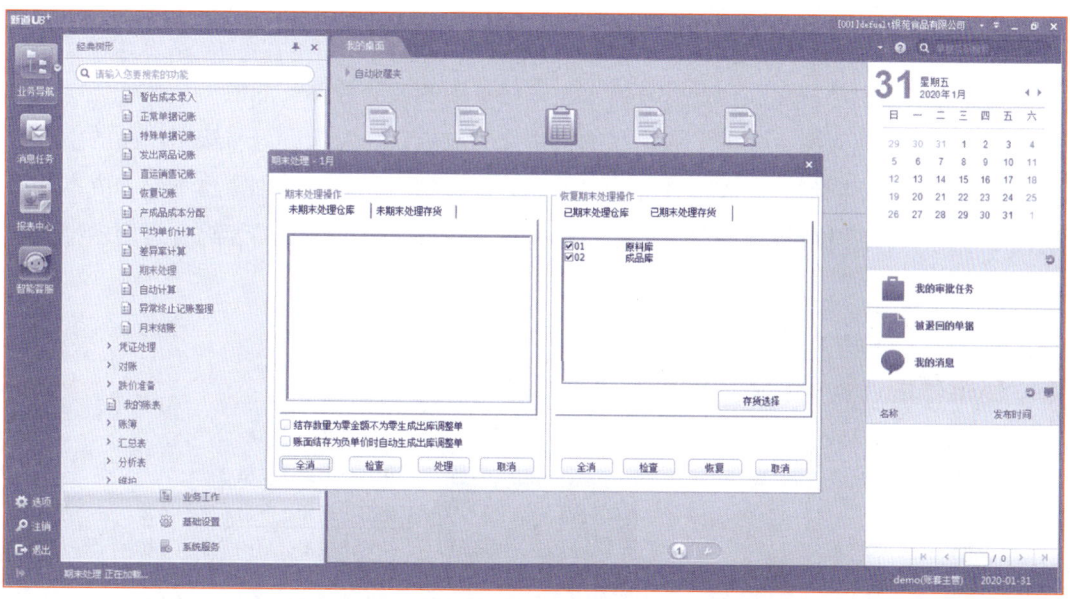

图 3-7　用友 U8 存货核算期末处理——成本计算自动

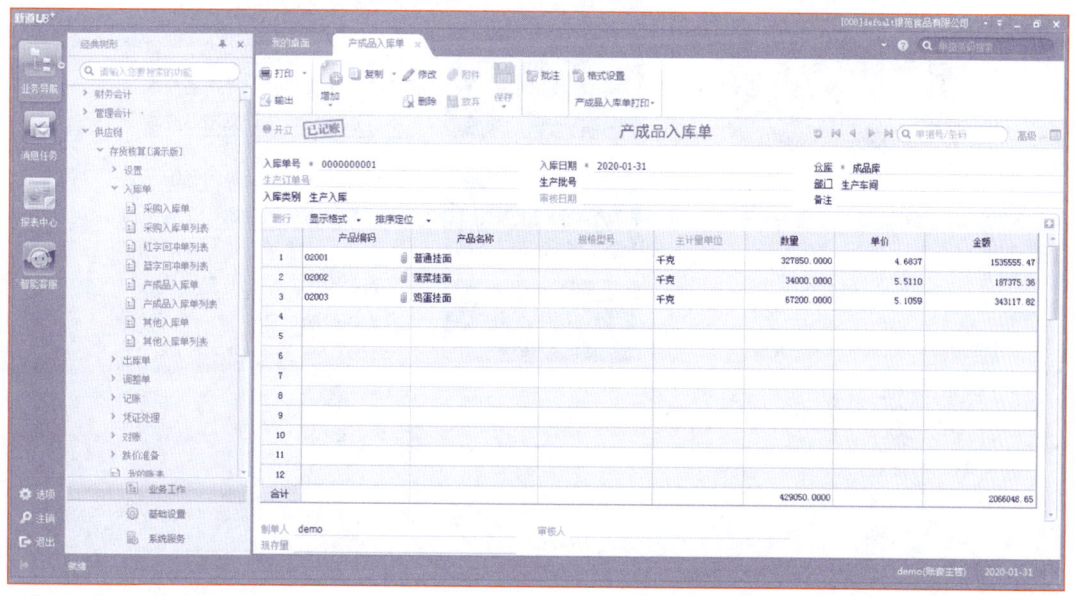

图 3-8　用友 U8 库存管理——成本信息自动回填

值得说明的是，虽然都是秉承"本期完工产品成本＝期初在产品成本＋本期生产费用－期末在产品成本"的计算逻辑，但信息系统中的生产费用是在"完工产品＋在产品的约当量"中分配的，包括期初在产品也是按照约当产量计算，而不是按"本期投产量"进行分配，这就使得信息系统中成本的核算将更精确。

✍️ **项目小结** ┃-------------------------------------

　　企业应根据生产特点和企业管理需求，采用不同的方法计算产品成本。品种法以产品品种作为成本核算对象，分批法以产品的批别作为成本核算对象，分步法以产品的生产步骤为核算对象，不同的方法成本计算步骤不同，设置的产品成本明细账也不同，成本计算期也不相同。企业既可以选择单一方法进行核算，也可以根据企业需要综合运用多种成本计算方法。

📋 **思维导图** ┃-------------------------------------

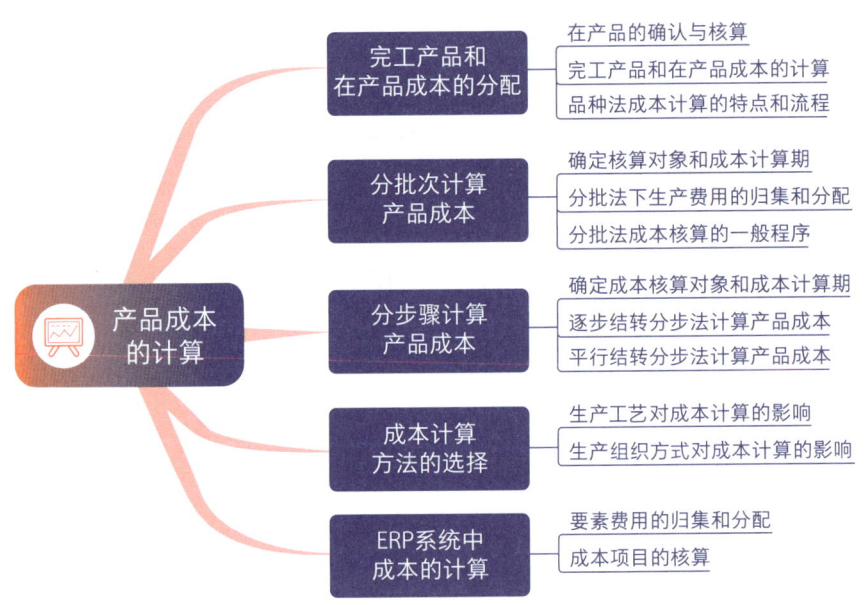

✏️ **知识技能考核** ┃-------------------------------------

一、单项选择题

　　1. 采用在产品按完工产品成本计价法分配计算完工产品和月末在产品成本，必须具备的条件是（　　　）。

　　A. 在产品已接近完工　　　　　　　　B. 原材料在生产开始时一次投料

　　C. 在产品原材料费用比重大　　　　　D. 各项消耗定额比较准确

2. 采用在产品按年初数计算完工产品与在产品成本，适用的范围是（　　　）。

A. 各月末在产品数量变化较大

B. 月末在产品数量较大，但各月之间变化很小

C. 各月成本水平相差不大

D. 各月在产品数量较大

3. 采用在产品按所耗直接材料成本计价法计算完工产品与在产品成本，适用的范围是（　　　）。

A. 各月末在产品数量较大　　　　　　　B. 各月末在产品数量变化较大

C. 原材料费用在产品成本中比重较大　　D. 以上三个条件同时具备

4. 某种产品在产品数量较小，或者数量虽大但各月之间在产品数量变动不大，月初、月末在产品成本的差额对完工产品成本的影响不大，为了简化核算工作，应采用（　　　）。

A. 不计算在产品成本法　　　　　　　　B. 在产品按所耗直接材料成本计价法

C. 按年初数计算在产品成本法　　　　　D. 约当产量比例法

5. 某企业定额管理基础比较好，能够制定比较准确、稳定的消耗定额，各月末在产品数量变化不大的产品，应采用（　　　）。

A. 在产品按定额成本计价法　　　　　　B. 约当产量比例法

C. 定额比例法　　　　　　　　　　　　D. 不计算在产品成本法

6. 某企业定额管理基础比较好，能够制定比较准确、稳定的消耗定额，各月末在产品数量变化较大的产品，应采用（　　　）。

A. 在产品按定额成本计价法　　　　　　B. 约当产量比例法

C. 定额比例法　　　　　　　　　　　　D. 不计算在产品成本法

7. 按完工产品和月末在产品数量比例，分配计算完工产品和月末在产品的原材料费用，必须具备（　　　）条件。

A. 原材料随加工进度陆续投入　　　　　B. 原材料在生产开始时一次投入

C. 在产品成本中原材料费用比重较大　　D. 各项消耗定额比较准确、稳定

8. 按完工产品和月末在产品数量比例，分配计算完工产品和月末在产品成本，必须具备（　　　）条件。

A. 原材料随加工进度陆续投入　　　　　B. 原材料在生产开始时一次投入

C. 在产品已接近完工　　　　　　　　　D. 各项消耗定额比较准确、稳定

9. 某产品加工中材料是分工序一次投入的，第一工序材料消耗定额为 30 千克，第二工序 30 千克，则第二工序在产品的投料程度为（　　　）。

A. 75%　　　　　　　　　　　　　　　B. 50%

C. 100%　　　　　　　　　　　　　　　D. 都不对

10. 某厂生产的甲产品顺序经过第一、第二两道工序加工，单位产品定额工时为 100

小时，其中第一道工序为 60 小时，第二道工序为 40 小时，各工序加工费用发生比较均衡，则第二道工序月末在产品的完工程度为（　　　）。

    A. 20%　　　　　　　　　　　　　　B. 40%

    C. 80%　　　　　　　　　　　　　　D. 100%

11. 区分各种成本计算基本方法的主要标志是（　　　）。

    A. 成本计算日期　　　　　　　　　B. 成本计算对象

    C. 间接费用的分配方法　　　　　　D. 完工产品与在产品之间分配费用的方法

12. 分批法适用的生产组织是（　　　）

    A. 大量大批生产　　　　　　　　　B. 小批单件生产

    C. 大量小批生产　　　　　　　　　D. 单件成批生产

13. 产品成本计算的分步法是（　　　）。

    A. 分车间计算产品成本的方法

    B. 计算各步骤半成品和最后步骤产品成本的方法

    C. 按生产步骤计算产品成本的方法

    D. 计算产品成本中各步骤"份额"的方法

14. 分项结转分步法的缺点是（　　　）。

    A. 需要进行成本还原　　　　　　　B. 不能提供原始项目的成本资料

    C. 成本结转工作比较复杂　　　　　D. 不便于加强各生产步骤的成本管理

15. 采用平行结转分步法时完工产品与在产品之间的费用分配是（　　　）。

    A. 各生产步骤完工半成品与月末加工中在产品之间费用的分配

    B. 各步骤产成品与各步骤在产品之间的费用分配

    C. 产成品与月末各步骤尚未加工完成的在产品和各步骤已完工但尚未最终完成的产品

    D. 产成品与月末加工中在产品之间的费用分配

二、多项选择题

1. 完工产品与在产品之间划分成本的方法有（　　　　　）。

    A. 约当产量比例法　　　　　　　　B. 交互分配法

    C. 计划成本分配法　　　　　　　　D. 定额比例法

2. 在产品按年初数固定计算法适用于（　　　　　）的情况。

    A. 各月末在产品数量较小

    B. 各月末在产品数量较大

    C. 各月末在产品数量虽大，但各月之间变化不大

    D. 各月成本水平相差不大

3. 采用定额比例法分配完工产品和在产品成本，应具备（　　　　）条件。

A. 消耗定额比较准确　　　　　　B. 消耗定额比较稳定

C. 各月末在产品数量变化不大　　D. 各月末在产品数量变化较大

4. 采用在产品按定额成本计价法，分配完工产品和月末在产品成本，应具备（　　　）的条件。

A. 定额管理基础较好　　　　　　B. 各月末在产品数量变化较大

C. 各月末在产品数量变化较小　　D. 各项消耗定额变动较大

5. 基本生产车间完工产品转出时，可能借记的账户有（　　　　）。

A. 库存商品　　　　　　　　　　B. 自制半成品

C. 制造费用　　　　　　　　　　D. 管理费用

6. 约当产量法可以用来分配的费用有（　　　　）。

A. 直接材料　　　　　　　　　　B. 直接人工

C. 制造费用　　　　　　　　　　D. 管理费用

7. 企业在确定成本计算方法时，应同时考虑的因素有（　　　　）。

A. 企业生产组织的特点　　　　　B. 企业生产工艺的特点

C. 成本管理的要求　　　　　　　D. 月末有无在产品

8. 产品成本计算的品种法适用于（　　　　）。

A. 大量大批的单步骤生产

B. 大量大批的多步骤生产

C. 管理上不要求分步骤计算产品成本的多步骤生产

D. 小批、单件、管理上不要求分步骤计算产品成本的多步骤生产

9. 逐步结转分步法，按照计算和结转半成品成本的方法不同又可分为（　　　　）。

A. 综合结转法　　　　　　　　　B. 分项结转法

C. 按实际成本结转　　　　　　　D. 按计划成本结转

三、判断题

1. 在清查中发现在产品盘亏和毁损时，应借记"基本生产成本"账户，贷记"待处理财产损溢——待处理流动资产损溢"账户。（　　　）

2. 经过批准，对在产品盘盈进行处理时，应借记"待处理财产损溢——待处理流动资产损溢"账户，贷记"制造费用"账户。（　　　）

3. 采用按年初数固定计算在产品成本法时，某种产品本月发生的生产费用就是本月完工产品的成本。（　　　）

4. 约当产量比例法适用于月末在产品数量较小、各月在产品数量变化也较小、产品

成本中原材料费用和工资等其他费用比重相差不多的产品。（   ）

5. 某工序在产品完工率＝本工序工时定额＋前面各工序工时定额之和 ×50%/ 产品工时定额。（   ）

6. 根据月初在产品费用、本月生产费用和月末在产品费用的资料，完工产品费用＝月初在产品费用＋本月生产费用－月末在产品费用。（   ）

7. 采用月末在产品按定额成本计价法时，定额成本与实际成本之间的差异，由完工产品和月末在产品共同负担。（   ）

8. 如果材料是在生产开始时一次投入的，则采用约当产量法计算完工产品和月末在产品负担的直接材料成本时，在产品的约当产量就是在产品的数量。（   ）

9. 采用约当产量法计算完工产品和月末在产品成本时，各成本项目的约当总产量是相等的。（   ）

10. 单件生产是指根据需用单位的要求，生产个别的、特定的产品，这种生产，产品的品种一般较多，而且很少重复生产。（   ）

11. 在一般情况下，品种法的成本计算期与生产周期是一致的。（   ）

12. 由于每批或每件产品的品种、数量以及计划开工、完工时间一般都是根据客户的订单以生产通知单形式下达的，因此分批法也称为订单法。（   ）

13. 某一生产步骤已经制造完成的中间产品不一定都通过"自制半成品"账户进行核算。（   ）

项目四 成本预测

学习目标

知识目标	● 了解成本预测的步骤和方法
	● 理解成本按性态分类的意义
	● 掌握本量利分析的原理和方法
技能目标	● 能借助Excel完成混合成本的分解
	● 能借助Excel进行保本点和保利点的分析
	● 能借助Excel进行利润敏感性分析
素养目标	● 挖掘成本预测的现实意义，培养发展眼光和全局思维
	● 通过成本性态分析，提升逻辑思维能力和职业判断能力

项目引例

销售多少才能达到预期的盈利目标？

银苑食品有限公司的情况在项目二引例中已做介绍。公司成本会计意识到成本工作不仅要立足历史数据，对生产经营中发生的耗费计量、记录、归集、分配、汇总，计算出每种产品的总成本和单位成本；还需要对成本数据进一步分析，弄清成本和业务量的关系；更应该面向未来，对未来的成本水平及其发展趋势做出科学的估计，并为生产和管理决策提供有价值的成本数据。比如，在保持上月生产品种的情况下，生产多少可以保本？为实现税后 150 000 元的盈利目标，每种产品应该生产多少？已知 2020 年 1 月公司的三种产品的生产成本明细账如图 2-8、图 2-9 和图 2-10 所示，公司发生的管理费用和销售费用明细如表 4-1 和表 4-2 所示。

银苑食品有限公司规模不大，当月投产基本可以当月完工，为方便我们使用本量利分析模型，我们假设，三种挂面均可以当月投产、当月销售，无期初期末余额。

表 4-1 2020 年 1 月管理费用明细账

管理费用明细账

分页次：　　　总页次：

行政管理部门

2020年 月	日	凭证 类别	凭证 号数	摘要	水电费	人工费	折旧费	其他费用	机修费	合计
1	31	记		分配水电费	2335.47					2335.47
	31	记		分配职工薪酬		132397.90				134733.37
	31	记		分配折旧费用			2580.85			137314.22
	31	记		其他支出				146500.00		151964.22
	31	记		机修费					4079.04	156043.26
	31			本月合计	2335.47	132397.90	2580.85	146500.00	4079.04	156043.26

表4-2 2020年1月销售费用明细账

销售费用明细账

总页次：　分页次：
销售部门

2020年		凭证号		摘要	水电费	人工费	折旧费	其他费用	机修费	合计
月	日	类别	号数							
1	31	记		分配水电费	600000					600000
	31	记		分配职工薪酬		4280874				4340874
	31	记		分配折旧费用			1900000			4530874
	31	记		其他支出				1232000		5762874
	31	记		机修费					2288825	5991699
	31			本月合计	600000	4280874	1900000	1232000	2288825	5991699

143

同时我们根据市场行情以及挂面厂日常销售数据，得出各品种挂面市场的销售单价，如表4-3所示。

表4-3　各品种挂面市场销售单价

品种	产销量	每捆千克数	每箱捆数	每箱千克数	每箱售价/元	每千克单价/元
鸡蛋挂面	66 000				32	10
菠菜挂面	34 000	0.4	8	3.2	35.2	11
普通挂面	330 000				25.6	8

成本会计作为一种管理经济的活动，不仅要正确计算产品成本，还应能根据历史成本数据和具体情况，运用一定的专门方法，对未来的成本水平和变化趋势作出科学的推测与估计，以减少决策的盲目性。

模块一　成本性态分析

财务会计把成本分为制造成本和非制造成本，是按成本的职能或经济用途对成本的分类，为进一步挖掘企业内部潜力，我们还需要研究成本与业务量的关系，按性态对成本进行重新分类。

一、成本性态的基本模型

成本性态，是指成本与业务量之间的相互依存关系。这里的业务量，可以是产品的生产量、销售量，也可以是提供劳务的作业量。成本性态分析，就是在成本性态分类的基础上，按照一定的程序和方法最终将企业日常生产经营中的全部成本（固定成本、变动成本和混合成本）进一步分解成变动成本和固定成本两部分，并建立相应的成本——业务量方程的过程，即表示为成本函数模型 $y = a + bx$ 的形式。

式中，y——成本总额；

　　　a——成本中固定成本部分；

　　　b——成本中单位变动成本；

　　　x——业务量。

成本性态分析是成本管理的基础，预测分析、决策分析和编制弹性预算时，都要用它进行定量分析。

【温馨提示】

在确定业务量时，不同的企业确定的标准是不一样的。银行开展本量利分析时，银行的业务量就是存款量或者贷款量；而一个医院开展本量利分析的时候，门诊部的业务量就是门诊的人次，住院部的业务量就是住院的人次。一个运输单位开展本量利分析的时候，它的业务量则又可能是运输货物的公里数。

二、成本性态分析的程序与方法

（一）成本性态分析的程序

成本性态分析的程序是指完成成本性态分析任务所经过的步骤，共有以下两种程序：

1. 单步骤分析程序

又称同步分析程序，属于定性分析和定量分析同步进行的程序。在该程序下，不需要分别对成本按其性态分类和进行混合成本分解，而是将全部成本，按一定方法直接一次性地区分为固定成本总额和变动成本总额两部分，并建立有关成本模型。

2. 多步骤分析程序

又称为分步分析程序。在该程序下，要对全部成本先按其性态进行分类，即按定义将全部成本分为固定成本、变动成本和混合成本三个部分；然后再进行混合成本的分解，即按照一定技术方法将混合成本区分为固定部分和变动部分，并分别将它们与固定成本和变动成本合并，最后建立有关成本模型。这种程序属于先定性分析后定量分析的程序。

多步骤分析程序大致经过以下三个步骤：

（1）将总成本按照成本性态的特点分为固定成本、变动成本、混合成本，分别用 a，b 和 y_1 表示；

（2）对总成本中的混合成本 y_1 进一步分解，建立混合成本 y_1 的成本模型，即：

$$y_1 = a_1 + b_1 x$$

（3）将混合成本分解出来的固定成本 a_1、变动成本 b_1，与原来的固定成本 a、变动成本 b 合并，建立总成本性态模型，即：

$$y = (a + a_1) + (b + b_1) x$$

无论是单步骤分析程序还是多步骤分析程序，成本性态分析最终都是将企业的全部成本区分为固定成本和变动成本两大类，两种程序都离不开对混合成本的分解。

【温馨提示】

在实际工作中，如果企业某项混合成本数额较少，可以将其视为固定成本，这样就简化了成本性态分析程序。

【引例分析】

进行成本的预测、决策和本量利分析等成本管理活动，离不开成本性态分析。要进行成本性态分析必须将成本按习性进行分类。

下面进行菠菜挂面生产成本的成本性态分类，分类所需的详细数据见图 2-8~图 2-13。

（1）银苑食品有限公司 2020 年 1 月为生产 34 000 公斤菠菜挂面所发生的成本中，直接材料 132 945.37 元、配料车间的菠菜汁费用 26 047.81 元、直接人工 7 188.24 元，根据图 2-2 菠菜挂面 BOM 结构以及项目二生产费用的归集和分配过程，上述发生的成本有着共同的特征，即一定产量范围内，菠菜挂面的这些成本都会随着产量的增加而成正比例上升，而它们的单位成本却不变，所以这类成本属于变动成本。生产过程中使用的燃料及动力——天然气 14 701.60 元、水电费 3 158.60 元，虽然不与产量呈严格的正比例关系，但其变动与产量关系较大，故可视作变动成本。

由此可见，为生产 66 000 公斤鸡蛋挂面共发生的变动成本总额为：

275 952.35 + 15 504.04 + 28 538.40 + 6 382.20 = 326 376.99（元）

为生产 34 000 公斤菠菜挂面共发生的变动成本总额为：

132 945.37 + 26 047.81 + 7 188.24 + 14 701.60 + 3 158.60 = 184 041.62（元）

为生产 330 000 公斤普通挂面共发生的变动成本总额为：

1 270 145.69 + 69 768.18 + 142 712.00 + 30 463.20 = 1 513 089.07（元）

（2）制造费用包括生产车间管理人员和品控人员的薪酬、生产车间和生产车间管理部门的折旧、其他支出中生产车间人员的劳保费以及办公费、生产车间消耗的机修费，各产品制造费用的分配情况如表 2-26 所示，其中鸡蛋挂面 7 767.17 元，菠菜挂面 3 601.44 元，普通挂面 34 952.26 元。

如图 2-13 银苑食品有限公司制造费用明细账可以清晰地看出制造费用的成本项目构成。在始终保持生产车间总产量 8% 来加工菠菜挂面，15% 来加工鸡蛋挂面，77% 来加工普通挂面的比例不变的情况下，制造费用中所包含的生产车间管理人员和品控人员的薪酬、生产车间和生产车间管理部的折旧、其他支出中生产车间人员的劳保费以及办公费，这些费用每个期间发生的总额不变，一定业务量范围内，单位固定成本随业务量的增加而减少，两者呈反方向增减变动关系，所以这些成本属于固定成本。

混合成本既包含不受业务量影响而保持相对稳定的固定成本因素，又包含受业务量影响而相应增减的变动成本因素，这种成本同业务量的关系不太清晰，生产车间发生的机修费用每期发生多少没有规律可言，所以将其归入到混合成本中。

我们将制造费用在表4-4中做出分配。

表4-4　制造费用的固定成本与混合成本按生产比例分给具体产品　　　　　　　金额单位：元

项目	制造费用总额	机修费用	固定成本	产量/公斤	工时定额	生产工时	分配率	固定成本分配额	分配率	混合成本分配额
鸡蛋挂面				66 000	10	660 000		5 431.60		2 335.57
菠菜挂面				34 000	9	306 000		2 518.29		1 082.85
普通挂面				330 000	9	2 970 000		24 442.22		10 510.04
合计	46 320.57	13 928.46	32 392.11			3 936 000	0.008 2	32 392.11	0.003 5	13 928.46

因此，制造费用中为生产66 000公斤鸡蛋挂面、34 000公斤菠菜挂面、330 000公斤普通挂面分别发生的制造费用固定成本与混合成本为：

鸡蛋挂面的制造费用 = 固定成本5 431.60 + 混合成本2 335.57 = 7 767.17（元）

菠菜挂面的制造费用 = 固定成本2 518.29 + 混合成本1 082.85 = 3 601.14（元）

普通挂面的制造费用 = 固定成本24 442.22 + 混合成本10 510.04 = 34 952.26（元）

我们将三种挂面的生产费用进行成本性态分类后汇总，如表4-5所示：

表4-5　三种挂面的成本性态分类　　　　　　　金额单位：元

项目	产量/公斤	制造费用固定成本	制造费用混合成本	变动成本总额	生产总成本
鸡蛋挂面	66 000	5 431.60	2 335.57	326 376.99	334 144.16
菠菜挂面	34 000	2 518.29	1 082.85	184 041.62	187 642.76
普通挂面	330 000	24 442.22	10 510.04	1 513 089.07	1 548 041.33
合计		32 392.11	13 928.46	2 023 507.68	2 069 828.25

（二）混合成本的分解方法

混合成本的分解，就是将混合成本分解为固定成本和变动成本两部分，并建立相应的成本函数模型的过程。混合成本的分解主要有以下方法：

1. 工业工程法

工业工程法又称为工程技术测定法，是指根据生产过程中各种材料和人工成本消耗量与产品产出量的关系来合理区分变动成本和固定成本的一种定量分析方法。其基本做法是把材料、工时的投入量与产品产量进行对比分析，把与产量有关的部分汇集为变动成本，与产量无关的部分汇集为固定成本。采用这种方法可获得较为精确的结果，但工作量大，适用于没有历史数据参考的企业，或企业已制定了成本定额，有现成的消耗定额资料测定依据的情形。

2. 账户分析法

账户分析法又称会计分析法，是根据会计科目的性质、内容和有关会计核算制度及费用开支的规定，将成本直接划分为变动成本和固定成本。账户分析法是一种最简单的方法。这种方法的优点是，在企业仅仅提供某一会计期间经营数据的情况下可以采用。这种方法在很大程度上属于定性分析，也就是根据有关成本账户及其明细账的内容，结合成本与产量的依存关系，通过经验判断，判断其比较接近哪一类成本，就视其为哪一类成本。例如，产品生产过程中发生的直接材料费用和直接人工费用，就可以划归为变动成本。燃料与动力成本项目，虽然不与产量呈严格的正比例关系，但其变动与产量关系较大，故可视作变动成本。行政管理人员的工资、按直线法计算的固定资产折旧费、房屋设备租赁费等，一般在一定时期内保持不变，可以划归为固定成本。这种分类方法，取决于会计人员对企业业务量与成本的经验判断，其准确程度依赖于会计人员的经验。

采用账户分析法，较为复杂的是有关阶梯式成本。对于此类成本，单凭经验去观察、确定哪些属于固定部分，哪些属于变动部分是不可靠的，具有很大的估计成分。采用此种方法时，必须切实掌握业务情况，详细了解特殊的成本项目，才能正确区分出它们的固定和变动部分。

【引例分析】

分析银苑食品有限公司的管理费用，如表 4-1 管理费用明细账所示，因为公司管理部门人员数量不变，日常工作时长不变，水电费、劳保费、办公费的消耗每个月也几乎没什么大的出入，研发费用也与产销量没有直接关系，一定时期内保持不变，所以，会计人员将这些管理费用归入固定成本。而机修费、行政差旅费、采购部的差旅费和管理部门的招待费则随着产销量的增多而增长，所以，将其划分为变动成本。如表 4-6 所示。

如表 4-2 销售费用明细账所示，对于销售费用中的水电费、折旧费、办公费，每个月的费用也相对稳定，可以将其归入固定成本。而机修费、销售人员工资费用、差旅费、招待费、产品责任保险费随着产销量增加而上升，而且这种关系非常明显，所以将它们作为变动成本处理。如表 4-7 所示。

经过上述分类，银苑食品有限公司的管理费用和销售费用就按照三种产品的销售比重，分配进了各个产品中。如表 4-8 所示。

表 4-6 管理费用按账户分析法进行成本分类　　　　　　金额单位：元

项目		固定成本	变动成本	单位变动成本
水电费		2 335.47		
人工费		132 397.9		
机修费			4 079.04	
折旧费		2 580.85		
其他费用	行政差旅费		2 800	
	劳保费	2 640		
	办公费	1 730		
	研发费	2 780		
	采购部差旅费		3 500	
	招待费		1 200	
合计		144 464.22	11 579.04	0.026 9

表 4-7 销售费用按账户分析法进行成本分类　　　　　　金额单位：元

项目		固定成本	变动成本	单位变动成本
水电费		600		
折旧费		1 900		
办公费		520		
机修费			2 288.25	
人工费			42 808.74	
其他费用	差旅费		5 200	
	招待费		4 600	
	责任保险		2 000	
合计		3 020	56 896.99	0.132 3

表 4-8　管理费用、销售费用单位变动成本分配　　　　　　　　　　金额单位：元

品种	产销量/公斤	单价	销售收入	销售比重	管理费用单位变动成本	销售费用单位变动成本	管理费用单位变动成本	销售费用单位变动成本
鸡蛋面	66 000	10	660 000	0.179 6			0.004 8	0.023 8
菠菜面	34 000	11	374 000	0.101 8			0.002 7	0.013 5
普面	330 000	8	2 640 000	0.718 6			0.019 4	0.095 0
合计			3 674 000	1	0.026 9	0.132 3	0.026 9	0.132 3

3. 合同确认法

合同确认法是指根据企业订立的经济合同或协议中关于支付费用的规定，来确认并估算哪些项目属于变动成本，哪些项目属于固定成本的方法。合同确认法要配合账户分析法使用。

4. 历史资料分析法

历史资料分析法是指通过对历史成本数据的分析，依据以前各期实际成本与产量间的依存关系，来推算一定期间固定成本和单位变动成本的平均值，并以此来确定所估算的未来成本。历史分析法的精确程度，取决于用以分析的历史数据的恰当程度。历史分析法又可具体分为高低点法、散布图法和回归分析法三种。其中前两种得到的都是近似值，只有回归直线法所得到的是较为精确的结果。

（1）高低点法。高低点法是以过去某一会计期间的总成本和业务量资料为依据，从中选取业务量最高点和业务量最低点，用最高点与最低点业务量相对应的成本之差除以最高点与最低点业务量之差，计算出单位变动成本 b，然后根据混合成本的方程式 $y=a+bx$，将最高点或最低点的成本与业务量代入，据以计算出成本中的固定成本 a 的一种定量分析方法。高点指过去一定时期有关资料中的最高业务量和相应的成本，低点是指有关资料中的最低业务量和相应的成本。

$$b=\frac{y_{高}-y_{低}}{x_{高}-x_{低}}$$

$$a=y_{高}-bx_{高}=y_{低}-bx_{低}$$

式中，b——单位变动成本；

a——固定成本；

$y_{高}$、$y_{低}$——高点、低点的总成本；

$x_{高}$、$x_{低}$——高点、低点的业务量。

【例4-1】某公司2020年1~6月的设备维修费（混合成本）的有关资料如表4-9所示。要求：请用高低点法将公司的维修费用分解为固定成本、变动成本，并写出成本方程。

表4-9 设备维修费的相关资料

月份	机器工作小时 / 小时（x）	维修费用 / 元（y）
1	7 500	1 050
2	8 000	1 100
3	8 600	1 180
4	10 000	1 300
5	7 800	1 080
6	8 200	1 120
合计	50 100	6 830

$$b = \frac{y_{高} - y_{低}}{x_{高} - x_{低}} = \frac{1\,300 - 1\,050}{10\,000 - 7\,500} = 0.1（元 / 小时）$$

$$a = y_{高} - bx_{高} = 1\,300 - 0.1 \times 10\,000 = 300（元）$$

于是得出维修成本的方程为$y = 300 + 0.1x$，即维修成本的方程中，300元为固定成本，其余为变动成本。

这种方法计算比较简单，只采用了历史成本资料中的高点和低点两组数据，故代表性较差。

（2）散布图法。散布图法，其基本做法是用x轴代表业务量，y轴代表成本，建立直角坐标系，将一定时期的混合成本历史数据，逐一在坐标图上标明，形成散布图，然后通过目测，在各个成本点之间做出一条反映成本变动平均趋势的直线，借以确定混合成本中变动成本和固定成本的方法。这条直线与纵轴的交点就是固定成本，斜率则是单位变动成本。

散布图法所依据的是全部的成本数据，而不只是高低两点，在一定程度上避免了偶然性。但是通过目测得到的结果带有一定的主观性。

【例4-2】沿用上例已知条件以及表4-9的数据，采用散布图法将该公司的设备维修费用分解为固定成本、变动成本，并写出维修成本的方程。

首先，将实际数据在坐标图上标明。通过目测这些点的位置确定趋势直线，这条直线穿过的点越多，则说明它的代表性越强。将这条直线延长至与y轴相交，交点（0，290）

处 y 轴的值即为 a 的值，所以 $a=290$。

然后，选其中某个坐标点如（7 500，1 050），将其代入 $y=a+bx$ 可以算出 b 的值。

$b=(y-a)/x=(1\ 050-290)/7\ 500=0.101\ 3$

即单位变动成本 $b=0.101\ 3$（元）。

由此得出维修成本的方程为：$y=290+0.101\ 3x$。

散布图在 Excel 中更容易生成，将一组业务量和成本对应数据录入到 Excel 中，插入"散点图"，即可得到成本方程及图形，如图 4-1 所示。

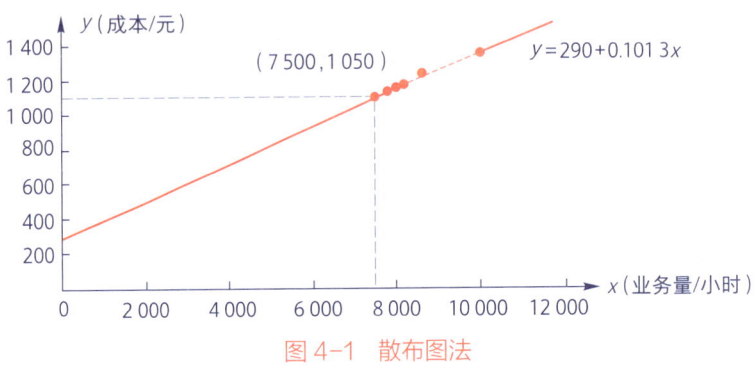

图 4-1　散布图法

（3）回归直线法。回归直线法又称最小二乘法或者回归分析法。通过回归方程来确定成本直线，用以分解混合成本的方法。它是根据过去一定期间的业务量和混合成本的历史资料，应用最小二乘法原理，利用所观测到的全部数据加以估计，从而建立最能反映线性关系的回归直线方程，这条直线的截距就是固定成本 a，斜率就是单位变动成本 b。是一种较为精确的方法。

在利用这种方法之前，必须先通过绘制散点图和计算相关系数的方法，大概确定 x 与 y 之间有无线性关系。若 x 与 y 线性相关性较强，可以进行分解；否则，需选择非线性模型进行分解。相关系数 r 的计算公式如下：

$$r=\frac{n\sum xy-\sum x\sum y}{\sqrt{\left[n\sum x^2-(\sum x)^2\right]\times\left[n\sum y^2-(\sum y)^2\right]}}$$

r 绝对值的大小说明 x 与 y 两个变量的相关程度。r 在 0 与 ±1 之间，$r=±1$ 时，完全正（负）线性相关，$r=0$ 时，则表明 x 与 y 完全不相关。r 接近 1，基本线性相关。

$$a=\frac{\sum y-b\sum x}{n}$$

$$b=\frac{n\sum xy-\sum x\sum y}{n\sum x^2-(\sum x)^2}$$

【例4-3】继续沿用上例已知条件以及表4-10数据，采用回归直线法分解混合成本，写出维修费用的成本方程。

表4-10 回归直线法

金额单位：元

月份	机器工作小时（x）	维修费用（y）	xy	x^2	y^2
1	7 500	1 050	7 875 000	56 250 000	1 102 500
2	8 000	1 100	8 800 000	64 000 000	1 210 000
3	8 600	1 180	10 148 000	73 960 000	1 392 400
4	10 000	1 300	13 000 000	100 000 000	1 690 000
5	7 800	1 080	8 424 000	60 840 000	1 166 400
6	8 200	1 120	9 184 000	67 240 000	1 254 400
合计	50 100	6 830	57 431 000	422 290 000	7 815 700

计算步骤：

（1）首先，计算出相关系数 r，利用 Excel 可以快速计算出公式中所用到的要素，如表4-10所示，从而得出 $r = 0.996\,0$，接近于1，说明 x 与 y 相关性较强，可以用线性模型进行分解。

（2）其次，根据直线方程 $y = a + bx$，建立回归方程。

利用回归直线法公式得 a、b 的求解结果：

$b = 0.101\,3$（元／小时）

$a = 292.48$（元）

所以，直线方程为：

$y = 292.48 + 0.101\,3x$

回归直线分析法使用了所有的数据，避免了高低点法的偶然性和散布图法的主观性。同时，由于其运用了"偏差平方和最小"的原理，所以结果比前两种方法更为精确。为使分解更加精确，仍然应剔除非正常值的影响（可使用稳健回归）。

【引例分析】

以菠菜挂面为例，银苑食品有限公司2020年12个月中各品种挂面最高产量与最低产量的生产总成本如表4-11所示。

表 4-11 产品生产费用汇总表 金额单位：元

品种	菠菜挂面		鸡蛋挂面		普通挂面	
项目	最低点（1月）	最高点（11月）	最低点（1月）	最高点（11月）	最低点（1月）	最高点（11月）
产量/公斤	34 000	40 000	66 000	75 000	330 000	385 000
生产总成本	187 642.76	220 237.96	334 144.16	378 812.55	1 548 041.33	1 801 730.95

生产总成本包括变动成本、固定成本、混合成本三类，对菠菜挂面最低点产量1月时的生产总成本作分析，如表 4-12 所示，其各类成本组成情况为：变动总成本 184 041.62 元，固定成本总额 2 518.29 元，混合成本总额 1 082.85 元，生产总成本 187 642.76 元。

要求：采用高低点法对该公司的菠菜挂面生产总成本进行性态分析，计算成本方程。

表 4-12 菠菜挂面生产总成本构成表

	A	B	C	D
1	项目	最低点 1 月	最高点 11 月	混合成本的分解
2	产量 / 公斤	34 000	40 000.00	
3	生产总成本	187 642.76	220 237.96	
4	变动成本	184 041.62	216 519.55	
5	固定成本	2 518.29	2 518.29	
6	混合成本	1 082.85	1 200.12	=（C6-B6）/（C2-B2）
7				418.32

计算步骤：

（1）根据1月份菠菜挂面生产总成本的构成，计算11月份生产总成本的构成。依据固定成本、变动成本的性质：

$a = 2\ 518.29$（元）

$b = 184\ 041.62 \div 34\ 000 = 5.413\ 0$

混合成本 $= 220\ 237.96 - b \times 40\ 000 - a = 1\ 200.12$（元）

（2）运用高低点法对生产总成本中的混合成本进行分解：

$b_1 = 0.019\ 5$

使用 Excel 计算更方便，计算如表 4-12 所示。

$a_1 = 418.32$

所以 $y_1 = 418.32 + 0.019\ 5x$

（3）将混合成本分解出来的固定成本 a_1、变动成本 b_1，与原来的固定成本 a、变动成本 b 合并，建立总成本性态模型，即：

$$y = (a + a_1) + (b + b_1)x$$
$$= (2\ 518.29 + 418.32) + (5.413\ 0 + 0.019\ 5)x$$
$$= 2\ 936.61 + 5.432\ 5x$$

用同样的方法，可以求出鸡蛋挂面的成本方程：$y = 6\ 575.87 + 4.963\ 2x$

普通挂面的成本方程：$y = 25\ 903.60 + 4.612\ 5x$

三种产品生产成本的成本性态分析结果如表 4-13 所示，至此，如果知道挂面生产量，我们就可以快速计算出它们的生产成本了。

表 4-13　三种产品生产成本的成本性态分析表　　　　金额单位：元

品种	固定成本1	混合成本的固定成本2	固定制造费用	单位变动生产成本
鸡蛋面	5 431.60	1 144.27	6 575.87	4.963 2
菠菜面	2 518.29	418.32	2 936.61	5.432 5
普面	24 442.22	1 461.38	25 903.60	4.612 5

将账户分析法的管理费用、销售费用的成本性态分析与三种产品生产成本的成本性态分析合并后，得出总的固定成本 a 以及总的单位变动成本 b。如表 4-14 所示。

表 4-14　银苑食品有限公司各成本性态分析　　　　金额单位：元

品种	固定制造费用	单位变动生产成本	管理费用固定成本	管理费用变动成本	销售费用固定成本	销售费用变动成本	a	b
鸡蛋面	6 575.87	4.963 2		0.004 8		0.023 8		4.991 8
菠菜面	2 936.61	5.432 5		0.002 7		0.013 5		5.448 7
普面	25 903.60	4.612 5		0.019 4		0.095 0		4.726 9
合计	35 416.08		144 464.22	0.026 9	3 020.00	0.132 3	182 900.30	

三、成本性态分析的意义

（一）成本性态分析是采用变动成本计算法的前提

变动成本计算法是在计算企业各期间的损益时，首先必须将企业一定时期发生的所有成本划分为固定成本和变动成本两大类，再将与产量变动成正比例变动的生产成本作为产品成本，并据以确定已销产品的单位成本，以及作为期末存货的基础；而将与产量变动无关的所有固定成本作为期间成本处理，全额从当期的销售收入中扣除，由此可见，进行成本性态分析、正确区分变动成本与固定成本，是进行变动成本计算的基础。

（二）成本性态分析为本量利分析提供了方便

成本、产量和利润依存关系分析是管理会计的基础分析方法，在分析中需要使用反映成本性态的成本函数，对过去的数据进行分析、研究，从而相对准确地将成本分解为固定成本和变动成本两大类。

（三）成本性态分析是正确制定经营决策的基础

要做出正确的短期经营决策，必须区分相关成本和非相关成本。在"相关范围"内，固定成本不随产量的变动而变动，在短期经营决策中大多属于非相关成本；而变动成本在大多数情况下是属于相关成本。所以，正确进行短期经营决策的关键是将成本按其性态划分为固定成本与变动成本。

（四）成本性态分析是业绩评价和成本控制的基础

拓展阅读　变动成本法

在一般情况下，变动成本的高低可反映出生产部门和供应部门的工作业绩。例如在直接材料、直接人工和变动性制造费用方面，如有所节约或超支，就可视为其业绩好坏的反映，这样就便于分清各部门的经济责任。而固定成本的高低一般不是基层生产单位所能控制的，通常应由管理部门负责，可以通过制定费用预算加以控制。因此采用科学的成本分析方法和正确的成本控制方法，也有利于正确评价各部门的工作业绩。

模块二　本量利分析

为了更好掌握企业生产经营的安全程度，降低企业经营风险，需要分析企业产销量、成本与利润之间的关系，找到实现目标利润的产销量临界点，为企业生产决策、定价决策、存货决策等提供依据，为利润的预测、规划和决策提供重要依据。

一、本量利分析基本模型与边际贡献

本量利分析

（一）本量利分析基本模型

本量利分析是成本、业务量和利润分析的简称，是研究企业在一定期间内成本、业务量、利润三者之间变量关系的一种专门方法，也称 CVP 分析法（Cost–Volume–Profit Analysis）。通过对本量利的分析，企业可以更好地了解自身的成本结构、经营风险，以及不同的销售策略等对自身经营业绩的影响，为企业提供有力的决策支持。

本量利分析的目的是分析成本、业务量、利润三者之间的依存关系。用方程式来描述，那就是基本的本量利分析公式：

$$利润 = 销售收入 - 总成本$$
$$= 销售收入 - （变动成本 + 固定成本）$$
$$= 单价 \times 销售量 - （单位变动成本 \times 销售量 + 固定成本）$$
$$= （单价 - 单位变动成本） \times 销售量 - 固定成本$$

设销售单价为 p，销售量（业务量）为 x，固定成本总额为 a，单位变动成本为 b，利润为 $EBIT$。

则这些变量之间的关系，可以表达为：

$$EBIT = px - （bx + a） = （p - b）x - a$$

其中，息税前利润 EBIT（Earning Before Interest and Tax），是指未扣除利息和所得税以前的营业利润。

【温馨提示】

本章所涉及的是广义的成本概念，把传统的制造成本和期间费用都作为成本。本量利分析是在成本性态分析的基础之上进一步展开的一种分析方法，也是管理会计的基本工作内容之一。

拓展阅读　本量利分析的缘起

（二）边际贡献

1. 边际贡献的概念

边际贡献是本量利分析中的一个重要概念，亦称作"贡献毛益"，它是指产品的销售收入超过变动成本的金额。边际贡献是一项很重要的管理信息，它是衡量产品盈利能力的重要依据。当企业进行短期经营决策分析时，一般都选择能够提供最大边际贡献的方案。

边际贡献不是利润，但也体现了企业的获利能力。它描述了产品销售收入在扣除自身的变动成本之后，对企业盈利所作的贡献。用它补偿固定成本后如果尚有剩余，即为企业营业利润，如果不足以补偿企业所耗费的固定成本，两者之间的差额即为企业营业亏损。有时候企业的某种产品亏本还要生产，正是因为其边际贡献大于零，可以补偿本期固定成本，对抵减固定成本有贡献。

2. 边际贡献的表现形式

边际贡献有三种表现形式：单位边际贡献、边际贡献总额和边际贡献率。

（1）单位边际贡献（Contribution Margin，简称 CM），是指产品的销售单价减去它的单位变动成本后的余额。该指标反映该种产品的盈利能力，也就是每增加一个单位产品销售可提供的贡献。其计算公式为：

$$单位边际贡献（CM）= 销售单价 - 单位变动成本 = p - b$$

（2）边际贡献总额（Total Contribution Margin，简称 TCM），是指产品的销售收入总额减去变动成本总额后的余额，简称 TCM。该指标反映该产品将为企业的营业利润做出多大贡献。其计算公式为：

$$边际贡献总额（TCM）= 销售收入 - 变动成本 = px - bx$$
$$= 销售单价 \times 销量 - 单位变动成本 \times 销量$$
$$= （销售单价 - 单位变动成本）\times 销量$$
$$= 单位边际贡献 \times 销量$$

即：$TCM = (p - b)x = cm \times x$，其中 p 为销售单价，b 为单位变动成本，x 为销量。

如果企业产销多种产品，那么该企业的总额就是各种产品边际贡献之和，因而可得到如下多品种下的边际贡献计算公式：

$$全部产品边际贡献总额 = \sum 各种产品边际贡献 = \sum （单位边际贡献 \times 销量）$$
$$= \sum (p - b)x$$

（3）边际贡献率（Contribution Margin Ratio，简称为 CMR），是指该产品的边际贡献与销售收入的比值，或单位边际贡献与其单位销售单价之比。边际贡献率是边际贡献的相对数形式，用以反映每一元销售收入所产生的边际贡献额，反映该产品为企业做出贡献的能力。其计算公式如下：

$$边际贡献率（CMR）= \frac{边际贡献}{销售收入} \times 100\% = \frac{px - bx}{px} \times 100\%$$
$$= \frac{p - b}{p} \times 100\% = \frac{CM}{p} \times 100\%$$
$$= \left(1 - \frac{b}{p}\right) \times 100\%$$

当企业在一定时期产销多种产品时，要计算它们的综合边际贡献率，即用各种产品的边际贡献之和与各种产品的总销售收入之比来反映企业平均每实现一元销售收入所获得的边际贡献额，亦称为加权平均边际贡献率（简称 $\overline{CMR}$）。其计算公式如下：

$$综合（加权平均）边际贡献率 = \frac{\sum 产品边际贡献}{\sum 产品销售收入} \times 100\%$$

$$=\sum 各产品边际贡献率 \times 该产品销售比重 \times 100\%$$

$$\overline{CMR}=\sum CMR_i\frac{p_ix_i}{\sum p_ix_i}\times 100\%$$

（4）变动成本率（简称 BR）

变动成本率是指变动成本在销售收入中所占的比例，它是与边际贡献率具有密切关系的一个常用概念。其计算公式为：

$$变动成本率（BR）=\frac{变动成本}{销售收入}\times 100\%=\frac{单位变动成本}{销售单价}\times 100\%$$

$$=\frac{bx}{px}\times 100\%=\frac{b}{p}\times 100\%$$

根据边际贡献率与变动成本率公式，我们可以得出下面的公式：

$$CMR+BR=1$$

【温馨提示】

边际贡献率和变动成本率属于互补性质，凡是变动成本率低的企业，则边际贡献率高，创造利润的能力就大。反之，变动成本率高的企业，边际贡献率低，创造利润的能力就小。边际贡献率低的企业，由于创造利润的能力低，所以，增产不仅不会增加利润，甚至还会减少利润或造成亏损。所以，边际贡献率对企业的决策者来说，具有导向性作用。

【引例分析】

银苑食品有限公司生产的三种挂面，对企业利润所做的贡献如何呢？我们可以通过单位边际贡献、边际贡献率、综合边际贡献率来表示，如表 4-15 所示。同学们可以在 Excel 表格中进行运算。

表 4-15　多种产品综合边际贡献率的计算　　　　　　　　　　　　　　　　金额单位：元

品种	产量 x_i /公斤	单价 p_i	单位变动成本 b_i	单位边际贡献 CM_i	边际贡献率 CMR_i	销售收入 p_ix_i	销售比重	综合边际贡献率
鸡蛋面	66 000	10.00	4.991 8	5.008 2	0.500 8	660 000	0.179 6	0.090 0
菠菜面	34 000	11.00	5.448 7	5.551 3	0.504 7	374 000	0.101 8	0.051 4
普面	330 000	8.00	4.727 0	3.273 0	0.409 1	2 640 000	0.718 6	0.294 0
合计						3 674 000	1.000 0	0.435 3

二、保本分析与经营安全指标

保本分析是为确定盈亏平衡点（即保本点）的分析。这是企业经营管理的重要信息，因为盈亏平衡是获利的基础，也是企业经营安全的前提，只有在销售量超过盈亏平衡点时企业才能获利，企业的经营才可能安全。

（一）保本点

1. 保本点的概念

保本点（Break-Even Point）是指总销售收入和总成本相等，既无盈利也不亏损时的销售量，即 EBIT 等于零时所须达到的业务量（产量或销售量）。超过这个业务量水平，企业就有盈利；反之，低于这个业务量水平，就会发生亏损，也就是说，保本点越低越好。保本点又被称作盈亏临界点、盈亏平衡点、损益两平点、够本点等，它是投资或经营中一个很重要的数量界限。

保本点有两种具体的表现形式：

（1）保本销售量 x_0；

（2）保本销售额 px_0。

2. 保本点的计算模型

保本点就是使息税前利润 EBIT 等于零时的销售量，而 EBIT= 销售收入 − 变动成本总额 − 固定成本总额，当 EBIT 为零时，则：

销售收入 = 变动成本总额 + 固定成本总额

也可以写作：

销售量 × 单价 = 销售量 × 单位变动成本 + 固定成本总额

即：$px = bx + a$

（二）单一品种保本点的计算

1. 图解法

图解法指的是通过绘制保本图（如图 4-2）来确定保本点位置的一种方法。这种方法的原理是当总收入等于总成本时，企业恰好保本。在直角坐标系上画出销售收入的直线和总成本的直线，两条直线的交点即为保本点。据此可以读出保本量和保本额的数值。绘制步骤如下：

（1）建立直角坐标系，横轴代表销售量，纵轴代表销售收入或总成本的金额。

（2）过原点画出斜率为单价 p 的销售收入线：$y = px$。

（3）以固定成本 a 为截距，单位变动成本 b 为斜率，画出总成本线 $y = a + bx$。

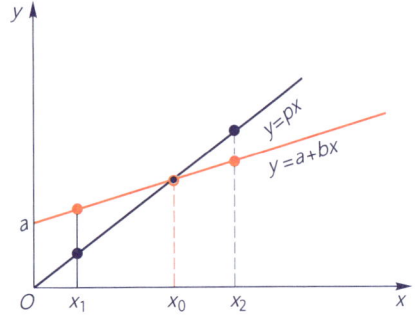

图 4-2　单一品种保本点图解

观察保本图，若 $p > b$，则两直线必有交点 (x_0, y_0)，则此点即为保本点。其中 x_0 为保本量的值，y_0 为保本额的值。当销售量（如 x_1）低于保本点时，销售收入线低于总成本线，则为亏损；销售量（如 x_2）高于保本点时，销售收入线高于总成本线，则为盈利。

2. 基本等式法

基本等式法，又称为方程式法，是指在本量利分析基本公式的基础上，根据保本点的定义，先求出保本量，再计算出保本额的一种方法。

$$EBIT = px - (a + bx) = (p - b)x - a$$

当 $EBIT = 0$ 时，保本销售量 $x_0 = \dfrac{a}{p-b} = \dfrac{a}{CM}$

保本销售额 $px_0 = p \times \dfrac{a}{CM} = \dfrac{a}{CMR} = \dfrac{a}{1 - BR}$

【例4-4】某企业2020年只生产甲产品，单价为18元/件，单位变动成本为6元/件，全年固定成本总额为24 000元，当年生产量为10 000件。请计算该企业生产甲产品的保本量和保本额。

解：甲产品的保本量 $x_0 = \dfrac{a}{p-b} = \dfrac{24\,000}{18-6} = 2\,000$（件）

甲产品的保本额 $px_0 = 18 \times 2\,000 = 36\,000$（元）

以上计算表明，该企业必须销售甲产品2 000件，或者实现销售额36 000元，才可以保本。

（三）多品种条件下保本点的计算

为应对纷繁复杂的市场竞争环境，大多数企业往往不只生产一种产品，而选择多品种经营，比如银苑食品有限公司，为满足不同口味、不同硬度、不同宽度等挂面的需求，在挂面的生产中增设了许多品种，从而扩大挂面的销售规模。在多品种生产下，要进行本量利分析，确定企业实现盈亏平衡的保本点，就不能用实物量来表示，因为有时候各种产品是不同质的，在数量上是不能相加的，而必须选用能反映各种产品销售量的货币指标，即只能计算它们的保本销售额。多品种条件下保本点的计算通常有综合（加权平均）边际贡献率法、联合单位法、分别计算法和综合保本图法等。这里只介绍综合（加权平均）边际贡献率法。

综合（加权平均）边际贡献率法，是指首先计算出各品种产品的综合边际贡献率，然后，用固定成本总额除以综合边际贡献率得到各产品综合保本销售额的过程。该方法不要求分配固定成本，而是将各种产品所创造的边际贡献视为补偿企业全部固定成本总额的利润来源。该方法的计算过程如下：

（1）计算各品种产品预计销售比重（即产品销售结构），即各自的销售额占总销售额的比重：$\dfrac{p_i x_i}{\sum p_i x_i}$。

（2）计算各品种产品的边际贡献率：CMR_i。

（3）计算综合边际贡献率。以各品种产品的边际贡献率为基础，用各产品的预计销售比重作为权数进行加权计算，然后相加求和。它是反映企业多产品综合创利能力的平均边际贡献率。即：$\overline{CMR} = \sum CMR_i \times \dfrac{p_i x_i}{\sum p_i x_i}$。

（4）计算综合保本销售额。总的固定成本除以综合边际贡献率，即 $\overline{px_0} = \dfrac{a}{\overline{CMR}}$。

（5）计算各种产品的保本销售额。

各种产品的保本销售额 ＝ 综合保本销售额 × 各种产品的销售比重 ＝ $\overline{px_0} = \dfrac{p_i x_i}{\sum p_i x_i}$

（6）计算各种产品的保本销售量。用各种产品的保本销售额除以各种产品的单价即可求得。

【引例分析】

银苑食品有限公司生产的三种挂面产品，分别销售多少才能够保本？多品种条件下保本点的计算。我们需要先计算综合保本销售额，然后分别乘以各产品的销售比重，从而求得各产品的保本销售额，如表 4-16 所示。

只有对企业经营活动安全性进行正确的估量，对企业盈亏状况有一个基本了解，才能使经营决策者在管理活动中以较少的消耗获取较多的盈利，并采取相应的对策，规避风险，提高企业经营效益。因此，盈亏平衡分析在规划企业经济活动和经营决策中具有广泛的用途。

（四）经营安全指标及风险分析

市场竞争日趋激烈，企业更加重视自己的生存安全。保本是企业生存安全的最低限度，所以在保本点的基础上，又衍生出了安全边际、安全边际率、保本点作业率以及经营杠杆系数等安全指标，研究这些内容，对企业的经营风险有提前预警的作用。

1. 安全边际

安全边际是指现有或者预计未来可以实现的销售量（或销售额）同保本销售量（或销售额）之间的差量（或差额），又称为安全边际量（或安全边际额）。

安全边际量 ＝ 现有（或预计未来可以实现的）销售量 - 保本销售量 ＝ $x - x_0$

金额单位：元

表4-16　多种产品保本销售额计算表

品种	产量 x_i /公斤	单价 p_i	变动成本 b_i	单位边际贡献 CM_i	各产品边际贡献率 CMR_i	销售收入 $p_i x_i$	销售比重	综合边际贡献率	固定成本 a	综合保本销售额	各产品保本销售额	各产品保本销售量
鸡蛋面	66 000	10	4.991 8	5.008 2	0.500 8	660 000	0.179 6	0.090 0			75 475.28	7 547.53
菠菜面	34 000	11	5.448 7	5.551 3	0.504 7	374 000	0.101 8	0.051 4			42 769.33	3 888.12
普面	330 000	8	4.727 0	3.273 0	0.409 1	2 640 000	0.718 6	0.294 0			301 901.14	37 737.64
合计						3 674 000	1.000 0	0.435 3	182 900.30	420 145.75	420 145.75	

163

安全边际额 ＝ 现有（或预计未来可以实现的）销售额 − 保本销售额
＝ 安全边际量 × 销售单价 ＝ $p(x-x_0)$

安全边际是以绝对量反映企业经营风险程度的，说明企业不亏损的范围有多大。这个范围越大，企业亏损的可能性就越小，经营的安全程度就越高。同时，只有安全边际内的销售量才能给企业带来利润，因为保本销售量已经将全部的固定成本补偿了（如图 4-3 所示）。

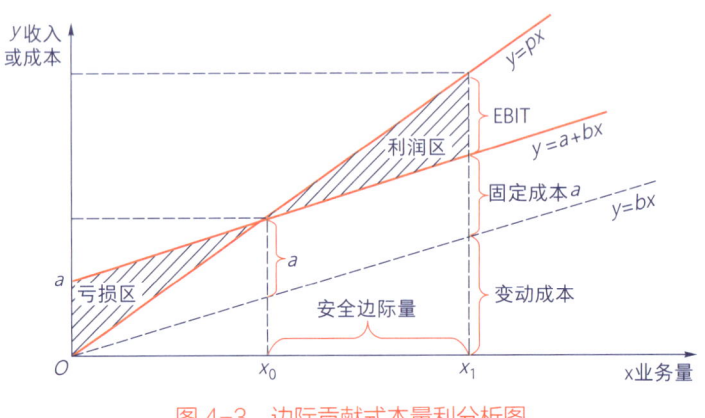

图 4-3　边际贡献式本量利分析图

保本点的利润为零，即 $px_0-bx_0-a=0$，$px_0-bx_0=a$，说明保本点的边际贡献正好弥补了全部的固定成本 a。在边际贡献式本量利分析图上，总收入与总成本的交点即为保本点，若保本点不变，则产品的业务量每超过保本点一个单位，就可获得一个单位边际贡献的盈利。业务量越大，能实现的盈利就越多。

【温馨提示】
根据安全边际，我们可以发现利润与安全边际的两个重要关系式：
利润 ＝ 单位边际贡献 × 安全边际量 ＝ $CM \times (x-x_0)$
利润 ＝ 边际贡献率 × 安全边际额 ＝ $CMR \times (px-px_0)$

2. 安全边际率
安全边际率是指安全边际量（或安全边际额）与现有或者预计未来可以实现的销售量（或销售额）的比率。安全边际率是以相对数的形式表现企业经营安全与否的一项重要指标。当安全边际率较大时，企业对市场衰退的承受力也较大，其生产经营的风险程度较小；而当安全边际率较小时，企业对市场衰退的承受力也较小，其生产经营的风险程度将较大（如表 4-17 所示）。

$$安全边际率 = 安全边际 / 现有（预计未来可以实现的）销售量 = \frac{x - x_0}{x}$$

$$= 安全边际额 / 现有（预计未来可以实现的）销售额 = \frac{p\,(x - x_0)}{px}$$

表 4-17　评价企业经营安全程度的安全边际率标准

安全边际率	10% 以下	11%～20%	21%～30%	31%～40%	41% 以上
安全程度	危险	值得注意	比较安全	安全	很安全

【例 4-5】已知产品销售单价为 24 元，保本销售量为 150 件，销售额可达 4 800 元，则安全边际率为多少？经营安全情况怎么样？

解：$安全边际率 = \dfrac{p\,(x - x_0)}{px} = \dfrac{px - px_0}{px} = \dfrac{4\,800 - 24 \times 150}{4\,800} = \dfrac{1\,200}{4\,800} = 25\%$

根据此值，我们可以判断，目前该企业的经营安全程度属于"比较安全"。

3. 保本点作业率

保本点作业率又叫危险率，是指保本销售量（销售额）占现有或预计情况下的销售量（销售额）的百分比。这个指标越低，说明企业的经营安全程度越高；反之，指标越高说明企业的经营安全程度越低，经营越危险。安全边际率为正指标，保本点作业率为反指标，通过保本点作业率我们也可以看出企业的经营安全程度（如表 4-18）。

$$保本点作业率 = 保本销售量 / 现有（预计未来可以实现的）销售量 = x_0/x$$

$$保本点作业率 = 保本销售额 / 现有（预计未来可以实现的）销售额 = px_0/px$$

表 4-18　评价企业经营安全程度的保本点作业率标准

保本点作业率	90% 以上	89%～80%	79%～70%	69%～60%	59% 以下
安全程度	危险	值得注意	比较安全	安全	很安全

拓展阅读　经营杠杆理论

三、保利分析

保利点是指在单价和成本水平确定的情况下，为确保预先设定的目标利润能够实现而应达到的业务量，包括实现目标利润销售量（保利量）和实现目标利润销售额（保利额）两项指标。

（一）单一品种保利点的计算

1. 不考虑所得税时保利点的确定

由于本量利分析中的利润是息税前利润，所以不考虑所得税的保利点分析是最基本的本量利分析。

根据本量利分析的基本公式：$EBIT=(p-b)x-a$

当 $EBIT$ 为目标利润，在已知单价 p、单位变动成本 b、固定成本 a 的情况下，可以推导出单一品种的保利销售量和保利销售额：

$$保利销售量\ x=\frac{a+EBIT}{p-b}$$

$$保利销售额\ px=p\times\frac{a+EBIT}{p-b}=\frac{a+EBIT}{\dfrac{p-b}{p}}=\frac{a+EBIT}{CMR}$$

【例4-6】某企业生产乙产品的固定成本总额为 96 000 元，单位变动成本为 8 元/件，产销量为 68 000 件，单价为 12.5 元/件，欲实现目标利润 30 000 元。计算为实现目标利润应完成的销售量和销售额。

解：保利销售量 $x=\dfrac{a+EBIT}{p-b}=\dfrac{96\ 000+30\ 000}{12.5-8}=\dfrac{126\ 000}{4.5}=28\ 000$（件）

保利销售额 $px=12.5\times28\ 000=350\ 000$（元）

2. 考虑所得税时保利点的确定。

考虑所得税的目标利润，也就是目标税后利润。税后利润是所有者取得投资报酬、实现资本保值增值的重要保证。企业也就是在税后利润的基础上计提盈余公积、给股东分配股利、形成未分配利润的，所以投资者和企业管理人员都比较关注税后利润。

$$目标税后利润 = 目标利润 \times (1-所得税税率)$$

$$目标利润 = \frac{目标税后利润}{1-所得税税率}$$

【例4-7】用上例，若计划年度的所得税税率为 25%，预期要实现的目标税后利润为 22 500 元。请分别计算为实现目标税后利润应完成的保利销售量和销售额。

解：目标利润 $EBIT=22\ 500\div(1-25\%)=30\ 000$（元）

由于要求的目标利润和上例相同，其他条件和上例一致，所以保利销售量和销售额与例4-6相等。其实，只要目标税后利润 = 目标利润 ×（1-所得税税率），则无论税前税后，保利点业务量是一致的。

（二）多品种保利点的计算

企业可以使用综合边际贡献率法计算多品种的保利点。计算公式为：

综合保利销售额 =（固定成本 + 目标利润）/ 综合边际贡献率

各产品的综合保利销售额 = 综合保利销售额 × 该产品的销售比重

该方法的计算过程：

（1）计算各品种产品预计销售比重（即产品销售结构），即各自的销售额占总销售额的比重：$\dfrac{p_i x_i}{\sum p_i x_i}$。

（2）计算各品种产品的边际贡献率：CMR_i。

（3）计算综合边际贡献率。以各品种产品的边际贡献率为基础，用各产品的预计销售比重作为权数进行加权计算，然后相加求和。它是反映企业多产品综合创利能力的平均边际贡献率。即：$\overline{CMR} = \sum CMR_i \times \dfrac{p_i x_i}{\sum p_i x_i}$。

（4）计算综合保利销售额。即 $\overline{px} = \dfrac{a + EBIT}{\overline{CMR}}$。

（5）计算各种产品的保利销售额。

各种产品的保利销售额 = 综合保利销售额 × 各种产品的销售比重 = $\overline{px} \times \dfrac{p_i x_i}{\sum p_i x_i}$

（6）计算各种产品保利销售量。用各种产品计算出来的保利销售额除以各种产品的单价。

【引例分析】

若计划期间的所得税税率为25%，若要实现目标税后利润150 000元，则银苑食品有限公司三种产品的综合保利销售额和各种产品的保利销售额如表4-19所示。

则 $EBIT = 150\ 000 \div (1 - 25\%) = 200\ 000$（元）

四、利润敏感性因素分析

敏感性分析（Sensibility Analysis）就是研究与某一决策变量相关的因素发生变动时，对该决策变量的影响程度。它是确定性模型中常见的分析。这种对确定性模型的敏感性分析，可以反映导致企业亏损或项目失败的原因及关键变量，使企业管理当局对敏感性变量进行控制，并做出合理决策。

表4-19 多种产品保利销售额的计算

金额单位：元

品种	产量 x_i	单价 p_i	单位变动成本 b_i	单位边际贡献 CM_i	各产品边际贡献率 CMR_i	销售收入 p_ix_i	销售比重	息税前利润 $EBIT$	固定成本 a	$a+EBIT$	综合边际贡献率	综合保利销售额	各产品保利销售额	各产品保利销售量
鸡蛋面	66 000	10.00	4.991 8	5.008 2	0.500 8	660 000	0.179 6				0.090 0		158 006.90	15 800.69
菠菜面	34 000	11.00	5.448 7	5.551 3	0.504 7	374 000	0.101 8				0.051 4		89 537.24	8 139.749
普面	330 000	8.00	4.727 0	3.273 0	0.409 1	2 640 000	0.718 6				0.294 0		632 027.59	79 003.45
合计						3 674 000	1.000 0	200 000.00	182 900.30	382 900.30	0.435 3	879 571.73	879 571.73	

（一）敏感性分析的主要内容

1. 有关因素变动对保本点、保利点、安全边际的影响

为了简化因素变动分析，在研究某一项因素变动所带来的影响时，往往假定其他因素不变，在下面的分析中，我们也假定该分析是在其他因素不变的情况下得出的结论。首先，我们利用保本点、保利点基本公式，以及前边讲到的拓展公式进行分析；其次，为了更加清晰地理解该内容，我们借助于坐标轴来演示：在平面坐标系上画出销售收入的直线和总成本的直线，两条直线的交点即为保本点，如图4-4、图4-5、图4-6所示。保持其他变量不变，依次改变变量 p、b、a，最终可以得出以下结论，如表4-20所示：

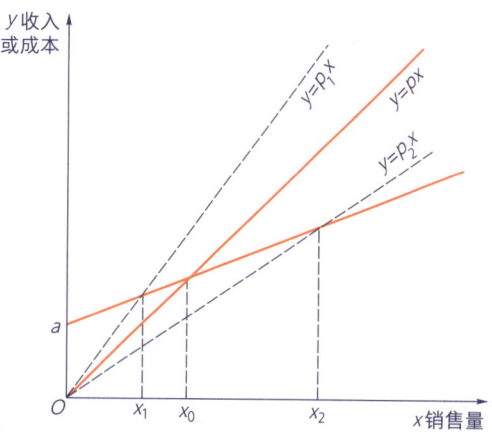

图4-4　销售单价单独变动对保本点的影响

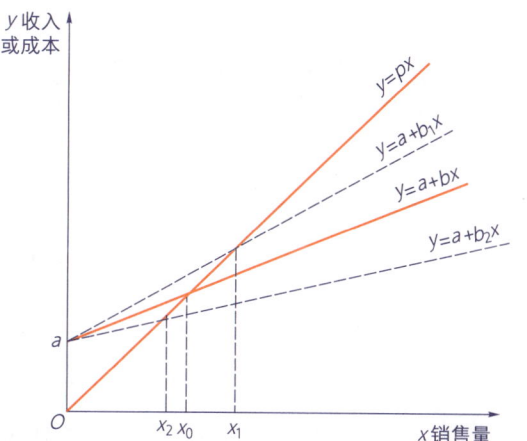

图4-5　单位变动成本单独变动对保本点的影响

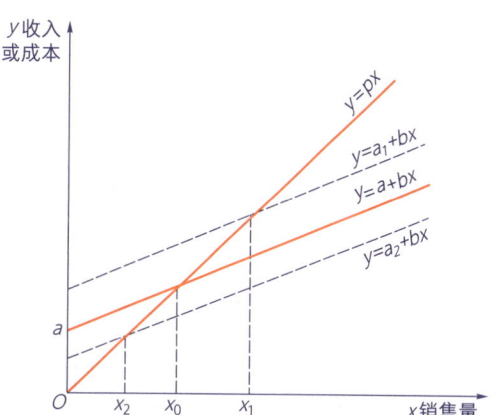

图4-6　固定总成本单独变动对保本点的影响

表4-20　各因素单独变动对保本（利）点、安全边际的影响

条件	因素	保本点、保利点	安全边际
假定其他因素不变	p（单价）	p 升高，保本（利）点降低，利润区增大；p 降低，保本（利）点升高，利润区变小	p 升高，安全边际变大，经营越安全；p 降低，安全边际变小，经营越有风险
	b（单位变动成本）	b 升高，保本（利）点升高，利润区变小；b 降低，保本（利）点降低，利润区变大	b 升高，安全边际变小，经营越有风险；b 降低，安全边际变大，经营越安全

续表

条件	因素	保本点、保利点	安全边际
假定其他因素不变	a（固定成本）	a升高，保本（利）点升高，利润区变小； a降低，保本（利）点降低，利润区变大	a升高，安全边际变小，经营越有风险； a降低，安全边际变大，经营越安全
	品种结构	当品种结构中边际贡献率高的产品的比重上升时，会增大综合边际贡献率，相应地会降低保本点和保利点，使企业经营状况好转；反之，情况相反	安全边际额将随边际贡献率较高的产品的销售比重的变动呈同方向变动；反之，随边际贡献率较低的产品的销售比重的变动而呈反方向变动
	目标利润	对于保本点无影响。 保利点将与目标利润同方向变动，提高目标利润，保利点就会上升，反之下降	无影响
	销量	对保本点、保利点均无影响	若保本销售量不变，则安全边际随预计销售量的变动而同方向变动，即增加销售量，就会扩大安全边际量，增强经营安全。反之，情况相反

【温馨提示】

值得说明的是，从降低保本点、保利点的角度看，提高产品的销售单价，对企业经营是有利的。但从另一方面来看，价格的提高总是伴随着市场占有率（即销售量）下降这一负面影响。因此，依据前述原理，指导规划与决策时必须坚持辩证的观点，即价格的提高（或降低）将导致单位产品创利能力的增强（或减弱），进而使保本点、保利点降低（或提高）以及产品销售量减少（或扩大）。只有从这两个方面来分析，才能更加全面地做出有利于企业经营的选择。

2. 有关参数发生多大变化会使盈利转为亏损

由以上分析可知，单价、销量、单位变动成本和固定成本的变化都会导致利润发生相应变化。如果这种变化达到一定程度，企业利润终将消失，进入保本状态。此时，可以求出销量和单价的最小允许值、单位变动成本和固定成本的最大允许值。实际上，这些最大值、最小值也即是保本状态的临界值。当上述有关变量继续发生变化，以至超出了相应临界值之后，利润变为负数，使企业处于亏损状态。

在其他变量不变的条件下，由本量利分析的基本公式 $EBIT = px - bx - a$ 就可以得到保本点时的销售量、单位变动成本和固定成本的临界值。

销售量的最小值：$x_{\min} = \dfrac{a}{p-b}$

单价的最小值：$p_{\min} = b + \dfrac{a}{x}$

单位变动成本的最大值：$b_{\max} = p - \dfrac{a}{x}$

固定成本的最大值：$a_{\max} = (p-b)x$

【例4-8】某企业产销单一产品，已知：$x = 6\,000$ 件，$p = 80$ 元，$b = 40$ 元，$a = 160\,000$ 元。
根据本量利分析公式：

$EBIT = (p-b)x - a = (80-40) \times 6\,000 - 160\,000 = 80\,000$（元）

（1）$x_{\min} = \dfrac{a}{p-b} = \dfrac{160\,000}{80-40} = 4\,000$（件）

销售量下降幅度的下限 $= \dfrac{6\,000 - 4\,000}{6\,000} \times 100\% = 33.33\%$

即，4 000件为产品销售量的临界值，低于这个销售量，企业将亏损。也就是说完成销售量的66.67%，企业就可以保本。

（2）$p_{\min} = b + \dfrac{a}{x} = 40 + \dfrac{160\,000}{6\,000} = 66.67$（元）

单价的下降幅度的下限 $= \dfrac{80 - 66.67}{80} \times 100\% = 16.67\%$

即，66.67元为产品单价的临界值，低于这个单价，企业将亏损。也就是说完成单价的83.33%，企业就可以保本了。

（3）$b_{\max} = p - \dfrac{a}{x} = 80 - \dfrac{160\,000}{6\,000} = 53.33$（元）

单位变动成本的上升幅度的下限 $= \dfrac{53.33 - 40}{40} \times 100\% = 33.325\%$

即，53.33元为单位变动成本的临界值，高于这个成本，企业将亏损。也就是说其上升幅度不能超过33.325%。

（4）$a_{\max} = (p-b)x = (80-40) \times 6\,000 = 240\,000$（元）

固定成本总额的上升幅度的下限 $= \dfrac{240\,000 - 160\,000}{160\,000} \times 100\% = 50\%$

即，240 000元为固定成本总额临界值，高于这个成本，企业将亏损。也就是说其上升幅度不能超过 50%。

（二）敏感系数分析

销售量、单价、单位变动成本、固定成本等因素经常发生变动，由此而导致利润发生相应变化。然而这些因素对利润的影响程度却是大不相同，有的因素只要有较小的变动就会引起利润的较大变化，这些因素称为强敏感因素；而有些因素即使变动幅度较大，对利润也只能产生较小的影响，这些因素称为弱敏感因素。用于测定某因素的敏感程度的指标称为敏感系数，其计算公式为：

敏感系数 = 利润变动百分比 / 因素值变动百分比

确定敏感系数的目的，是使企业管理人员比较清楚地看到，在影响利润的诸多因素中，各自敏感程度的强弱，以便于在管理决策中分清主次，及时进行调整，进而实现目标利润。

【例 4-9】上例给出的条件中，假定在原来的销售量、单价、单位变动成本、固定成本总额的基础上各增加 20%，则各因素的敏感程度分别如下：

（1）销售量的敏感系数计算：

当销量增加 20% 时，销量 $=6\,000 \times (1+20\%) =7\,200$（件）

按此销售量计算的利润为：

$EBIT=(80-40) \times 7\,200-160\,000=128\,000$（元）

$$利润的变动率 = \frac{128\,000-80\,000}{80\,000} \times 100\% =60\%$$

$$销售量的敏感系数 = \frac{60\%}{20\%} =3$$

该计算结果表明，其他因素不变的前提下，销售量增加 1%，利润提高 3%。

（2）单价敏感系数的计算：

当单价增加 20% 时，单价 $=80 \times (1+20\%) =96$（元）

按此单价计算的利润为：

$EBIT=(96-40) \times 6\,000-160\,000=176\,000$（元）

$$利润的变动率 = \frac{176\,000-80\,000}{80\,000} \times 100\% =120\%$$

$$单价的敏感系数 = \frac{120\%}{20\%} =6$$

该计算结果表明，其他因素不变的前提下，单价增加 1%，利润提高 6%。

（3）单位变动成本敏感系数的计算：

当单位变动成本增加20%时，单位变动成本＝40×（1＋20%）＝48（元）

按此单位变动成本计算的利润为：

$EBIT = (80-48) \times 6\,000 - 160\,000 = 32\,000$（元）

$$利润的变动率 = \frac{32\,000-80\,000}{80\,000} \times 100\% = -60\%$$

$$单位变动成本的敏感系数 = \frac{-60\%}{20\%} = -3$$

该计算结果表明，其他因素不变的前提下，单位变动成本增加1%，利润下降3%。

（4）固定成本敏感系数的计算：

当固定成本增加20%时，固定成本＝160 000×（1＋20%）＝192 000（元）

按此固定成本计算的利润为：

$EBIT = (80-40) \times 6\,000 - 192\,000 = 48\,000$（元）

$$利润的变动率 = \frac{48\,000-80\,000}{80\,000} \times 100\% = -40\%$$

$$固定成本的敏感系数 = \frac{-40\%}{20\%} = -2$$

该计算结果表明，其他因素不变的前提下，固定成本增加1%，利润降低2%。

将上述四个因素按其敏感系数排列，其顺序依次是单价（敏感系数6）、销售量（敏感系数3）、单位变动成本（敏感系数 –3）、固定成本（敏感系数 –2）。

【温馨提示】

进行本量利分析的前提：① 已把所有的成本划分为固定成本与变动成本。② 假定在分析期间，业务量的变动不会超越单位变动成本、固定成本总额不变的范围，并且与利润具有线性函数关系。③ 假定产销平衡与品种结构稳定。④ 目标利润为息税前利润。上述前提假设都是为了更加清晰地完成有关本量利分析模型的讨论而设置的，很多情况下会与企业实际经营情况产生偏差，为此，在以后的讨论中我们会不断放宽这些假设，使其更贴近于实际的企业生产经营。

模块三　成本预测的方法

成本预测，既是企业成本管理工作的起点，也是成本控制成败的关键，它是企业进行成本决策和编制成本计划的基础，有利于加强成本管理和降低

成本预测及其方法

产品成本。常见的成本预测方法有本量利分析法、以成本性态分析为基础的高低点法、回归直线分析法等。

一、成本预测的基本概念与意义

成本预测是根据过去和现在预计未来，根据已知推测未知的过程。具体是指依据与成本有关的数据及信息，并结合企业目前的经济状况和未来的发展变化，按照事物的发展规律，在历史成本资料的基础上，根据发展目标，运用定量、定性的分析方法，对未来成本水平及变化趋势做出的科学估计。

成本预测在现代企业经营管理工作中具有十分重要的意义：

1. 成本预测有利于加强事前成本管理

通过成本预测，企业在生产经营活动开始之前，就可以确定成本的变动趋势和未来一段期间的成本水平，把握成本控制的方向和途径，正确评价各种方案和措施可能产生的经济效果，同时为编制成本计划提供科学依据，从而将成本管理纳入事前管理的轨道，以主动的成本控制取代被动的成本控制。

2. 成本预测有利于加强目标管理

在实施目标管理的过程中，目标成本管理具有举足轻重的地位。通过成本预测，可以确定成本与业务量之间的相互关系，为确定未来一定期间内的成本目标提供客观依据，为做好企业整个的目标管理工作奠定基础。

3. 成本预测有利于加强成本控制

通过成本预测，能够预计出本期的产品成本水平，将这一预测值与目标成本相比较，就可以得出本期产品成本计划的完成情况。如果预计出来的成本没有达到目标成本的要求，企业就应及时采取各种控制措施，纠正偏差，以确保实现经营目标。

4. 成本预测有利于制定经营决策

通过成本预测，有助于选择最优方案，合理组织生产，从而减少工作的盲目性。经营决策的正确制定，依赖于以成本为主体内容的成本预测信息。通过成本预测，可以恰当地确定有关产品的品种结构、产量界限、质量标准和材料、人工的合理消费水平，还可以准确地揭示、估计各种因素对产品成本的影响与制约。

【温馨提示】

（1）为了保证成本预测达到预期的目标，成本预测应该服从企业总的经营目标，各部门、单位的成本预测应该以企业经营目标为基准进行协调，以保证整个企业的成本预测、决策系统的协调性、一致性。

（2）成本预测的方案应该切实可行，包括技术上是否可行、产品质量是否有保证、是否符合国家有关法律及社会道德的约束等。成本预测方案应该具有应变能力，必须考虑可能发生的因素变化，并拟定应变措施，使成本预测、决策方案具有一定的弹性。

二、成本预测的步骤

成本预测应该有计划、按步骤完成，尽可能避免预测的主观性，成本预测的重点是年度成本预测。提高预测的科学水平，使预测目标更接近于实际。成本预测按以下步骤进行。

1. 确定成本目标

根据企业的经营总目标，测算企业在现有条件下能够达到的目标成本的水平，提出目标成本草案。

目标成本是指企业为实现经营目标所应达到的成本水平，也是企业未来期间成本管理所应达到的目标。选择初选目标成本主要有两种方法。

（1）先进成本法。选择某一先进的成本水平作为初选目标成本。初选目标成本可以是国内外同行业的先进成本，也可以是本企业历史上先进水平的实际成本，还可以是按本企业平均先进的消耗定额制定的定额成本或计划成本。

（2）目标成本法。根据企业预测期的目标利润确定目标成本。有明确的目标，才能有目的的收集资料并选择恰当的预测方法，从而使预测结果符合未来的成本变化趋势。

2. 收集和整理有关资料，对成本进行初步预测

初步预测是在收集和拥有大量历史资料的基础上进行的，可以结合预测对象的特点采用定性分析法和定量分析法进行预测。在采用定量分析法时，首先，对过去的成本资料要进行必要的调整，剔除成本中数额较大的偶然费用，如自然灾害和意外事故造成的停工损失等；其次，对涉及产品设计、工艺改变耗用的价格有重大变化的情况也要进行调整；最后，根据实际资料，将产品成本划分为变动成本和固定成本两部分，对于混合成本要采用一定的方法，如高低点法，将成本分解为变动成本和固定成本，以便进行预测。通过对资料的整理分析，最终形成具有稳定结构的系列性资料。

3. 提出各种成本降低方案，并比较各种成本方案的经济效果

根据拥有资料实际情况，选用可行的成本降低方案。在提出成本降低方案时，应充分收集企业对降低成本的要求、报告期实际成本情况、计划期成本可能的变化情况等资料。选择成本降低最优方案，初步预测在当前生产经营条件下成本可能达到的水平，并找出与目标成本的差距。

降低成本主要可以从以下方面入手。

（1）产品结构设计要先进合理。成本降低应从设计成本入手，产品结构设计不合理，不仅会影响产品质量，而且会影响生产成本。产品的体积、重量和样式基本上决定了产品

投产后的原材料、燃料、动力和人工的消耗程度。

（2）生产经营管理要有效率。生产经营管理的好坏，与产品成本的高低有着密切的关系，劳动力的合理组织、车间的合理设置、工艺方案的选择、设备的购建都会影响产品成本。因此，企业应从组织生产中挖掘降低产品成本的潜力，针对生产经营管理中存在的问题，提出不同的改进方案，并对比分析不同方案的经济效果，从中选择最优的成本降低方案。

（3）结合经营目标控制期间费用。期间费用在成本中占有相当的比重，控制和节约期间费用也是降低成本不可忽视的重要方面。为了节约期间费用，减少非生产性支出，企业各部门应实行严格的费用控制制度，达到降低成本的目的。

企业的成本降低措施和方案确定后，应进一步测算各项措施对成本的影响程度。

4. 修订目标成本，确定最佳预测值

通过比较和分析初选的目标成本、初步预测的成本、可降低的成本，找出差异，据以修订目标成本，最终形成最佳成本预测值，使预测结果更加符合实际。

三、成本预测的方法

成本预测方法按性质一般可分为定性预测和定量预测两大类。定量分析法和定性分析法并不互相排斥，而是相互补充，相辅相成的。在实际进行时，应根据企业的实际情况，将定性分析法和定量分析法结合起来，才能取得较好的预测效果。

（一）定性分析法

定性分析法，又称非数量分析法，是指由有关方面的专业人员根据个人的专业知识和实践经验，并考虑到政治经济形势、市场前景、消费倾向、价格政策对预测对象的影响，结合预测对象的特点进行综合分析，对事物的未来状况和发展趋势进行预测的一种分析方法，它一般不需要进行复杂的定量分析。也就是说，由熟悉情况和业务的专家根据过去的经验进行分析、判断，提出预测意见，或者通过实地调查的形式来了解成本耗用的实际情况，然后再通过一定形式（如座谈会、函询、调查征集意见等）进行综合分析，作为预测未来的主要依据。这种方法在企业缺乏完备的历史资料，或对主要因素难以做出定量描述的情况下尤为适用。

【例4-10】某公司采用主观判断法对A产品成本进行预测，20名车间主任对计划期的单位成本预测值为580元，而5名技术骨干的平均预测值为520元，要求分别采用简单算术平均法和加权算术平均法确定计划期的单位成本预测值。假定车间主任的权数为0.6，技术骨干的权重为0.4。

成本预测值 = 580 × 0.6 + 520 × 0.4 = 556（元）

（二）定量分析法

定量分析法，又称数量分析法，是指在完整掌握与预测对象有关的各要素定量资料的基础上，运用现代数学方法进行数据处理，据以建立能够反映各要素之间规律性联系的各类预测模型的方法体系。具体包括趋势预测分析法和因果预测分析法，趋势预测分析法与因果预测分析法的主要区别在于：前者的自变量是时间（月、年），后者的自变量是时间以外的业务量。

1. 趋势预测分析法

趋势预测分析法是将时间（月、年）作为制约预测对象变化的自变量，把未来作为历史的自然延续，属于按事物自身发展趋势进行预测的一种分析方法。趋势预测法是根据积累的历史资料，分析有关指标过去的发展过程及其规律性，并且估计这种规律性在将来仍然起作用，据此，预测有关指标在将来一定时期的数值。该方法又称为"时间序列分析法"，包括算术平均法、移动加权平均法、平滑指数法等。

（1）算术平均法。通过计算以往若干时期成本的简单平均数，作为对未来的成本预测数。

预计成本值 = 各期成本值之和 ÷ 期数

【例4-11】宏达公司生产经营A产品，该产品过去5期的实际成本总额如表4-21所示。

要求：采用算术平均法确定第6期的成本预测值。

表4-21　宏达公司1~5期成本额　　　　　　　　　　　　　　　　　　金额单位：元

期数	1	2	3	4	5
成本总额	12 000	13 500	14 000	13 700	13 800

解：第6期的成本预测值 =（12 000 + 13 500 + 14 000 + 13 700 + 13 800）÷ 5
　　　　　　　　　　　　 = 13 400（元）

计算表明，第6期的成本预测值为13 400元。

该预测方法的优点是计算简便。但这种方法只根据历史资料，而没有考虑其未来趋势变动，可能会使预测结果产生较大的误差。

（2）移动加权平均法。移动加权平均法是对距离预测期较近的若干期间内的实际成本进行加权平均计算，以其平均值作为预测成本值的一种预测方法。它是根据各时期的实际值对预测值的影响程度对其分别规定不同的权数。其计算公式如下：

$$预计成本值\ C = \frac{\sum\limits_{i=1}^{n} C_i \omega_i}{\sum\limits_{i=1}^{n} \omega_i}$$

其中，C 为预测成本值；C_i 为第 i 期成本值；

n 代表期数；ω_i 为第 i 期权数。

为简化计算量，可令 $\sum \omega_i = 1$，则上式可变为：

$$预计成本值\ C = \sum_{i=1}^{n} C_i \omega_i$$

【例 4-12】仍然沿用上例，若 3、4、5 期的权数分别为 0.2，0.3，0.5。采用移动加权平均法确定第 6 期的成本预测值。

解：第 6 期的成本预测值 $= \sum\limits_{i=1}^{n} C_i \omega_i = 0.2 \times 14\,000 + 0.3 \times 13\,700 + 0.5 \times 13\,800$

$= 13\,810$（元）

计算表明，第 6 期的成本预测值为 13 810 元。

该方法计算比较简单，在历史资料选择上尽量使用接近预测月份的数据，使预测数更准确。但这种方法也是使用历史数据，容易忽视变动趋势。

（3）平滑指数法。平滑指数法是一种特殊的加权平均法，它是在前期实际成本和预测成本的基础上，利用事先确定的平滑指数进行加权平均，并将其作为预测本期未来成本的一种方法。假设 A 表示实际值，F 表示预测值，α 表示平滑指数（$0 \leqslant \alpha \leqslant 1$，一般取值在 0.3~0.7 之间），$t$ 表示第 t 期。用平滑指数法进行预测时，α 越大，则前期实际值对预测结果的影响越大，反之越小。

其计算公式为：

$$F_t = \alpha A_{t-1} + (1-\alpha) F_{t-1} \quad (0 \leqslant \alpha \leqslant 1)$$

其中，F_t 为本期预测值；F_{t-1} 为上期预测值；

A_{t-1} 为上期实际数；α 为平滑系数。

【例 4-13】仍然沿用上例，若第 5 期的成本预测值为 13 900 元，平滑指数为 $\alpha = 0.6$。采用平滑指数法确定第 6 期的成本预测值。

解：第 6 期的成本预测值 $= F_t = \alpha A_{t-1} + (1-\alpha) F_{t-1}$

$= 0.6 \times 13\,800 + (1-0.6) \times 13\,900 = 13\,840$（元）

计算表明，第 6 期的成本预测值为 13 840 元。

采用该方法所需资料不多，计算比较简便；同时通过导入平滑系数加权，可以适当消除偶然因素的影响。但平滑系数的选择具有很大的人为因素，不同的平滑系数可得到不同的预测结果，一定要慎重选择平滑系数。

2. 因果预测分析法

因果预测分析法是根据预测变量和与其相关联的变量之间的因果关系，建立因果预测的数据模型，按预测因素（即非时间变量）的未来变动趋势来推测预测对象未来水平的一种相关预测方法，包括本量利分析法、高低点法、回归分析法等。该分析方法在前两个模块已做介绍，此处不再赘述。

拓展阅读 因果预测分析法的应用

（三）新产品成本预测法

1. 技术测定法

技术测定法，是指在充分挖掘生产潜力的基础上，根据产品设计结构、生产技术条件和工艺方法，对影响人力、物力消耗的各项因素进行技术测试和分析计算，从而确定产品成本的一种方法。

2. 产值成本法

产值成本法是指按工业总产值的一定比例确定产品成本的一种方法。产品的生产过程同时也是生产的耗费过程，在这一过程中，产品成本体现为生产过程中的资金耗费，而产值则以货币形式反映生产过程中的成果。产品成本与产品产值之间客观存在着一定的比例关系，比例越大说明消耗越大，成本越高；比例越小说明消耗越小，成本越低。企业进行预测时，可以参照同类企业相似产品的实际产值成本率，加以分析确定。其计算公式如下：

产品单位成本 =（某产品的总产值 × 预计产值成本率）÷ 预计产品产量

产值成本法计算结果准确性不如其他方法高，但是工作量小，简单易行，因此也得到较广泛的应用。

📝 项目小结

成本费用按照性态可以分为固定成本、变动成本和混合成本，混合成本进一步可划分为固定部分和变动部分，由此建立成本、产量和利润依存关系模型，帮助我们进行保本、保利分析和利润敏感性因素分析。可以采用本量利分析法、高低点法、回归直线法等方法预测产品的成本，加强企业未来成本的管理和控制。

思维导图

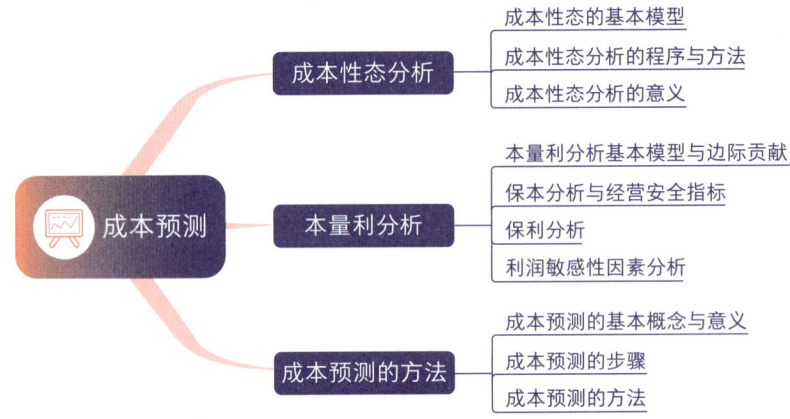

知识技能考核

一、单项选择题

1. 采用高低点法的前提是（　　　）。

A. 在企业产品成本的变动趋势较为稳定的情况下

B. 在企业各期成本变动幅度较大的情况下

C. 没有限制条件

D. 适用小企业

2. 某企业只生产一种产品，单价 6 元，单位变动生产成本 4 元，单位销售和管理变动成本 0.5 元，销量为 500 件，则其产品边际贡献为（　　　）元。

A. 650 　　　　　　　　　　　　　B. 750

C. 850 　　　　　　　　　　　　　D. 950

3. 销售收入为 20 万元，边际贡献率为 60%，其变动成本总额为（　　　）万元。

A. 8 　　　　　　　　　　　　　　B. 12

C. 4 　　　　　　　　　　　　　　D. 16

4. 下面因素中导致保本销售量上升的是（　　　）。

A. 销售量上升 　　　　　　　　　B. 产品单价下降

C. 固定成本下降 　　　　　　　　D. 产品单位变动成本下降

5. 从保本图上得知，对单一产品分析，（　　　）。

A. 单位变动成本越大，总成本斜线率越大，保本点越高

B. 单位变动成本越大，总成本斜线率越小，保本点越高

C. 单位变动成本越小，总成本斜线率越小，保本点越高

D. 单位变动成本越小，总成本斜线率越大，保本点越低

6. 生产单一品种产品企业，保本销售额 = （　　　　）。

A. 固定成本总额 ÷ 边际贡献

B. 固定成本总额 ÷ 边际贡献率

C. 固定成本总额 ÷（单价 − 单位变动成本）

D. 固定成本总额 ÷ 综合边际贡献率

7. 生产多品种产品，企业测算综合保本销售额 = 固定成本总额 ÷（　　　　）。

A. 单位边际贡献 　　　　　　　　　B. 边际贡献率

C.（单价 − 单位变动成本） 　　　　D. 综合边际贡献率

8. 已知产品销售单价为 24 元，保本销售量为 150 件，销售额可达 4 800 元，则安全边际率为（　　　　）。

A. 33.33% 　　　　　　　　　　　　B. 25%

C. 50% 　　　　　　　　　　　　　　D. 20%

9. 单价单独变动时，会使安全边际（　　　　）。

A. 不变 　　　　　　　　　　　　　　B. 不一定变动

C. 同方向变动 　　　　　　　　　　　D. 反方向变动

10. 利润 =（实际销售量 − 保本销售量）×（　　　　）。

A. 边际贡献率 　　　　　　　　　　　B. 单位利润

C. 单位售价 　　　　　　　　　　　　D. 单位边际贡献

11. 销售量不变，保本点越高，则能实现的利润（　　　　）。

A. 越小 　　　　　　　　　　　　　　B. 不变

C. 越大 　　　　　　　　　　　　　　D. 不一定

12. 在下列指标中，可据以判断企业经营安全程度的指标是（　　　　）。

A. 保本量 　　　　　　　　　　　　　B. 边际贡献

C. 保本作业率 　　　　　　　　　　　D. 保本额

13. 保本作业率与安全边际率之间的关系是（　　　　）。

A. 两者相等 　　　　　　　　　　　　B. 前者一般大于后者

C. 后者一般大于前者 　　　　　　　　D. 两者之和等于 1

14. 某企业只生产一种产品，月计划销售 600 件，单位变动成本 6 元，月固定成本 1 000 元，欲实现利润 1 640 元，则单价应为（　　　　）元。

A. 16.40 　　　　　　　　　　　　　B. 14.60

C. 10.60 　　　　　　　　　　　　　D. 10.40

15. 下列因素单独变动时，不对保利点产生影响的是（　　　　）。

A. 单价
B. 目标利润
C. 成本水平
D. 销售量

二、多项选择题

1. 固定成本具有的特征是（　　　　）。
A. 固定成本总额的不变性
B. 单位固定成本的反比例变动性
C. 固定成本总额的正比例变动性
D. 单位固定成本的不变性
2. 变动成本具有的特征有（　　　　）。
A. 变动成本总额的不变性
B. 单位变动成本的反比例变动性
C. 变动成本总额的正比例变动性
D. 单位变动成本的不变性
3. 成本性态分析最终将全部成本划分为（　　　　）。
A. 固定成本
B. 变动成本
C. 混合成本
D. 半变动成本
4. 在相关范围内，保持不变的有（　　　）。
A. 变动成本总额
B. 单位变动成本
C. 固定成本总额
D. 单位固定成本
5. 边际贡献率的计算公式可表示为（　　　　）。
A. 1－变动成本率
B. 边际贡献／销售收入
C. 固定成本／保本销售额
D. 单位边际贡献／单价

三、判断题

1. 阶梯式混合成本又称为半变动成本。（　　　）
2. 在历史资料分析法的具体应用方法中，计算结果最为精确的方法是回归直线分析法。（　　　）
3. 在应用高低点法进行成本性态分析时，选择高点坐标的依据是最高的业务量和最高的成本。（　　　）
4. 在其他条件不变的情况下，单位变动成本越小，保本点就越低。（　　　）
5. 保本点的边际贡献额等于固定成本总额。（　　　）
6. 单价、单位变动成本及固定成本总额的分别变动均会引起保本点、保利点呈同方向变动。（　　　）
7. 安全边际量是指保本点以上的销售量。（　　　）
8. 安全边际指标的大小与固定成本总额无关，与单位边际贡献有关。（　　　）

9. 定量分析法和定性分析法是互斥的，在实际运用中只能选择其中一种方法进行预测。（　　）

10. 平滑指数的确定带有一定的主观性，平滑指数越大，则近期实际数对预测值的影响越大；反之则越小。（　　）

四、实务题

1. 已知甲企业生产经营 M 商品，预期该商品的单位售价为 30 元，单位变动成本为 18 元，固定成本总额为 24 000 元。

要求：

（1）计算该产品的保本销售量和保本销售额；

（2）计算销售量为 4 000 件时的安全边际率和保本点作业率。

2. 某花盆加工厂生产大、中、小三种花盆，固定成本总额为 60 000 元。三种花盆的产销量、单价、单位变动成本如表 4-22 所示。

表 4-22　三种花盆的产销量、单价、单位变动成本情况

花盆	大	中	小
x/件	5 000	3 800	3 000
p/元	25	20	15
b/元	18	12	6

要求：计算该公司三种花盆的综合保本销售额和各种产品的保本销售额。

3. 某企业产销一种产品，预计 2020 年的产销量为 15 000 件，预计销售单价为 60 元，预计的目标利润为 65 000 元。

要求：预测该企业 2020 年的目标成本。

项目五　成本决策

学习目标

知识目标
- 了解成本决策的程序
- 理解相关成本与无关成本的概念
- 掌握成本决策的基本方法

技能目标
- 能够判断出生产决策的相关成本与无关成本
- 能够根据生产的不同情形进行成本决策分析
- 能利用模型做出亏损产品是否停产等的生产决策

素养目标
- 通过成本决策模型，树立科学意识，提升系统思维
- 通过成本相关性判断，提升逻辑思维能力和职业判断能力

项目引例

如何处理生产中各种短期决策问题

实现相同的利润目标，仅与成本相关的生产方案就有多种，比如生产什么产品？采用什么设备或工艺流程生产产品？用什么方式取得零、部、配件？亏损的产品是否停产？这样的决策会出现在生产经营的各个环节，有没有科学的手段和方法进行估算和判断？怎样在降低成本提高效益的同时，兼顾到未来的发展？宏达机械制造有限公司（简称"宏达公司"）以下生产经营业务，从成本角度应该如何决策呢？

（1）宏达公司使用同一台机器，可以生产甲、乙两种产品，若该机器的最大生产能力是 10 000 机器小时，生产两种产品所需要的定额工时及各项成本数据如表 5-1 所示。公司生产哪种产品较为有利呢？

表 5-1　甲、乙产品成本资料表

项目	甲产品	乙产品
定额工时 / 机器小时	20	16
销售单价 / 元	36	32
单位变动成本 / 元	12	10
固定成本总额 / 元	10 000	10 000

（2）宏达公司原来生产线设计的生产能力是 100 000 机器小时，但是实际开工率只有原生产能力的 80%，如果用剩余能力开发新产品丙或者丁。如表 5-2 所示。该公司开发哪种产品更为有利呢？

表 5-2　丙、丁产品成本资料表

项目	丙产品	丁产品
定额工时 / 机器小时	20	25
销售单价 / 元	28	32
单位变动成本 / 元	15	18
固定成本总额 / 元	10 000	10 000

（3）沿用上题（2）的资料，假如生产新产品丙需要支付专属固定成本 5 000 元，制造丁产品需要支付专属固定成本 3 000 元，则该如何决策？

（4）宏达公司在生产 A 产品时，可以使用普通的机器设备和数控机器设备进行加工，两种机器设备加工时所需要的不同成本资料如下表 5-3 所示，请分析该公司在什么批量范围内选用何种设备加工 A 产品？

表 5-3　A 产品成本资料表

设备类型	单位变动成本 / 元	专属固定成本 / 元
普通设备	1.5	300
数控设备	1	500

（5）宏达公司每年生产半成品 B 产品 10 000 件，销售单价为 50 元 / 件，单位变动成本 24 元 / 件，固定成本总额为 180 000 元，如把半成品 B 产品进一步加工为完工产品 C，则销售单价可以提高到 70 元 / 件，但需要追加单位变动成本 5 元 / 件，专属固定成本

60 000 元，该公司是否要进一步加工？

（6）宏达公司需要 P 零件，如果外购的话，单价为 20 元 / 件。如果自制的话，预计每个零件的成本资料如下：直接材料 10 元，直接人工 3 元，变动制造费用 2 元，固定制造费用 6 元。该车间的生产设备如不自制 P 零件，也无其他用途。当需要量为 3 000 件时，应选择什么方式取得好呢？

（7）依据上题（6）相关资料，假定该车间的生产设备如不自制 P 零件，可出租给外单位使用，每月可收租金 1 200 元。那么该公司 P 零件是自制还是外购好呢？

（8）依据上题（6）相关资料，假如自制 P 零件时，每年需要增加专属固定成本16 000 元，那么该公司 P 零件是自制还是外购好呢？

（9）宏达公司原有生产线生产 D 产品，年生产能力 10 000 件，每年有 35% 的剩余生产能力，正常销售单价为 70 元 / 件，有关成本资料如表 5-4。

表 5-4　D 产品成本资料表

项目	金额 / 元
直接材料	16
直接人工	14
制造费用	
其中：变动制造费用	5
固定制造费用	15
单位产品成本	50

现有一客户提出订货 2 800 件，每件定价 40 元，剩余生产能力无法转移，增加订货不需要增加专属成本。要接受这个客户的订单么？

（10）沿用（9）题已知条件，假如一客户提出订货 3 500 件，每件定价 41 元，剩余生产能力可以对外出租，租金为每年 10 000 元，增加订货无须增加专属设备。要接受这个客户的订单么？

（11）仍沿用（9）题资料，假如一客户提出订货 4 500 件，每件定价 42 元，但该订货还有特殊要求，需要购置专属设备，年增加固定成本 8 000 元。要接受这个客户的订单么？

（12）宏达公司 2020 年产销 X、Y、Z 三种产品。有关资料如表 5-5 所示。如果停产亏损产品 Y，Y 产品的生产能力也无他用，做出该公司是否停产 Y 产品的决策分析。

表5-5 X、Y、Z产品产销资料表

项目	X产品	Y产品	Z产品
销售量 / 件	20 000	6 000	4 000
销售单价 / 元	20	50	25
单位变动成本 / 元	8	40	15
固定成本总额 / 元	20 000（按产品销售收入比重分配）		

（13）根据上述（12）题资料，如果将 Y 产品停产后，闲置的生产能力可以对外出租，每年可以获得租金 10 000 元，又该如何决策呢？

模块一　成本决策概述

成本决策是成本管理不可缺少的一项重要职能，也是企业生产经营决策体系中的重要组成部分。因为成本决策所考虑的是资金耗费的合理性问题，所以不仅对其他生产经营决策起着指导和约束作用，而且对于正确地制定成本计划，促使企业降低成本，提高经济效益，都具有十分重要的意义。

一、成本决策的概念与分类

（一）成本决策的概念

决策是指为了达到特定的目标，或者对某些特殊专门问题决定是否采取某种行动而在两个或两个以上的备选方案中，选择一个最优方案的过程。

成本决策是指根据成本预测的结果和其他相关的资料，综合经济效益、质量、效率和规模等指标，运用定性和定量的方法，确定目标成本，对各个成本方案进行分析并选择最优方案的成本管理活动。

成本决策是成本会计工作的基本内容，成本预测的结果提供了多种可能性，但是要想付诸实施，选出最优的运营方案，还需要进行成本决策。只有进行成本决策，才能保证管理决策的完整性，才能保证决策结果的经济有效。

成本决策有以下几层基本含义：

（1）成本决策是从成本的角度所做的一种管理决策；

（2）成本决策以成本预测为前提；

（3）成本决策是编制成本计划的前提。

（二）成本决策的分类

1. 按决策时间长短分类

成本决策按时间长短可分为：长期成本决策、短期成本决策。

短期成本决策指在一个经营年度或经营周期内能够实现其目标的决策。决策结果只会影响或决定企业近期（一年或一个经营周期）经营实践的方向、方法和策略，一般属于战术决策，不涉及大量资金的投入，主要目的是使现有资源得到充分利用。

短期经营决策的特点：

（1）决策方案不涉及追加长期项目的投资；

（2）经营问题已经明确，决策目标基本形成；

（3）各种备选方案均具有技术可行性；

（4）只有单一方案和互斥方案两种决策形式；

（5）销量、价格、成本等变量均在相关范围内波动；

（6）各期产销平衡。

长期成本决策又称长期投资决策或资本性支出决策，是指在较长时期内（超过一年）才能实现其目标的决策。长期投资一般多属于战略决策，需投入大量资金，能增加企业的生产能力，并且对企业若干期的收支产生影响，但是见效慢。

2. 按决策者掌握信息的情况不同分类

成本决策按决策者掌握信息的情况不同可以分为：确定型成本决策、风险型成本决策、不确定型成本决策。

确定型成本决策所涉及的各种备选方案的各项条件都是已知的，且一个方案只有一个确定的结果。这类决策问题比较容易，只要进行比较分析即可。常用的分析计算方法有：差量分析法、本量利分析法、边际贡献分析法等。

风险型成本决策所涉及的各种备选方案的各项条件虽然也是已知的，但各方案的执行都会出现两种或两种以上的不同结果，每种结果都可以预测其发生的概率。这类决策由于结果的不唯一性，使决策存在一定的风险。企业在风险决策过程中通常是以最佳期望值作为评判标准，即哪个方案的期望值最优就选哪个方案。常用的分析方法有决策矩阵法和决策树法。

不确定型成本决策是指决策者事先不知道决策可能出现的后果，或者虽然知道决策的可能后果但不知道出现各种后果的概率，所以不确定型成本决策比风险型成本决策更加困难。在实践中，人们通常先把不确定型成本决策问题转化为确定型或风险型成本决策问题，估计出各种方案的预期收益或损失，然后以预期收益的最大值或预期损失的最小值作为最优方案。常用的分

拓展阅读　不确定型决策的四种分析方法

析计算方法有：小中取大法、大中取大法、大中取小法及折中决策法。

二、成本决策的程序

成本决策程序由若干个相互联系的步骤组成，具体包括：

1. 提出问题

提出问题就是明确这项决策要解决的问题。例如，在产品的生产方面，有产品品种选择问题、产品深加工问题、产品工艺选择问题等等，决策目标应尽可能地具体明确，力求数量化。

2. 确定决策目标

成本决策的目标就是在所处理的生产经营活动中，资金耗费水平达到最低，所取得的经济效益最大。在某一具体问题中，可采取各种不同的形式，但总的原则是必须兼顾企业目前和长远的利益，并且要通过自身努力能够实现。为了针对具体问题建立成本决策目标，应该注意：

（1）认真分析决策的性质；

（2）以需要和可能为基础；

（3）适当选择目标的约束条件；

（4）目标必须具体明确等等。

3. 广泛收集资料

搜集的资料是指与进行该项成本决策有关的所有成本资料以及其他资料，广泛地搜集资料是决策是否可靠的基础。要尽可能多地收集对决策分析目标有影响的因素，包括可计量的和不可计量的，特别要收集有关预期收入和成本的数据。对于收集的资料，必要时还要进行加工。

4. 提出备选方案

在明确问题和决策目标的前提下，应充分考虑现实与可能性，提出若干可行性的备选方案。一个成功的决策应该有一定数量和质量的可行性方案为保证，所谓可行性，是指生产上可行、技术上适当、经济上合理。拟定可行性方案时，一般应把握住两个基本原则：一是保持方案的全面完整性；二是满足方案之间的互斥性。

5. 分析评价

通过定量分析对各种备选方案做出初步评价。利用收集的可计量资料，选择适当的决策方法，对各备选方案预期的收入、发生的成本进行比较、评价，分析各种方案的经济效益，确定可行性方案。定量分析是整个决策过程的关键阶段。

6. 优化选择

根据定量分析的初步评价，进一步考虑其他因素的影响，定量与定性结合，经济效益与社会效益结合，进行综合判断，选择最满意方案。对可行性方案的选择决策主要应把握两点：一是确定合理的优劣评价标准，包括成本标准和效益标准；二是选取适宜的抉择方法，包括定量方法和定性方法。

7. 评估反馈

评估反馈是指评估决策的执行情况和信息反馈。决策在执行时做出评估，也是检验决策是否正确的客观依据。每隔一段时间还要对决策的执行进行评估，据以发现决策中存在的问题，然后再通过信息反馈，纠正偏差，以保证决策目标的实现。

【温馨提示】

成本决策时应该注意：① 成本决策不能主观臆断；② 成本决策必须目的明确；③ 成本决策必须是集体智慧的结晶。

三、成本决策中的成本概念

在成本决策中有一系列成本概念，比如机会成本、差量成本、专属成本、重置成本等。这些概念与成本核算中的成本概念不同，它们属于决策中考虑的未来成本，一般无须在凭证和账簿中反映；而成本核算中的产品成本概念单一，只有总成本和单位成本的概念，它们属于历史成本，必须在账簿中予以反映。通常我们根据与决策的相关程度，将成本决策中的成本分为相关成本和无关成本。

（一）相关成本

相关成本包括差量成本、机会成本、专属成本和重置成本等，这些成本与决策有关，决策时必须考虑。成本决策分析中，如果选择某方案，某种成本就会发生，不选择该方案，此类成本将不发生，则可以定此类成本属于相关成本。

1. 差量成本

差量成本又称为差别成本，亦称为增量成本，它有广义和狭义之分。广义的差量成本是指两个不同备选方案预计未来成本的差额，如零部件自制较外购所增加的成本。这类成本是决策的重要依据之一。狭义的差量成本，是指由于本身生产能量（产量的增减变动）利用程度不同而表现在成本方面的差额。在相关范围内，由于固定成本保持不变，狭义差量成本等于相关变动成本，即单位变动成本与业务量的乘积；如果突破相关范围，则狭义差量成本不仅包括变动成本差额而且包括固定成本差额。

2. 机会成本

机会成本又称择一成本，是指在经济决策过程中，因选取某一方案而放弃另一方案所付出的代价或丧失的潜在利益。注意，所有未选择方案中收益最高的那个收益即是该中选方案的机会成本。

3. 专属成本

专属成本又称特定成本，是指那些能够明确归属于特定备选方案的固定成本。如专门为了生产某产品而发生的机器设备的购置费、保险费等，都属于专属成本。

4. 重置成本

重置成本又称现行成本，是指目前从市场上购买同一项原有资产所需支付的成本。

5. 边际成本

边际成本是指在企业生产能力的一定范围内，产量增加或者减少一个单位所引起的成本变动。单位变动成本即是典型的边际成本。

6. 付现成本

付现成本是指在将来需要用现金支付的成本。企业在短期经营决策中，如果遇到企业目前货币资金比较少，短期内又没有到期的债权可以收回，并且向市场上筹措资金比较困难或者借款利息比较高的情况时，企业对付现成本的考虑往往比对总成本的考虑更为重要。这个时候，企业往往选择付现成本少的，而非总成本低的方案。

7. 可避免成本

可避免成本是指通过管理当局的决策行动可以改变其数额的成本。如企业的开发研究费、广告费、职工培训费等酌量性固定成本。再如按销售收入的一定百分比支出的销售佣金、技术转让费等酌量性变动成本。

8. 可递延成本

可递延成本是指在企业有资金压力的情况下，可以推迟支付也不会影响企业大局、与该方案有关的成本，就称为可递延或者可延缓成本。

（二）无关成本

无关成本是相关成本的对立概念，是指与决策无关的成本。包括沉没成本、共同成本、不可递延成本等。

1. 沉没成本

沉没成本是指由于过去决策结果而引起并已经实际支付过款项的成本。这类成本由于已经发生，并记入账簿，与现在的决策无关，因此是典型的无关成本，决策中不予考虑。一般大多数固定成本属于沉没成本，但新增的固定成本为相关成本；另外某些变动成本也属于沉没成本。例如半成品无论是自制还是外购，所涉及的半成品成本已经发生，因此为沉没成本，决策中不考虑。

2. 不可避免成本

不可避免成本是指通过管理当局的行动很难改变其数额的成本。如管理人员工资费、固定资产的折旧费、固定资产租赁费等，都属于不可避免成本。

3. 不可递延成本

不可递延成本是指已经选定的方案，即使在企业财力负担有限的情况下，也不能推迟执行，否则会影响企业的大局，那么与该方案有关的成本，就称为不可递延成本或者不可延缓成本。如造纸厂污水排放，严重影响了附近的生态环境与居民的生活健康，所以需要安装污水处理设备，需要花费 15 万元，这个方案即使企业资金困难也是要执行的，因为若不执行，企业就会被环保部门勒令停业。所以，与这个方案有关的成本就是不可递延成本。

4. 共同成本

共同成本是与专属成本相对立的成本，是指为多种产品的生产或为多个部门的设置而发生的，应由这些产品或这些部门共同负担的成本。由于它的发生与特定方案的选择无关，因此，在决策中可以不予考虑，也属于比较典型的无关成本。

5. 联合成本

联合成本指工业企业中利用同一种原料，在同一生产过程中同时生产出两种或两种以上的主要产品所发生的总成本。如炼油厂提炼原油，炼油厂可以提炼出汽油、煤油、柴油、油焦和石蜡，又可以生产一些化工原料如苯、甲苯、二甲苯等。联合成本是全部产品的综合成本，在联产品的生产中，某一产品的生产总是伴随生产别的产品。所以对于联产品是否需要进一步加工的决策分析，联合成本属于无关成本。

【温馨提示】

有决策就有成本的对比，但并不是所有成本都是方案所要考虑的，所以决策中，我们既要将所有与方案相关的成本找出来，对各备选方案做出正确的对比分析，又要善于找出那些与决策不相关的成本，避免其扰乱我们的决策。注意：在各个备选方案中，项目相同、金额相等的未来成本也属于无关成本。

【引例分析】

判断项目引例中的成本，哪些是成本决策相关成本，哪些是成本决策无关成本？

第一和第二种情形，宏达公司甲产品预期单位变动成本 12 元，乙产品预期的单位变动成本 10 元，两个备选方案的每个产品的差量成本为 2 元，属于相关成本。对于生产甲、乙产品两种方案而言，生产条件一样，按年限平均法对生产设备计提的折旧额属于固定成本，固定成本总额两个方案都是相同的，所以属于无关成本。

第三种情形，专属成本使原有的生产成本升高，且两方案金额不相等，所以属于相关成本。

第四种情形，同种产品，两方案的收益一样，只是产品加工的方式不一样，需要比较两个方案的生产成本，工艺越先进，则固定成本越高，单位变动成本越低，工艺越落后，则固定成本越低，生产时花费的单位变动成本越多。两个方案的边际成本和专属成本都是相关成本。

第五种情形，制造半产品 B 的加工成本，对于半产品 B 或者在半产品 B 上继续加工成完工产品 C 来说，是无论 B 还是 C 加工都需要的成本，属于沉没成本，对是否继续加工的决策，没有影响，属于无关成本。我们只需要比较继续加工 B 产品带来的收入是否大于继续加工 B 产品所增加的加工成本来做决策，所以继续加工发生的加工成本属于相关成本。

第六种情形，无论外购还是自制 P 零件，原有的设备都会发生折旧费，且金额相等，属于沉没成本，所以设备的折旧费属于无关成本。如果外购的话，购买单价为边际成本，属于相关成本，如果自制的话，单位变动生产成本为边际成本，属于相关成本。

第七种情形，零、部、配件自制时所使用的设备如果有其他用途，那么选择自制时，设备的租金收入就是自制方案的机会成本，属于相关成本。

第八种情形，如果自制时需要增加专属成本，也属于相关成本。

第九种情形，该公司原来生产 D 产品有剩余生产能力，且剩余生产能力无法转移，所以无论增加订货与否，剩余生产能力的固定成本都会照样发生，属于无关成本。且追加 D 产品订货在剩余生产能力之内，不会影响企业正常订货，也不会给企业带来专属成本，所以专属成本为 0。追加 D 产品所增加的加工 D 产品的变动成本为边际成本，属于相关成本。

第十种情形，剩余生产能力可以对外出租，则因追加订货必将放弃出租设备产生的租金，即追加订货会产生机会成本 10 000 元，属于相关成本。追加 D 产品所增加的加工 D 产品的变动成本为边际成本，属于相关成本。

第十一种情形，该客户提出的订货 4 500 件，超过企业的剩余生产能力 3 500 件，如果签订该合同，必然会挤占 D 产品的正常销售量，即会因追加订货而损失正常收入为 $1\ 000 \times (70 - 42) = 28\ 000$ 元，28 000 元为追加订货的机会成本，应在决策中加以考虑，属于相关成本。需要购置专属设备，追加订货产生专属成本 8 000 元，属于相关成本。追加 D 产品所增加的加工 D 产品的变动成本为边际成本，属于相关成本。

第十二种情形，宏达公司 2020 年产销 X、Y、Z 三种产品，对于是否停产 Y 亏损产品的决策分析。因为停产 Y 产品的闲置生产能力再无他用，所以停产与否，闲置生产能力的成本相同，属于无关成本。我们要考虑的是每生产一件 Y 产品的收益是否可以补偿其带来的单位变动成本，所以 Y 产品的边际成本，属于相关成本。

第十三种情形，继续生产 Y 会产生变动成本，同时，继续生产 Y 产品会占用生产能力，失去租金收入，即机会成本，属于相关成本。

模块二　成本决策方法及应用

成本决策的方法很多，因成本决策的内容和目的不同，可以采用的方法也不同，主要成本决策方法有差量损益分析法、相关成本分析法、成本无差别点法、决策矩阵法和决策树法等，可选择适用于企业合理生产批量的成本决策、零部件自制或外购的成本决策、接受追加独立核算订货的成本决策、亏损产品是否停产的成本决策等的成本决策方法。

一、成本决策方法

成本决策方法根据成本决策类型分为确定型成本决策方法和风险型成本决策方法。确定型成本决策是指决策者对未来情况所掌握的信息都是肯定的数据，没有不确定性因素在内，只要比较不同方案的计算结果就能做出决策。其分析方法一般有：差量分析法、成本无差别点法、线性规划法、数学模型法等。风险型决策是指在决策过程中存在着两种以上决策者无法加以控制的自然状态，但各种自然状态下可能的概率大致可以预测。企业在风险决策过程中通常是以最佳期望值作为评判标准，即根据哪个方案的期望值最优就选哪个方案。风险型成本决策常用的分析计算方法有：决策矩阵法和决策树法。教材以确定型成本决策中的差量损益分析法、边际贡献分析法和成本平衡点分析法为例做介绍。

1. 差量损益分析法

差量损益分析法是当两个或两个以上的备选方案具有不同的预期收入和预期成本时，根据不同备选方案间的差量收入、差量成本计算的差量损益进行最优方案选择的方法。

在管理会计中，不同备选方案之间的差别称为差量，分为差量收入和差量成本两种。其中，差量收入是两个备选方案预期收入之差，差量成本是指两个备选方案预期成本之差，差量收入与差量成本之差又称为差量损益。如果差量损益大于零，前一个方案较优；如果差量损益小于零，则后一方案较优。应该注意的是，计算差量收入和差量成本的方案排列顺序必须保持一致。

如果在两个以上的备选方案中选优，可用此种方法两两进行比较抉择，选出最优方案。差量分析法可以用于企业的各项产品生产决策，如半成品是出售还是深加工、亏损产品是否继续生产、不需用的机器设备是出售还是出租等决策中。

差量损益分析法适用于同时涉及成本和收入的两个不同方案的决策分析，常常通过编制差量损益分析表进行分析评价。其分析的关键在于：进行决策分析时，只考虑对备选方案的预期收入和预期成本产生影响的项目，不相关的因素一概予以剔除。

【拓展阅读】

总额分析法以利润作为最终的评价指标，按照销售收入减去变动成本减去固定成本的模式计算利润，由此决定方案取舍的一种决策方法。之所以称为总额分析法，是因为决策中涉及的收入和成本是指各方案的总收入和总成本，这里的总成本通常不考虑它们与决策的关系，不需要区分相关成本与无关成本。此法便于理解，但由于将一些与决策无关的成本也加以考虑，计算中容易出错，从而会导致决策的失误，因此决策中不常使用。

2. 边际贡献分析法

边际贡献分析法是在将成本按照性态分类的基础上，通过比较各备选方案边际贡献的大小来确定最优方案的分析方法。

边际贡献指产品销售收入超过变动成本的金额，通常有两种表现形式：一是单位边际贡献，二是边际贡献总额。因为固定成本总额在相关范围内保持不变，边际贡献越大，减去不变的固定成本后的余额也就越大，对企业目标利润的贡献也就越大。所以，边际贡献的大小反映了备选方案对企业目标利润贡献的大小。

边际贡献分析法适用于收入成本型方案的择优决策，尤其适用于多个方案的择优决策。在使用该方法时应该注意：

（1）如果不存在专属成本或者存在专属成本但是专属成本相等时，比较不同方案的边际贡献总额；

（2）如果存在专属成本且不相等时，比较不同方案的剩余边际贡献总额（边际贡献总额减去专属成本后的余额）；

（3）如果企业某项资源（如材料、人工工时、机器工时等）受到限制时，应比较各方案的单位资源边际贡献；

（4）由于边际贡献总额的大小既取决于单位产品边际贡献的大小，也受该产品产销量的影响，所以在进行决策时应尽可能选择边际贡献总额大的方案。

3. 成本平衡点分析法

成本平衡点又称为成本无差异点或成本分界点，是以成本无差别点业务量作为最终的评价指标，根据成本无差别点所确定的业务量范围来决定方案取舍的一种决策方法。

成本无差别点业务量又称为成本分界点，是指两个不同备选方案总成本相等时的业务量，根据成本平衡点，就可以确定在什么业务量范围内哪个方案较优。假设两种方案的成本线如图 5-1 所示，则成本平衡点为 m 点，当业务量小于 m 时，第一种方案的成本直线在第二种方案成本直线的下方，即第一种方案的成本最低，应选择第一种方案；当业务量大于 m 时，第二种方案低于第一种方案的成本，应选择第二种方案；当业务量等于 m 时，两种方案均可。

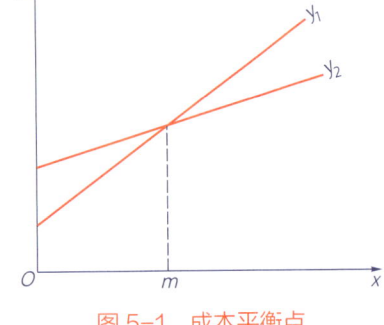

这种方法适用于只涉及成本，而且业务量未知的决策方案。

图 5-1 成本平衡点

【拓展阅读】

成本决策方法还有相关成本分析法、线性规划法、边际分析法等方法。① 相关成本分析法是以相关成本作为最终的评价指标，由相关成本决定方案取舍的一种决策方法。相关成本越小，说明企业所费成本越低，因此决策时应选择相关成本最低的方案作为优选方案。② 线性规划法是数学中的线性规划原理在成本决策中的应用，此法是依据所建立的约束条件及目标函数进行分析评价的一种决策方法。其目的在于用有限的资源，解决具有线性关系的组合规划问题。③ 边际分析法是微分极值原理在成本决策中的应用，此法是依据微分求导结果进行分析评价的一种决策方法。主要用于成本最小化或利润最大化等问题的决策。

二、成本决策方法的应用

1. 生产何种产品的决策分析

当选择生产何种产品或新产品开发的品种决策时，如果不涉及追加专属成本（即只有变动成本）时，可以用差量分析法或贡献边际分析法。在这种情况下，生产或开发的新产品不需要考虑固定成本，因为即使不开发新产品固定成本也将发生，因此固定成本属于沉没成本，无须在各产品之间进行分配，决策时不考虑。

【引例分析】

引例中的第一种情形，在决定生产哪种产品时，同时涉及成本和收入的两个不同方案的决策分析，可以采用差量分析法，也可以采用边际贡献分析法，在采用差量分析法时，对于成本我们只考虑相关成本。

表 5-6 差量分析法计算表明，甲、乙产品的差量损益为负值，即小于零，因此，我们应该选择生产乙产品。

表 5-6　差量分析表

项目	甲产品	乙产品	差异额
生产能力 / 小时	10 000	10 000	
定额工时 / 小时	20	16	
最大产量 / 件	500	625	
销售单价 / 元	36	32	
单位变动成本 / 元	12	10	
相关收入 / 元	18 000	20 000	−2 000
相关成本 / 元	6 000	6 250	−250
其中：增量成本 / 元	6 000	6 250	
差量损益 / 元			−1 750

在采用边际贡献分析法时，大家应注意，某种产品的单位边际贡献大并不意味着该种产品的边际贡献总额就大。比如甲产品，其单位边际贡献为 24 元，而乙产品的单位边际贡献为 22 元，甲产品的单位边际贡献比乙产品的单位边际贡献多了 2 元，说明对于单位产品来讲，甲产品对利润的贡献大于乙产品的，但是，由于剩余生产能力有限，在剩余的生产能力条件下，甲产品的产量为 500 件，而乙产品的产量为 625 件，乙产品的产量比甲产品的多了 125 件，如表 5-7 所示。所以乙产品对利润总的贡献大于甲产品。因此，我们应该选择生产乙产品。

表 5-7　边际贡献分析表

项目	甲产品	乙产品
生产能力 / 小时	10 000	10 000
定额工时 / 小时	20	16
最大产量 / 件	500	625
销售单价 / 元	36	32
单位变动成本 / 元	12	10
单位边际贡献 / 元	24	22
边际贡献总额 / 元	12 000	13 750

引例中的第二种情形是使用剩余能力开发新产品的决策，同样是同时涉及成本和收入的两个不同方案的决策分析，在此，选择了差量分析法进行分析决策。丙、丁产品的差量损益为正值，所以我们应该选择生产丙产品。分析过程如表 5-8 所示。

表 5-8　差量分析表

项目	丙产品	丁产品	差异额
剩余生产能力 / 小时	20 000	20 000	
定额工时 / 小时	20	25	
最大产量 / 件	1 000	800	
销售单价 / 元	28	32	
单位变动成本 / 元	15	18	
相关收入 / 元	28 000	25 600	2 400
相关成本 / 元	15 000	14 400	600
其中：增量成本 / 元	6 000	6 250	
差量损益 / 元			1 800

　　当产品品种决策的方案中涉及专属成本时，就无法直接用边际贡献指标来评价各方案的优劣，这个时候可以采用剩余边际贡献指标，即通过边际贡献扣除专属成本后的余额来进行评价，或者使用差量分析法进行评价。比如引例中的第三种情形，采用边际贡献分析法进行分析决策。由于专属固定成本属于相关成本，所以在决策分析中应加以考虑，分析过程如表5-9所示，计算表明，考虑了专属固定成本以后，丁产品的剩余边际贡献比丙产品的剩余边际贡献多了200元（即200＝8 200－8 000），所以，用剩余生产能力生产丁产品更为有利。

表5-9　边际贡献分析表

项目	丙产品	丁产品
剩余生产能力 / 小时	20 000	20 000
定额工时 / 小时	20	25
最大产量 / 件	1 000	800
销售单价 / 元	28	32
单位变动成本 / 元	15	18
单位边际贡献 / 元	13	14
边际贡献总额 / 元	13 000	11 200
专属成本 / 元	5 000	3 000
其中：增量成本 / 元	8 000	8 200

2. 生产工艺的决策分析

　　企业的同一种产品或零件，按不同的工艺方案进行加工生产，其成本往往差别很大，采用先进的工艺进行生产，产量和质量会大大提高，但是需要使用高级的专用设备，单位变动成本降低，而固定成本变高。采用一般工艺方案，往往只需用普通的简易设备，单位变动成本可能较高，但固定成本较低。

【引例分析】

　　引例中的第四种情形，已知取得A产品的两种方案的单位变动成本和固定成本，但是A产品的需要量不知道，所以应该选择成本平衡点分析法。设A产品的需要量为x件，则使用普通设备生产A产品的成本公式为：$y_1 = 300 + 1.5x$；使用数控设备的成本公式为：$y_2 = 500 + x$

　　根据成本平衡点的定义，令两个成本总额相等，$y_1 = y_2$，

即 $300 + 1.5x = 500 + x$

解得：$x = 400$（件）

因为，当 A 产品的产量低于 400 件时，普通设备的生产成本最低，而超过 400 件时，数控设备的成本最低。所以，当 A 产品的生产量低于 400 件时，我们应选择普通设备生产；高于 400 件时，选择数控设备生产；等于 400 件时，两种方案均可。两种方案的成本图如图 5-2 所示。

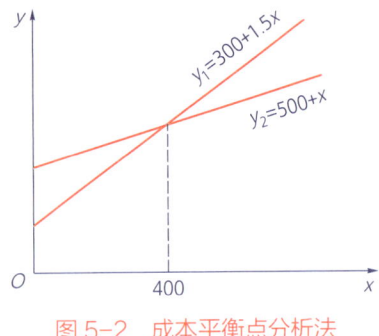

图 5-2　成本平衡点分析法

3. 产品加工程度的决策分析

在企业中经常面临的是直接销售半成品还是继续加工半成品的决策，这类决策，可采用差量分析法。应该注意的是，半成品在进一步加工前发生的成本，不论是变动成本还是固定成本，都属于无关成本，不必加以考虑。问题的关键在于分析研究半成品继续加工所增加的收入是否大于进一步加工而增加的成本，如果大于，则继续加工，反之，不加工。

【引例分析】

引例中的第五种情形，宏达公司生产半成品 B 发生的成本，是 B 产品和进一步加工成完工产品 C 产品的沉没成本，属于无关成本。而继续加工成 C 产品需要追加的单位变动成本属于增量成本，增量成本以及继续加工的专属固定成本属于相关成本。分析过程如表 5-10 所示，计算表明，差量损益为正值，所以我们应该选择继续将 B 产品加工成完工产品 C。

表 5-10　差量分析表

项目	加工	不加工	差异额
相关收入 / 元	70 × 10 000 = 700 000	50 × 10 000 = 500 000	200 000
相关成本 / 元	110 000	0	110 000
其中：增量成本 / 元	5 × 10 000 = 50 000	0	
专属成本 / 元	60 000	0	
差量损益 / 元			90 000

4. 零、部、配件取得方式的决策分析

零、部、配件的取得方式一般有自制和外购两种取得方法。在此类决策中，我们需要考虑以下三个问题。

（1）企业生产能力可否用作他用。自制需要占用生产能力，而外购不需要占用生产能力。所以当企业生产能力可以出租或者用作他用时，自制或外购的决策就会出现机会成本差异。选择自制时，由于占用了生产能力，则生产能力丧失了用作其他用途的机会，也就是发生了机会成本。选择外购时，生产能力没有被占用，所以不会发生机会成本。

如果生产能力除了自制以外，无法用于其他用途。则两种方法的选择不会出现机会成本差异。

（2）是否需要增加专属成本。如果自制时除了要使用原有生产能力之外还需要增加专属成本，那么自制时还需考虑专属成本。

（3）零、部、配件全年需要量是否确定。如果全年需要量可以确定，收入成本可取得，则我们选择差量分析法或者边际贡献分析法均可。如果全年需要量不能确定，可选择成本平衡点分析法决策。

【引例分析】

引例中的第六、第七和第八种情形，属于零、部、配件全年需要量确定的情况，在此选择差量成本来进行决策。第六种情形，车间的生产设备如不自制 P 零件，也无其他用途。所以自制无机会成本。计算表明，P 零件应选择自制方案，可比外购方案节约成本15 000 元，如表 5-11 所示。

表 5-11　差量分析表

项目	自制	外购	差异额
相关成本 / 元	45 000	60 000	−15 000
其中：增量成本 / 元	（10＋3＋2）×3 000＝45 000	20×3 000＝60 000	

引例中的第七种情形的成本决策，设备如不自制 P 零件，可出租给外单位使用，每月可收租金 1 200 元，自制方案需考虑机会成本，如表 5-12 所示。计算表明，自制仍然比外购方案节约 600 元，所以应选择自制方案。

表 5-12　差量分析表

项目	自制	外购	差异额
相关成本 / 元	59 400	60 000	−600
其中：增量成本 / 元	（10＋3＋2）×3 000＝45 000	20×3 000＝60 000	
机会成本 / 元	1 200×12＝14 400	0	

引例中的第八种情形的成本决策，如表 5-13 所示。计算表明，当自制方案发生了专属成本时，外购方案比自制方案节约了 1 000 元，所以应选择外购方案。

表 5-13　差量分析表

项目	自制	外购	差异额
相关成本 / 元	61 000	60 000	1 000
其中：增量成本 / 元	（10＋3＋2）×3 000＝45 000	20×3 000＝60 000	
专属成本 / 元	16 000	0	

在零、部、配件全年需要量不确定的情况下，则要使用成本平衡点分析法。

【例 5-1】飞翔三轮车加工厂所需零件 M 有两种取得途径，外购的话，购买价格是 450 元，假设目前该厂剩余的无法转移的生产能力可以自制 M 零件，经过技术估算，自制每个 M 零件的单位成本为 540 元，其中，直接材料 160 元，直接人工 140 元，变动制造费用 110 元，固定制造费用 120 元，另外，如果自制 M 零件，每年还需增加专属固定成本 12 000 元。请做出该厂所需 M 零件是自制还是外购的决策分析。

解：设零件 M 的需要量为 x 个，则：

外购的相关成本方程为 $y_1＝450x$

自制的相关成本方程为 $y_2＝12\,000＋（160＋140＋110）x$

根据成本平衡点定义，令两个成本总额相等，即

$y_1＝y_2$

则 $450x＝12\,000＋（160＋140＋110）x$

$x＝300$（个）

计算表明，如果需要 M 零件 300 个，则两个方案的预期成本相同，外购或自制均可。如果需要量大于 300 个，则选择自制；如果需要量小于 300 个，则选择外购。两种方案的成本图如图 5-3 所示。

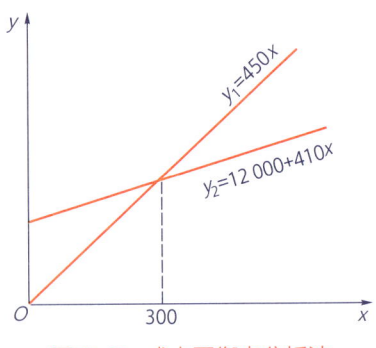

图 5-3　成本平衡点分析法

5. 特殊价格追加订货的决策分析

特殊价格是指低于正常价格甚至低于单位产品成本的价格。在企业尚有一定的剩余生产能力可以利用的情况下，是否以较低的价格追加订货，分以下两种情况讨论。

（1）当追加订货量小于或等于剩余生产能力时，企业利用剩余生产能力完成追加订货的生产，不会影响正常订货的完成，而且追加订货不会给企业带来专属成本，剩余生产

能力无法转移时，只要特殊订货的单价大于该产品的单位变动成本，就可以接受该追加订货。

当企业剩余生产能力可以转移时，转产或者出租等转移产生的收益应作为追加订货方案的机会成本。

【引例分析】

引例中的第九种和第十种情形，属于追加订货量小于或等于剩余生产能力的情况。因为生产 D 产品的剩余生产能力有：$10\,000 \times 35\% = 3\,500$（件），客户提出的订货量 2 800 件小于剩余生产能力，而且剩余生产能力无法转移，增加订货不需要增加专属成本。那么只要特殊订货的单价大于该产品的单位变动成本，就可以追加订货。

因为，该产品的单位变动成本 $b = 16 + 14 + 5 = 35$（元）

订单单价 $p = 40$ 元

$p > b$，所以，可以接受追加订货。

引例中的第十种情形，采用差量分析法进行决策分析的计算如表 5-14。从计算分析可以看出，接受追加订货比拒绝追加订货可以多获利 11 000 元，所以应接受追加订货。

表 5-14　差量分析表

项目	追加	不追加	差异额
相关收入 / 元	$41 \times 3\,500 = 143\,500$	0	143 500
相关成本 / 元	132 500	0	132 500
其中：增量成本 / 元	$(16 + 14 + 5) \times 3\,500 = 122\,500$	0	
机会成本 / 元	10 000	0	
差量损益 / 元			11 000

（2）当追加订货量大于剩余生产能力时，此时接受追加订货必然妨碍正常订货的完成，在做决策时，应将追加订货而减少的正常收入作为追加订货的机会成本。如果追加订货需要增加专门的固定成本，则应将其作为追加订货方案的专属成本。

【引例分析】

引例中的第十一种情形，属于追加订货量大于剩余生产能力的情况，采用差量分析法进行决策分析的计算如表 5-15。从计算分析可以看出，接受追加订货比拒绝追加订货少获利 4 500 元，所以应拒绝追加订货。

表 5-15　差量分析表

项目	追加	不追加	差异额
相关收入 / 元	42 × 4 500 = 189 000	0	189 000
相关成本 / 元	193 500	0	193 500
其中：增量成本 / 元	（16 + 14 + 5）× 4 500 = 157 500	0	
机会成本 / 元	1 000 ×（70 − 42）= 28 000	0	
专属成本 / 元	8 000	0	
差量损益 / 元			−4 500

6. 亏损产品停产或转产的决策分析

工业企业在日常经营过程中，往往会由于某些产品不能适销对路或者质量较差、款式陈旧等原因，造成市场滞销，仓库积压，发生亏损，这就面临着亏损产品是否要停产的决策分析问题。亏损产品是否停产，分为生产能力是否可以转移两种情况。

在生产能力无法转移的情况下，只要亏损产品的边际贡献大于零就不应该停产。这是因为，由本量利分析公式 $EBIT = px - bx - a$ 我们了解到，一种产品的销售收入首先要补偿生产该产品时发生的变动成本，补偿后若有剩余，即 $TCM = (px - bx) > 0$，才有贡献，才能继续补偿固定成本，如果继续生产亏损产品，亏损产品提供的边际贡献可以弥补部分固定成本，而亏损产品停产后只能减少变动成本，并不能减少固定成本。所以，停产亏损产品不仅不会减少亏损，反而会扩大亏损。此时可采用边际贡献分析法进行决策。

【引例分析】

引例中的第十二种情形，采用边际贡献分析法编制的计算表如表 5-16 所示。

表 5-16　边际贡献与净利润计算表

产品名称	X 产品	Y 产品	Z 产品	合计
销售量 / 件	20 000	6 000	4 000	
销售单价 / 元	20	50	25	
单位变动成本 / 元	8	40	15	
销售收入总额 / 元	400 000	300 000	100 000	800 000
变动成本总额 / 元	160 000	240 000	60 000	460 000
边际贡献总额 / 元	240 000	60 000	40 000	340 000
固定成本总额 / 元	100 000	75 000	25 000	200 000
净利润 / 元	140 000	−15 000	15 000	140 000

计算表明，Y产品损失15 000元，但是它能提供60 000元的边际贡献，也就是对固定成本总额200 000元抵减了60 000元。如果将Y产品停产的话，Y产品所分配的固定成本总额则要转嫁给X、Z产品来承担，其结果反而造成净利润的进一步下降，从原来的140 000元下降到后来的80 000元。Y产品停产后的边际贡献与净利润的计算如表5-17所示。

表5-17　边际贡献与净利润计算表

产品名称	X产品	Z产品	合计
销售量/件	20 000	4 000	
销售单价/元	20	25	
单位变动成本/元	8	15	
销售收入总额/元	400 000	100 000	500 000
变动成本总额/元	160 000	60 000	220 000
边际贡献总额/元	240 000	40 000	280 000
固定成本总额/元	160 000	40 000	200 000
净利润/元	80 000	0	80 000

如果亏损产品停产后，闲置下来的生产能力可以转移，比如转产其他产品或者对外出租，就必须考虑亏损产品的机会成本因素。在生产Y产品的生产能力可以转移的情况下，要不要停产Y产品，转产其他产品或者将生产能力对外出租呢？

如果出租生产能力或者生产能力生产的其他产品的边际贡献大于Y产品的边际贡献，则选择转产或者出租。

【引例分析】

引例中的第十三种情形，将剩余生产能力出租可以获得100 000元租金，而继续生产Y产品的话，边际贡献为：300000−240 000=60 000（元），所以说，出租方案比继续生产Y产品的边际贡献多40 000元，应采取出租的方案。

另外，我们还可以采用差量分析法，编制差量分析计算表，如表5-18所示。

表5-18　差量分析计算表

项目	停产Y产品	不停产Y产品	差异额
相关收入/元	0	50×6 000＝30 000	−300 000
相关成本/元	0	340 000	−340 000
其中：增量成本/元	0	40×6 000＝240 000	
机会成本/元	0	10 000	
差量损益/元			40 000

从计算分析可以看出，停产 Y 产品比不停产 Y 产品多获利 40 000 元，所以应停止生产 Y 产品，采取出租方案。

7. 产品组合成本决策

企业在生产中，无论是原材料来源、设备加工能力、动力供应，还是熟练的劳动生产力等方面都会经常受到限制。如何用有限的资源生产不同的产品，实现最优的产品组合，是企业经常要处理的问题。

【例 5-2】某公司生产男士西装和女士套裙两种产品一批，产量分别为 160 件和 260 件，需要用到甲布料、乙布料两种规格的布料，甲布料每块 500 元，可裁剪男士西装 2 件和女士套裙 4 件；乙布料每块 300 元，可裁剪男士西装 4 件和女士套裙 5 件。根据上述资料，做出使这批产品材料成本最低的成本决策。

设领用甲布料 x 块，乙布料 y 块，则可生产成男士西装（$2x+4y$）件，女士套裙（$4x+5y$）件。这批产品的材料成本为（$500x+300y$）元。

既保证完成生产任务，又保证材料成本最低。那么在：

$2x+4y \geqslant 160$ 且 $4x+5y \geqslant 260$，以及 $x>0$，$y>0$ 的条件下，求 x、y 的值，使材料成本 $C_{min}=500x+300y$ 值最小。

如图 5-4 做出平面直角坐标系，将组成约束条件的两个方程转化为等式，在平面直角坐标系中做出两条直线，使：

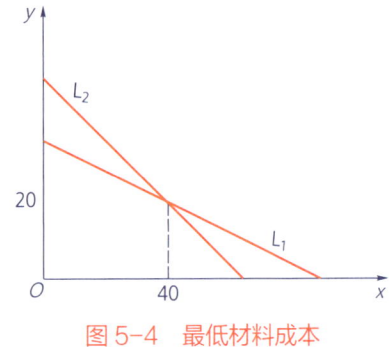

图 5-4　最低材料成本

L_1：$2x+4y=160$

L_2：$4x+5y=260$

则 L_1 和 L_2 的交点坐标：$x=40$，$y=20$，即为满足约束条件下的最低材料成本。

$C_{min}=500x+300y=500 \times 40+300 \times 20=26\ 000$（元）

📝 项目小结

成本决策包括长期成本决策和短期成本决策，可以使用差量损益分析法、边际贡献分析法和成本平衡点分析法等方法，完成生产何种产品、使用何种工艺生产产品、亏损产品是否停产转产、零部配件的取得方式等生产决策。

📋 思维导图

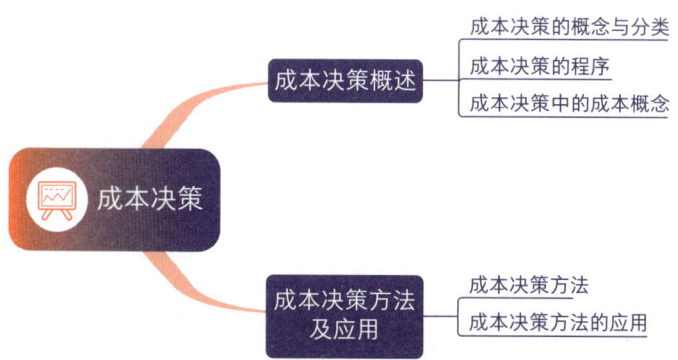

✏️ 知识技能考核

一、单项选择题

1. 将决策分为确定型决策、风险性决策和不确定决策是按（　　）进行的分类。

A. 决策本身的重要程度　　　　　　B. 决策条件的肯定程度

C. 决策规划时期的长短　　　　　　D. 决策解决问题的内容

2. 有关产品是否进行深加工决策中，深加工前的半成品成本属于（　　）。

A. 估算成本　　　　　　　　　　　B. 重置成本

C. 机会成本　　　　　　　　　　　D. 沉没成本

3. 在经济决策中应由中选的最优方案负担的、按所放弃的次优方案潜在收益计算的资源损失，即（　　）。

A. 增量成本　　　　　　　　　　　B. 加工成本

C. 机会成本　　　　　　　　　　　D. 专属成本

4. 成本无差别点业务量是指能使两方案（　　）。

A. 标准成本相等的业务量　　　　　B. 变动成本相等的业务量

C. 固定成本相等的业务量　　　　　D. 总成本相等的业务量

5. 在短期经营决策中，企业不接受特殊价格追加订货的原因是买方出价低于（　　）。

A. 正常价格　　　　　　　　　　　B. 单位产品成本

C. 单位变动生产成本　　　　　　　D. 单位固定成本

二、多项选择题

1. 下列成本属于无关成本的是（　　　　）。

A. 专属成本　　　　　　　　　　B. 共同成本

C. 差额成本　　　　　　　　　　D. 不可避免成本

2. 下列各项中属于相关成本的有（　　　　）。

A. 增量成本　　　　　　　　　　B. 机会成本

C. 专属成本　　　　　　　　　　D. 沉没成本

3. （　　　　）一般属于无关成本的范围。

A. 专属成本　　　　　　　　　　B. 机会成本

C. 联合成本　　　　　　　　　　D. 沉没成本

4. 当剩余生产能力无法转移时，亏损产品不应停产的条件有（　　　　）。

A. 该亏损产品的边际贡献率大于 0　　B. 该亏损产品的变动成本率小于 1

C. 该亏损产品的边际贡献大于 0　　　D. 该亏损产品的单位边际贡献大于 0

5. 在下列决策类型中，属于按决策条件的肯定程度分类的是（　　　　）。

A. 战略决策　　　　　　　　　　B. 不确定型决策

C. 确定型决策　　　　　　　　　D. 风险型决策

三、实务题

某企业在同一生产过程中可同时生产 X、Y 两种联产品，两种联产品分离后，既可以立即出售，也可以继续加工后再出售，有关资料如表 5-19 所示。

表 5-19　各产品成本情况分析

产品名称		X	Y
产量		2 800 升	1 200 升
分离前发生的联合成本		5 800 元	8 200 元
售价	分离后	10 元 / 升	25 元 / 升
	继续加工	20 元 / 升	45 元 / 升
继续加工追加的成本	单位变动成本	9 元	12 元
	专属固定成本	8 000 元	3 500 元

要求：作出该公司是否继续加工 X、Y 产品的决策分析。

项目六　成本计划

 **学习目标** |┣╌╌╌╌╌╌╌╌╌╌╌╌╌╌╌╌╌╌╌╌╌╌╌

知识目标
- 了解成本计划的编制方法
- 理解生产计划在全面预算中的地位
- 掌握产品成本计划的编制方法

技能目标
- 能借助 Excel 完成主要产品成本计划的编制
- 能借助 Excel 完成制造费用预算表的编制

素养目标
- 通过成本计划的编制，提升大局意识和战略决策能力
- 养成事先计划、事中控制和事后分析的工作习惯

项目引例 |┣╌╌╌╌╌╌╌╌╌╌╌╌╌╌╌╌╌╌╌╌╌╌╌

　　庆丰公司生产甲、乙两种产品，设有两个基本生产车间和一个机修辅助生产车间，原材料在每个车间生产开始时一次性投入，甲产品需经过基本生产一车间、基本生产二车间两道工序，每道工序在产品完工率均为 50%，甲产品成本的计算采用平行结转分步法。乙产品只需要经过基本生产一车间一道工序加工即可完成。该公司机修车间的主要任务就是为全公司各部门的设备、仪器进行修理，间接费用采用工时比例法进行分配。

　　2020 年 12 月，庆丰公司开始做 2021 年度成本计划，计划年度内，庆丰公司将继续生产甲、乙两种产品，各产品的计划产量如表 6-1 所示，各产品消耗定额及计划单价如表6-2 所示，期初在产品成本资料如表 6-3 所示。

表 6-1　各产品计划产量表

2021 年　　　　　　　　　　　　　　　　　　　　　　　　　　　　　单位：件

车间名称	产品名称	期初在产品		本期投入		本期完工	期末在产品	
		投料产量	约当产量	投料产量	约当产量		投料产量	约当产量
一车间	甲产品	1 200	600	60 000	59 500	59 000	2 200	1 100
	乙产品			15 000		15 000		
二车间	甲产品			59 000		59 000		

注：一车间甲产品本期投入人工和制造费用的约当产量为：59 500 件 =（59 000 + 2 200 × 50% −
1 200 × 50%）

表 6-2　各产品消耗定额及计划单价

2021 年

项目	单位	计划单价	单位消耗定额			
			甲产品			乙产品
			一车间	二车间	合计	一车间
直接材料						
A 材料	千克	4	3		3	
B 材料	千克	3		1	1	
C 材料	千克	2				2
直接人工	工时		3	2		4

注：一车间和二车间每小时职工薪酬为 20 元和 30 元

表 6-3　期初在产品成本资料

2021 年

车间	产品	数量 / 件	成本项目	单位	单件消耗量	金额 / 元
一车间	甲产品	1 200	直接材料（A 材料）	千克	3.215 0	15 432
			直接人工	工时	3.650 0	43 800
			制造费用			2 613

2021 年制造费用预算为 194 645 元，机修车间生产费用计划数为 91 500 元，计划提供服务工时 3 000 小时，详细情况如表 6-4 所示。

表 6-4　辅助生产成本、制造费用计划

2021 年

项目		工时计划/小时	服务部门	计划服务工时/小时	费用计划/元
辅助生产成本		3 000	基本生产一车间	1 200	91 500
			基本生产二车间	1 000	
			管理部门	800	
制造费用	基本生产一车间				107 325
	基本生产二车间				87 320

模块一　成本计划概述

成本计划是以货币形式事先反映企业未来各项成本或费用实现目标的一种手段。成本计划不仅有利于企业成本的控制和考核，也是企业编制其他计划的重要基础，做好成本计划对企业的经营管理有重要的意义。

一、成本计划的概念和作用

（一）成本计划的含义

成本计划是指在成本预测和决策的基础上，根据计划期的生产任务、降低成本的要求及其相关资料，通过一定的程序，运用一定的方法，以货币计量形式表现计划期产品的生产耗费和各种产品成本水平以及相应的成本降低水平和为此采取的主要措施的书面方案。

成本计划是企业生产经营总预算的一部分，成本计划属于成本的事前管理，通过对成本的计划与控制，分析实际成本与计划成本之间的差异，指出有待加强控制和改进的领域，达到评价有关部门的业绩、增产节约的目的，因此，成本计划可以作为控制与考核成本的重要依据。企业的整体预算从销售预算开始，最终流向预计收益表和预计现金流量表，而成本计划是主要的中间环节，如图 6-1 所示。

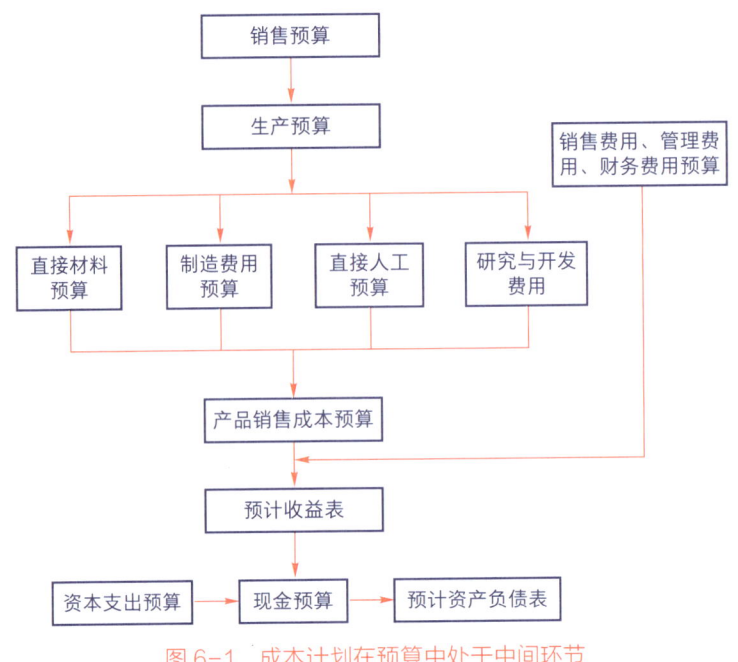

图 6-1　成本计划在预算中处于中间环节

（二）成本计划的作用

（1）成本计划是达到目标成本的一种程序，能够使职工明确成本方面的奋斗目标，提高企业领导和职工降低成本的自觉性，克服盲目性，严格控制生产费用支出，挖掘降低成本的潜力，保证完成成本计划任务，提高产品的经济效益。

（2）成本计划是企业成本分析和考核的基本依据，是评价考核企业及部门成本业绩的标准尺度，是推动企业实现责任成本制度和加强成本控制的有力手段。

拓展阅读　计划与预算

（3）成本计划是企业编制其他计划的重要依据。

二、成本计划的内容

成本计划（或预算）的内容包括费用预算、产品成本计划和成本降低措施方案。

（一）费用预算

费用预算通过生产费用要素和生产费用用途来反映企业生产耗费，按生产要素反映可以编制材料费用预算、工资费用预算；按费用用途反映可以编制制造费用预算。具体包括：

1. 生产费用预算

生产费用预算是按生产费用要素反映的计划期内全部生产费用支出计划。它由两部分构成：一是基本部分，反映按费用要素计算的各项生产费用额以及占总费用的比重；二是调整计算部分，在生产费用总额的基础上加减有关调整项目，使生产费用总额与商品产品成本总额相等，便于与全部商品产品成本计划进行相互核对。生产费用预算可作为控制生产费用支出的依据。

2. 制造费用预算

制造费用是综合性间接费用，既包括固定资产折旧费、管理人员工资等固定性制造费用，又包括消耗材料、动力费等变动性制造费用及一些混合性制造费用，如修理费等。制造费用不可能像直接人工、直接材料那样简单确定，因此，应事先编制制造费用预算，即按费用项目反映计划期内各项制造费用的支出数。编制时可按各项目费用与业务量之间的关系来确定。

3. 期间费用预算

企业的期间费用是指直接计入当期损益的管理费用、财务费用和销售费用等。这三项费用项目繁多，内容复杂，应分别编制成本预算。

其中管理费用预算是按管理费用的详细项目反映计划期内管理费用的控制水平，财务费用预算同样按费用项目反映计划期内各项费用的控制水平，销售费用预算反映销量、费用和利润的关系，也是按费用项目反映计划期内的控制水平。

（二）产品成本计划

产品成本计划反映计划期内各种产品的预计成本水平。产品成本计划一般包括主要产品单位成本计划和全部商品产品成本计划。

1. 产品单位成本计划

产品单位成本计划按产品不同品种分别编制，按成本项目反映各产品在计划期内规定的单位成本水平及单位成本降低任务。根据要求，还应列出有关技术经济指标的计划水平。

2. 全部商品产品成本计划

全部商品产品成本计划包括按产品品种编制的全部商品产品成本计划和按成本项目编制的全部商品产品成本计划。

（三）成本降低措施方案

完整的成本计划不能缺少成本降低的措施与方案。在编制成本计划时，企业内部各个部门应提出相应的技术组织措施来保证成本降低计划的完成，经过全厂综合平衡汇总，就能形成成本降低的措施方案。它通常包括企业在计划期内降低成本的方法与途径，反映成本降低的项目、内容、降低的数额及产生的效益。

三、成本计划的编制程序和要求

成本计划编制是一项综合性工作，涉及企业生产经营的许多方面，又具有较强的技术性。因此，编制成本计划必须按一定程序进行。

（一）成本计划编制程序

1. 搜集和整理资料

搜集和整理资料是编制成本计划的基础工作。应搜集的资料主要包括：

（1）可比产品上期成本计划执行情况及其分析资料。

（2）计划期内各种直接材料、直接人工消耗定额和工时定额。

（3）企业降低成本的要求以及企业测算的目标成本。

（4）与成本计划有关的其他生产经营计划资料。

（5）同类企业、同类产品成本水平。

2. 预计和分析上年成本计划执行情况

编制当期成本计划之前，在预计和分析上年成本计划执行情况的基础上，总结经验，发现问题，找出差距，发动职工提出降低成本的措施。

3. 进行成本降低指标的试算平衡

在对上年成本执行情况进行分析的基础上，根据各项成本降低措施，测算计划期成本可能降低的数据和幅度，再结合计划期内各种因素的变化和准备采取的各种增产节约措施，进行修订、测算和平衡。

4. 正式编制成本计划

在成本降低指标试算平衡后，财务部门可以在其他部门配合下，正式编制企业的成本计划并经企业领导批准后，组织实施。

（二）成本计划编制的要求

（1）要以先进合理的技术经济定额为依据来编制成本计划。这些定额包括物资消耗定额、劳动定额、费用开支定额等。

（2）要以其他生产经营计划为依据编制成本计划。比如要依据生产计划、物资供应计划、劳动工资计划等为依据来编制成本计划。

（3）要按照分级归口管理的原则来组织成本计划编制。由财务部门负责组织有关部门参与成本计划编制，保证成本计划符合实际。

模块二　成本计划的编制方法

编制成本计划可以通过消耗定额，采用统一编制和分级编制的方法直接计算；当资料和消耗定额不齐全时也可以通过因素测算法进行。

一、直接计算法

直接计算法，它是根据各项消耗定额、费用预算等资料，按照成本组成项目，采用一定的成本计算方法，详细计算各种产品的计划成本，然后汇总编制产品成本计划。这种方法适用于企业的各项消耗定额和计划资料较齐全的情况。直接计算法按企业核算分级方式又可分为统一编制法和分级编制法两种。

成本计划的编制——直接计算法

（一）统一编制法

统一编制法以企业财会部门为核心，在其他有关部门的配合下，根据综合经营计划的要求编出产品成本计划的方法。这是一种自上而下的编制方法，小型或品种较少的企业一般实行统一编制，这类企业由于产品品种较少，成本计划相对简单，编制工作量不大，可以采取统一编制成本计划的方法，由厂部直接编制全厂的，直接编制单位产品成本计划，然后再编制商品产品成本计划。

（二）分级编制法

分级编制采用自下而上的方法，是一种参与性的编制方法。高层管理下达成本控制指标，下级单位再根据这一指标，按成本计划的要求，通过同级间、上级与下级间的沟通协调，最后形成总体成本计划。大中型企业一般实行分级核算，在编制成本计划时，一般由各车间根据财务部门下达的控制数据，编制车间成本计划，再由财务部门汇总编制全厂成本计划。分级编制法成本计划的步骤如下：

第一步，辅助生产车间编制辅助生产车间成本计划。辅助生产费用预算是为了适应编制全厂制造费用预算的需要而编制的，各项费用一般按成本项目编制，同时还需要按费用要素来反映。对于有消耗定额的费用项目，可按计划期的计划产量、单位产品（劳务）消耗定额和计划单位计算，如原材料、燃料、动力等直接材料费用以及直接人工费用。辅助生产车间的制造费用是综合性费用，内容比较复杂。如果没有消耗定额和开支标准，可根据上年资料和计划年度节约费用的要求进行匡算；如果有规定开支标准，则按有关标准计算编制。辅助生产车间耗用其他辅助生产车间提供的劳务或产品，其数额可以根据计划耗用量和内部结算价格计算确定。

第二步，将辅助生产车间费用预算分配给各有关受益单位。分配方法是先计算辅助生产车间所提供的产品或劳务的计划单位成本，再根据各受益单位的基本生产车间、部门需要的计划产品或劳务数量，计算各受益单位应分配的辅助生产车间的辅助生产费用。

拓展阅读　认知辅助生产费用

【引例分析】

辅助生产车间成本计划表如表 6-5 所示。

表 6-5　辅助生产车间成本计划

车间名称：机修车间　　　　　　　　2021 年　　　　　　　　金额单位：元

费用项目	计划数额	辅助生产费用分配			
		受益单位	修理工时	分配率	金额
直接材料	20 000	基本生产一车间	1 200		36 600
直接人工	30 000	基本生产二车间	1 000		30 500
制造费用		管理部门	800		24 400
1. 职工薪酬	35 000		3 000	30.500 0	91 500
2. 保险费	2 000				
3. 折旧费	1 000	计划单位成本 = 费用计划数额 ÷ 修理工时计划数			
4. 租赁费	3 000	某部门应承担的费用 = 耗用修理工时数 × 计划单位成本			
5. 办公费	500				
合计	91 500				

第三步，由基本生产车间编制基本生产车间成本计划。基本生产成本计划要分别由各车间来编制。各基本生产车间在编制成本计划时，应先将直接费用按产品类别编制，再将制造费用按费用项目编制；再按一定标准（如定额工时、直接工资等）在各产品之间分配制造费用预算额，最后汇总编制车间产品成本计划。

【引例分析】

基本生产一车间成本计划表如表 6-6、表 6-7、表 6-8、表 6-9 和表 6-10 所示。

表6-6　基本生产—车间直接费用计划

产品：甲产品　　　　　　　　　　　　　　　　　　　　　　　　　　　　金额单位：元

项目	计量单位	期初在产品			本期生产费用						完工产成品					期末在产品		
					单位成本			生产费用总额				总成本		单位成本				
		产量/件	消耗量	金额	单价	消耗量	金额	产量	消耗量	金额	产量	消耗量	金额	消耗量	金额	约当产量	消耗量	金额
栏次	（1）	（2）	（3）	（4）	（5）	（6）	（7）	（8）	（9）	（10）	（11）	（12）	（13）	（14）	（15）	（16）	（17）	（18）
直接材料																		
A材料	千克	1 200	3 858	15 432	4	3	12	60 000	180 000	720 000	59 000	177 258	709 032	3.004 4	12.02	2 200	6 600	26 400
直接人工	工时	1 200	2 190	43 800	20	3	60	59 500	178 500	3 570 000	59 000	177 390	3 547 800	3.006 6	60.13	1 100	3 300	66 000
合计				59 232			72			4 290 000			4 256 832		72.15			92 400

表 6-7　基本生产一车间直接费用计划

产品：乙产品　　　　　　　　　　　　2021 年　　　　　　　　　　金额单位：元

项目	计量单位	单价	单位成本		总成本		
			消耗量	金额	产量	消耗量	金额
	（1）	（2）	（3）	（4）	（5）	（6）	（7）
直接材料							
C 材料	千克	2	2	4	15 000	30 000	60 000
直接人工	工时	20	4	80	15 000	60 000	1 200 000
合计				84			1 260 000

表 6-8　基本生产一车间制造费用预算表

　　　　　　　　　　　　　　　2021 年　　　　　　　　　　金额单位：元

明细项目	职工薪酬	办公费	折旧费	修理费	保险费	材料费	其他	合计
金额	40 000	10 000	15 000	36 600	2 000	2 725	1 000	107 325

表 6-9　基本生产一车间制造费用分配表

　　　　　　　　　　　　　　　2021 年　　　　　　　　　　金额单位：元

产品名称	本期生产工时消耗	分配率	制造费用			约当产量			分配率	制造费用分配	
			本期数	期初数	合计	完工产品	期末在产品	合计		完工产品	期末在产品
	（1）	（2）	（3）	（4）	（5）	（6）	（7）	（8）	（9）	（10）	（11）
甲产品	178 500		80 325	2 613	82 938	59 000	1 100	60 100	1.38	81 420	1 518
乙产品	60 000		27 000	0	27 000	15 000	0	15 000	1.8	27 000	0
合计	238 500	0.45	107 325								

表 6-10　基本生产一车间产品成本计划

　　　　　　　　　　　　　　　2021 年　　　　　　　　　　金额单位：元

项目	甲产品		乙产品		计划总成本
	计划产量 59 000 件		计划产量 15 000 件		
	单位成本	总成本	单位成本	总成本	
直接材料	12.02	709 032	4.00	60 000	769 032

续表

| 项目 | 甲产品 | | 乙产品 | | 计划总成本 |
| | 计划产量 59 000 件 | | 计划产量 15 000 件 | | |
	单位成本	总成本	单位成本	总成本	
直接人工	60.13	3 547 800	80.00	1 200 000	4 747 800
制造费用	1.38	81 420	1.80	27 000	108 420
合计	73.53	4 338 252	85.80	1 287 000	5 625 252

基本生产二车间生产成本计划如表 6-11、表 6-12 和表 6-13 所示。

表 6-11　基本生产二车间直接费用计划

产品：甲产品　　　　　　　　　　　2021 年　　　　　　　　　　金额单位：元

| 项目 | 计量单位 | 单价 | 单位成本 | | 总成本 | | |
			消耗量	金额	产量	消耗量	金额
	（1）	（2）	（3）	（4）	（5）	（6）	（7）
直接材料							
B 材料	千克	3	1	3	59 000	59 000	177 000
直接人工	工时	30	2	60	59 000	118 000	3 540 000
合计				63			3 717 000

表 6-12　基本生产二车间制造费用预算表

　　　　　　　　　　　　　　2021 年　　　　　　　　　　金额单位：元

明细项目	职工薪酬	办公费	折旧费	修理费	保险费	材料费	其他	合计
金额	38 000	5 500	8 000	30 500	2 000	2 820	500	87 320

表 6-13　基本生产二车间产品成本计划

　　　　　　　　　　　　　　2021 年　　　　　　　　　　金额单位：元

| 项目 | 甲产品 | | 计划总成本 |
| | 计划产量 59 000 件 | | |
	单位成本	总成本	
直接材料	3.00	177 000	177 000

续表

项目	甲产品		计划总成本
	计划产量 59 000 件		
	单位成本	总成本	
直接人工	60.00	3 540 000	3 540 000
制造费用	1.48	87 320	87 320
	64.48	3 804 320	3 804 320

第四步，制造费用总预算的编制。制造费用总预算是在各车间制造费用预算基础上编制而成的。首先依据辅助生产车间、各基本生产车间的制造费用预算资料按明细项目反映的数额进行分项汇总列示，接着再扣除内部转账部分，即各车间相互分配重复计算的部分。

扣除内部转账部分有两种方法：一是各车间制造费用预算数中增设分配费用一栏，用来登记其他车间分配来的费用，汇总时不包括该栏费用；二是在制造费用总预算表中设置"减：内部转账"栏，根据有关费用分配表数字分析填列。

制造费用总预算可作为控制和监督制造费用未来发生数的标准，将实际制造费用与制造费用预算数额进行比较，可以评价制造费用实际支出情况，查明超支或节约的原因。

【引例分析】

制造费用总预算的编制如表 6-14 所示。

表 6-14　制造费用总预算表

2021 年　　　　　　　　　　金额单位：元

明细项目	辅助生产车间	一车间	二车间	减内部转账	合计
职工薪酬	35 000	40 000	38 000		113 000
保险费	2 000	2 000	2 000		6 000
折旧费	1 000	15 000	8 000		24 000
租赁费	3 000				3 000
办公费	500	10 000	5 500		16 000
修理费		36 600	30 500	67 100	0
材料费		2 725	2 820		5 545
其他		1 000	500		1 500
	41 500	107 325	87 320	67 100	169 045

第五步，全厂成本计划的编制。

全厂成本计划是在各车间成本计划编制的基础上编制的，由企业财务部门负责编制，包括主要产品单位成本计划、全部商品产品成本计划。

主要产品单位成本计划是根据各基本生产车间成本计划，分产品和成本项目加以汇总编制。在采用逐步结转分步法时，最后一个基本生产车间产品的计划单位成本即为该产品的计划单位成本。如果需要按原始成本项目反映产品成本，则要将最后一个车间的计划成本中的"自制半成品"项目逐步分解后再编制。在采用平行结转分步法时，将各基本生产车间同一产品的单位成本的相同项目相加即为该产品的计划单位成本。

全部商品产品成本计划的编制，通常有两种方法：一是按照"主要产品单位成本计划表"的内容按成本项目进行编制，可以反映企业产品成本的构成及各成本项目的增减变动情况；二是按产品类别进行编制，可以反映各种产品成本计划数及可比产品较上年成本的升降情况。

【引例分析】

主要产品成本计划如表 6-15 和表 6-16 所示。商品产品成本计划如表 6-17 所示。

表 6-15 主要产品单位成本计划

产品名称：甲产品

计划产量：95 000 件　　　　　　　　2021 年　　　　　　　　金额单位：元

成本项目	行次	单位成本		降低额	降低率（%）
		上年预计平均	本年计划		
直接材料	1	18.00	15.02	2.98	16.56
直接人工	2	130.00	120.13	9.87	7.59
制造费用	3	3.50	2.86	0.64	18.29
制造成本	4	151.50	138.01	13.49	8.90

表 6-16 主要产品单位成本计划

产品名称：乙产品

计划产量：15 000 件　　　　　　　　2021 年　　　　　　　　金额单位：元

成本项目	行次	单位成本		降低额	降低率（%）
		上年预计平均	本年计划		
直接材料	1	6.00	4.00	2.00	33.33

成本项目	行次	单位成本		降低额	降低率（%）
		上年预计平均	本年计划		
直接人工	2	85.00	80.00	5.00	5.88
制造费用	3	2.60	1.80	0.80	30.77
制造成本	4	93.60	85.80	7.80	8.33

表 6-17　商品产品成本计划（按产品类别）

2021 年　　　　　　　　　　　　　　　　　　　　　　金额单位：元

产品名称	计划产量	单位成本		总成本			
		上年预计平均	本年计划	按上年预计平均单位计算	按本年计划单位成本计算	降低额	降低率（%）
	（1）	（2）	（3）	（4）=（2）×（1）	（5）=（3）×（1）	（6）=（4）-（5）	（7）=（6）÷（4）
可比产品							
其中：甲产品	59 000	151.50	138.01	8 938 500	8 142 572	795 928	8.90
乙产品	15 000	93.60	85.80	1 404 000	1 287 000	117 000	8.33
不可比产品							
全部商品产品成本				10 342 500	9 429 572		

二、因素测算法

因素测算法亦称"概算法"，它是根据各项增产节约措施计划，通过分析测算出各项增产节约因素的效果及其对降低成本的影响，然后据以调整上年实际（或预计）成本，编制成本计划。这种方法在企业各项资料和各项消耗定额不齐全的情况下采用。

因素测算法的步骤如下：

（1）提出降低产品成本计划的要求。财会部门根据企业确定的成本指标或目标成本向各车间和部门提出降低产品成本的计划要求，各车间和部门向所属各基层单位（班组、工段）提出要求，以保证实现降低产品成本的要求。

（2）编制基层单位降低成本的计划。各车间和部门根据有关部门和班组提出的增产节约措施，制定本单位的措施计划。

（3）编制全厂产品成本计划。财务部门根据各基层单位上报的增产节约方案，企业上年度产品实际成本资料和本期的计划节约额，分成本项目调整计划，确定计划年度分成本项目的计划总成本、单位成本，同时确定可比产品成本计划降低额和降低率，汇总编制全厂产品成本计划。

项目小结

在成本核算和预测的基础上，通过收集和整理资料、总结上年成本计划完成情况、平衡本期成本指标等步骤，完成费用预算和产品成本计划的编制。具体编制计划时，可采用直接计算法和因素测算法。

思维导图

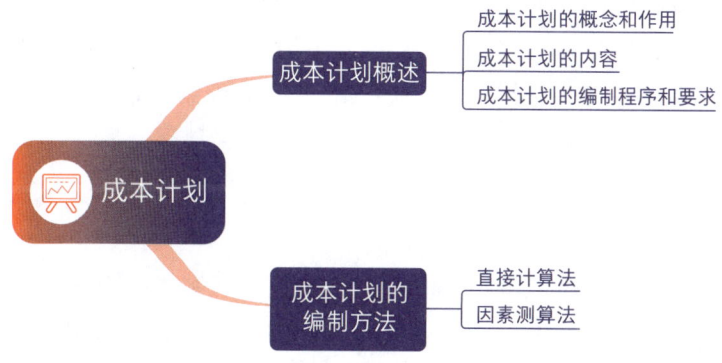

知识技能考核

一、单项选择题

1. 在编制直接材料成本计划时，应根据产品的产量、单位产品材料的定额消耗数量乘以（　　　）计算。

A. 材料的计划消耗数量　　　　　　　B. 材料的标准消耗数量

C. 材料的计划单价　　　　　　　　　D. 材料的采购数量

2. 成本计划的集中编制法适用于（　　　）。

A. 小型分级核算的企业　　　　　　　B. 大型分级核算的企业

C. 小型集中核算的企业　　　　　　D. 都可以采用

二、多项选择题

1. 成本计划的编制方法有（　　　　　　）。

A. 直接计算法　　　　　　　　　　B. 因素测算法

C. 集中编制法　　　　　　　　　　D. 分级编制法

2. 成本计划的内容较多，一般包括（　　　　　　）。

A. 产品单位成本计划　　　　　　　B. 商品产品成本计划

C. 制造费用计划　　　　　　　　　D. 期间费用计划

E. 降低成本主要措施方案

3. 基本生产车间编制成本计划时，应编制的计划有（　　　　　　）。

A. 车间直接费用计划　　　　　　　B. 车间间接费用计划

C. 制造费用计划　　　　　　　　　D. 车间产品成本计划

4. 下列属于编制成本计划必须经过的步骤有（　　　　　　）。

A. 收集和整理资料　　　　　　　　B. 预计和分析上期成本计划的执行情况

C. 进行成本降低指标的测算　　　　D. 正式编制企业的成本计划

三、判断题

1. 企业在编制成本计划时，应先编制生产计划，再编制销售计划。（　　　）

2. 在编制成本计划时，对于制造费用中的相对固定的费用，可根据上期实际数确定。（　　　）

3. 企业编制商品产品成本计划时，需要计算"按本年计划单位成本计算的总成本"，该项指标是用该产品本年计划单位成本乘以该产品的计划产量计算。（　　　）

4. 企业在编制成本计划时需要进行成本降低指标的测算，这种测算一般只需要进行一次就能达到目的。（　　　）

项目七　成本控制与管理

学习目标

知识目标
- 了解成本控制和管理的一般方法
- 理解目标成本和标准成本对成本的控制作用
- 理解作业成本法下的资源、作业和产品的概念
- 掌握目标成本法、标准成本法和作业成本法的基本原理

技能目标
- 掌握目标成本和标准成本的制定方法
- 能分析出成本动因，完成作业成本的计算
- 能完成标准成本法下成本差异的计算和分析

素养目标
- 通过成本管理方法的应用，增强成本意识，提升组织管理水平
- 通过作业成本法下成本动因的分析，提升逻辑思维能力和职业判断能力

项目引例

银苑食品有限公司的成本管理问题？

　　银苑食品有限公司目前采用的是传统成本法进行成本核算，主要生产普通挂面、菠菜挂面和鸡蛋挂面三种挂面。随着挂面加工工艺不断成熟和市场竞争的日趋加剧，企业管理层意识到了成本管理与控制的重要性，在加强成本管理的同时决定研发新产品。2020年12月，公司计划开发新品"桑叶挂面"。那么公司怎样在开发阶段就能匡算出合理的成本呢？在成本分析和管理时，财务人员发现另外一个奇怪的现象，即虽然普通挂面的实际售价远远低于目标售价，但是却在与其他企业的低价竞争中节节败退，而定价比目标售价高出很多的鸡蛋挂面和菠菜挂面，却占领了比较大的市场份额，产生这种现状的原因是什么？财务人员还发现普通挂面的单位成本总是高于标准成本，应采取什么方法控制和管理成本？

模块一　成本控制概述

初识成本控制

企业应强化成本控制意识，在供、产、销的各个环节对影响成本的各种因素加以管理和控制，使产品成本按照事先预算确定的成本水平进行，防止和克服生产过程中的损失与浪费，从而使企业的人力、物力、财力得到合理利用，达到节约生产耗费、降低成本、提高经济效益的目的。

一、成本控制的概念与分类

（一）成本控制的概念

成本控制就是在企业的生产经营活动中，以不断地降低成本和提高经济效益为目的，通过计量个人或者组织单位的成本，把实际成本与计划、标准或目标进行比较，计算差异，找出差异存在的原因，以例外管理的原则对不利差异采取措施，以迅速的信息反馈来消除产生差异的因素，确保目标和计划得以实现的管理过程。

成本控制的过程是对企业在生产经营过程中发生的各种耗费进行计算、调节和监督的过程，同时也是一个发现薄弱环节，挖掘内部潜力，寻找一切可能降低成本途径的过程。科学地组织实施成本控制，可以促进企业改善经营管理，转变经营机制，全面提高企业竞争力，使企业在市场竞争中不断发展、壮大。

（二）成本控制的分类

企业的生产经营过程分为若干阶段，每个阶段都有各自的特点，再加上涉及成本控制的部门和人员也很多，要想协调好各部门和人员的关系，根据不同的部门和人员采用不同的成本控制方法，就需要对成本控制进行适当的、科学的分类。

根据成本控制的特点，我们可以把成本控制分为如下几类：

1. 按实施的时间划分

广义的成本控制按其实施的时间划分，可分为事前控制、事中控制和事后控制三类。狭义的成本控制仅指事中控制。

（1）事前控制。事前控制是成本的前馈控制和预防控制，是在产品投产前对影响成本的各项经济活动进行事前规划、审核，确定目标成本。事前控制是成本控制中的最优控制，其特点是产品成本耗费发生之前就完成有关修正。

（2）事中控制。事中控制是成本的过程控制，是指在成本的形成过程中，随时与目标成本对比，发现问题，采取措施予以纠正，最终实现控制成本的目标。

（3）事后控制。事后控制是成本的后馈控制，是指在成本发生后，进行的综合分析和考核。把日常发生的差异和产生差异的原因汇总起来进行分析研究，探索成本差异形成的主客观原因，明确经济责任，为下一个成本循环提供积极有效的措施，以不断降低成本，提高企业的经济效益。

成本的事后控制是事中控制的延续，而事中控制又是事后控制的前提。成本有了事中控制，就能在每一项生产费用发生之前或发生之时加以控制，把它限制在合理范围之内，以达到降低成本的目的。但是，事中控制还有一定的局限性，它一般只限于一时、一地、一事的成本控制，至于对一个时期、一个单位、一种产品或服务的综合成本进行分析和考核，则有待于成本的事后控制。另外，由于成本的控制是一个不断循环的过程，所以，就本质而言，事后控制实际上还是下一个循环中事前控制的组成部分。上述成本控制的三个阶段，紧密相关，缺一不可。

2. 按控制的方法和手段划分

（1）绝对成本控制。绝对成本控制是指通过厉行节约、杜绝浪费，达到降低成本的目的。这种控制方法侧重于节流。

（2）相对成本控制。相对成本控制在强调节流的同时，还通过充分利用企业现有的生产能力，挖掘潜力，达到相对降低成本的目的。这种控制方法侧重于开源与节流并重。

3. 按成本费用的构成划分

成本控制按其成本费用的构成划分为原材料成本控制、工资费用控制和制造费用控制。

（1）原材料成本控制。在生产企业，原材料成本在总的生产成本中占有的比重比较大，一般在60%到90%，应作为成本控制的主要对象。影响原材料成本的因素有采购费用、库存费用、生产消耗费用、回收利用费用等，所以控制活动可从采购、库存管理和生产消耗三个环节着手。

（2）工资费用控制。工资在成本中占有一定的比重，增加工资又被认为是不可逆转的。控制工资与效益同步增长，减少单位产品中工资的比重，对于降低成本有重要意义。控制工资成本的关键在于提高劳动生产率，它与劳动定额、工时消耗、工时利用率、工作效率、工人出勤率等因素有关。

（3）制造费用控制。制造费用开支项目很多，主要包括折旧费、修理费、辅助生产费用、车间管理人员工资等，随着企业现代化程度越来越高，该部分成本的比重也在逐渐加大，但实际生产中，浪费现象却比较普遍，是不可忽视的一项内容。

二、成本控制的原则与程序

（一）成本控制的原则

实现成本控制的有效性是各个企业追求的目标，虽然业务性质不同、成本控制系统各异，但在进行成本控制时基本都应遵循以下几个原则。

1. 全面控制原则

（1）全部控制。全部控制是对产品生产的全部费用进行控制，不仅要对变动费用进行控制，对固定费用也要进行控制。

（2）全程控制。全程控制是要求以产品寿命周期成本形成的全过程为控制领域，不仅对构成产品生产成本的发生过程进行控制，也要对生产前的设计、工艺和生产后的销售、使用所发生的成本进行控制。

（3）全员控制。全员控制是指要调动企业内部全体员工参与成本控制的积极性，通过建立经济责任制，把企业的专业成本控制工作和群众性成本控制工作结合起来，明确每个员工、每个部门在成本控制中的职责，明确各项费用定额、开支标准，明确成本控制目标和成本降低的措施，使成本控制工作成为全体员工自己的工作职责。

2. 经济效益原则

经济效益原则是指因推行成本控制而发生的各项技术成本、管理成本，应限制在经济范围之内，不应超过因缺少控制而丧失的收益。即付出成本控制的代价不应超过建立这项控制所能节约的成本。该原则要求贯彻重要性原则，应把注意力集中于重要事项，对成本的细微尾数、数额很小的费用项目和无关大局的事项可以从略。

3. 物质利益原则

对于成本控制有成效的部门或人员，应当在给予精神奖励的同时，给予成本节约部分的一定的物质奖励；对于主观上不重视、行动上无约束而造成成本浪费的部门和人员，应当在查明原因的基础上给予经济上的惩罚，以此来推动成本控制制度的贯彻执行。

4. 分口分级控制原则

分口分级控制是按照统一领导、分级管理的原则，在厂部的统一领导下，各个职能部门分工合作，归口管理，完成本部门负责的成本控制指标，并将成本指标层层分解，分口分级落实到各个方面，层层控制，分级负责，形成一个成本控制网。

5. 例外管理原则

例外管理原则就是指对日常成本控制中发生的不正常、不符合常规的"例外"差异进行分析，找出原因，采取措施。通常，"例外"差异具有如下三个特征：

（1）重要性。重要性是根据成本差异水平的高低来决定的。差异水平是用成本差异占标准或定额的百分比来表示的。一般可以将成本差异率在 10% 以上的作为重要差异，列为"例外"，加以重点控制。

（2）一贯性。一贯性是指某项成本差异较小，未超过规定的上下限，但经常在上下限附近波动，持续时间很长。一贯性应列为"例外"，以引起管理人员的充分注意。一贯性意味着原有的控制标准已经过时失效而需要调整或修改；或者是控制系统中的某个环节长期失效，因而需要完善和加强。

（3）特殊性。特殊性是指凡是对企业长期获利能力和长期业务发展有重要影响的成本差异项目，不论是否达到重要性的程度，均应受到密切重视，查明原因，采取措施。例如，产品研究开发费用、技术改造费用等，从短期来看，少支出这些费用有利于提高短期经营的效益，但从长期来看，少支出这些费用会降低产品的质量，降低企业未来参与市场竞争的能力。因此，管理人员应对这方面的成本采取"例外"控制的原则，尽量不要出现有利差异。

（二）成本控制的程序

1. 确定成本控制的目标或标准

制定成本控制的目标和标准是成本控制的起点，属于事前控制。所谓制定标准，就是确定生产各阶段、各部门、各环节的成本控制标准、目标或者预算额，对各项资源耗费和各项费用开支规定数量界限，用以作为评价实际耗费是否合理的依据。成本控制标准的制定是否合理，是成本控制的重要环节，是执行标准和业绩考核的依据。

2. 执行标准

执行标准是在经营活动中根据事前制定的标准，控制各项消耗和支出，把差异控制在允许的范围之内。执行标准属于事中控制，依靠成本信息的及时反馈和数据的统计分析，以及严格的责任制。标准的执行需要全员控制和全方位控制。

3. 业绩考评

业绩考评是计算差异，进行差异分析和责任归属的判断，对成本目标和成本标准的执行情况进行评价。通过业绩评价，对有关责任人进行奖惩，总结经验，防止不利因素的重复发生，为修订标准提供可靠资料，使成本控制更加科学。

模块二　成本控制与管理的方法

成本控制是保证成本在预算估计范围内的工作，贯穿了成本管理的全过程。成本控制的方法很多，比如目标成本法、变动成本法、定额成本法、标准成本法和作业成本法等，不同的阶段、不同的控制对象、不同的管理要求，可采用的控制方法也不尽相同。

拓展阅读　目标成本法的缘起

一、目标成本法

目标成本法是以市场为导向的成本控制和管理方法，它强调在产品开发设计时便设定出符合顾客要求的产品的功能、质量和价格，根据目标售价和

目标成本法

目标利润倒推出目标成本，通过全过程、全方位、全人员的通力合作，共同实现产品的目标成本。目标成本法改变了成本管理的出发点，从源头抓起，具有大幅度降低成本的功效。一般适用于制造业企业成本管理，也可在物流、建筑和服务等行业应用。

（一）确定应用对象

企业确定目标成本法的应用对象时，应根据目标成本法的应用目标及其应用环境和条件，综合考虑产品的产销量和盈利能力等因素来确定。企业一般将拟开发的新产品作为目标成本法的应用对象。一些功能与设计存在较大弹性空间、产销量较大且处于亏损状态或者盈利水平较低、对企业经营业绩具有重大影响的老产品也可以作为目标成本法的应用对象。

企业新产品开发之前，就要正式开始目标成本规划，对产品计划构想加以推敲，编制新产品开发方案，内容包括新产品样式规格、开发计划、目标价格及预计销售量等。其中，目标售价及预计销售量是在充分考虑市场变化趋势、竞争产品情况、新产品增加的新机能的价值情况下，与业务部门充分讨论后确定的。开发方案经提交由高级主管所组成的产品规划方案委员会核准后，即进入制定目标成本阶段。

【引例分析】

银苑食品有限公司处在一个比较稳定的市场环境中，引例中"桑叶挂面"是企业计划开发的新产品，可以采用目标成本工具进行成本控制与管理。

（二）成立跨部门的团队

企业采用目标成本法的前提是成立一个管理水平较高的跨部门团队，在该团队下成立成本规划、成本设计、成本确认、成本实施等小组，各小组根据管理层授权协同合作完成相关工作。

（1）成本规划小组由业务及财务人员组成，负责设定目标利润，制定新产品开发或老产品改进方针，考虑目标成本等。该小组的职责主要是收集相关信息、计算市场驱动产品成本等。

（2）成本设计小组由技术及财务人员组成，负责确定产品的技术性能、规格，负责对比各种成本因素，考虑价值工程，进行设计图上成本降低或成本优化的预演等。该小组的职责主要是可实现目标成本的设定和分解等。

（3）成本确认小组由有关部门负责人、技术及财务人员组成，负责分析设计方案或试制品评价的结果，确认目标成本，进行生产准备、设备投资等。该小组的职责主要是可实现目标成本设定与分解的评价和确认等。

拓展阅读 目标成本法的优缺点

（4）成本实施小组由有关部门负责人及财务人员组成，负责确认实现成本策划的各种措施，分析成本控制中出现的差异，并提出对策，对整个生产过程进行分析、评价等。该小组的职责主要是落实目标成本责任、考核成本管理业绩等。

（三）收集相关信息

目标成本法的具体应用还需要相应的参与部门收集与应用对象相关的各种信息。这些信息一般包括：

（1）产品成本构成及料、工、费等财务和非财务信息。

（2）产品功能及其设计、生产流程与工艺等技术信息。

（3）材料的主要供应商、供求状况、市场价格及其变动趋势等信息。

（4）产品的主要消费者群体、分销方式和渠道、市场价格及其变动趋势等信息。

（5）本企业及同行业标杆企业产品盈利水平等信息。

（6）其他相关信息。

【引例分析】

桑叶挂面的原材料主要包括面粉、桑叶汁、水、食盐、食用碱和海藻硅纳等添加剂。根据产品功能特点，桑叶需要使用桑叶加工成桑叶汁，其他的材料和现有菠菜挂面基本一致。公司高管人员通过制定5年工作计划来确定本公司拟开发的新产品桑叶挂面长期销售计划和利润水平计划，这些工作计划是指根据实际情况，在现行生产条件下，通过公司的有效经营应达到的目标：新产品生产线必须能赚取36%以上的平均利润，它的销售量在第一年必须达到20 000公斤左右，以后年度最少要完成30 000公斤的销售量。

（四）目标成本的计算

1. 确定目标售价

目标售价设定应综合考虑客户感知的产品价值、竞争产品的预期相对功能和售价，以及企业针对该产品的战略目标等因素，如图7-1所示。确定目标售价一般有两种方法：

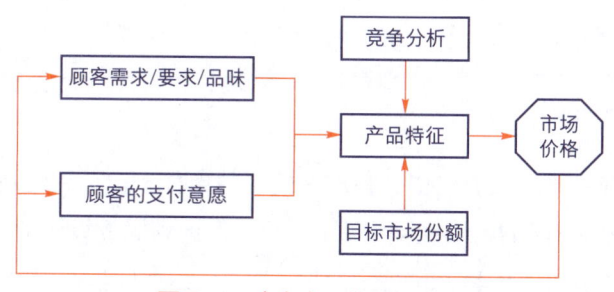

图7-1　确定产品的目标售价

（1）客户需求法。新产品推出之前首先进行市场研究，可以利用质量功能矩阵收集与分析一般客户对新产品特征的需求与该产品可能提供的各项功能，以供设计改良参考。在分析时不但要了解客户的需求，还要了解客户愿意为此支付的价格。

（2）竞争者分析法。许多公司将竞争者产品的资料收集在质量功能矩阵表中，然后将本公司产品资料与竞争者进行比较。如果竞争者产品的功能和质量较高，那么公司的目标售价就必须低于竞争者的售价；如果竞争者产品的功能和质量较低，那么企业的目标售价就可以等于或高于竞争者的价格。

【引例分析】

要确定桑叶挂面的市场容许成本，首先要确定产品的目标售价。目前银苑食品有限公司现有挂面的销售价格如表 7-1 所示：

表 7-1　现有产品每公斤成本　　　　　　　　　　　　　　　　　　　　　　金额单位：元

	现有产品		
	普通挂面（低档）	鸡蛋挂面（中档）	菠菜挂面（高档）
市场零售价格	8.00	10.00	11.00
市场批发价格	5.64	6.78	7.48
平均利润率	20.00%	34%	36.00%
可容许成本	4.70	5.05	5.5

根据挂面行业的市场规律及银苑食品有限公司多年的销售经验，消费者对于产品价格 15% 以内的差异并不敏感，高档产品菠菜挂面价格的 115% 为 12.65 元。如果桑叶挂面定价低于 12.65 元，它将把已有的菠菜挂面挤出市场。而如今菠菜挂面仍然是现有三种产品中获利能力最强且获利水平最高的。挤出高档产品将使得公司的利润计划无法完成。考虑到研发新产品的投入及桑叶挂面口味的提升，经过综合评估，银苑食品有限公司将桑叶挂面的市场零售价确定为 13 元 / 公斤，批发价格为 8.8 元 / 公斤。

2. 确定目标利润

目标利润是企业未来一段时间内，在现有的经营条件下应达到的最优目标战略。企业可以选择合理的利润率作为预测目标利润的依据。目标利润的设定应综合考虑利润预期、历史数据、竞争地位分析等因素。

【引例分析】

要确定桑叶挂面的市场容许成本，就要确定产品的目标利润。引进新型产品桑叶挂面所需的前期投资为 74 200 元：其中 51 000 元为研发费用，23 200 元为产品投产费用，分摊到未来 5 年的总产量 140 000 公斤中，平均每公斤分摊为 0.53 元。因此为了弥补前期投资要求增加利润率 6%（0.53/8.8）。根据经验表示：在现存的生产线上 50% 的前期投资由新产品来承担，所以桑叶挂面的利润率增加额为 3%（6%×50%）才能弥补前期投资。也就是说，新型产品必须能产生 39%（36%＋3%）的利润率才能满足企业的利润要求。但在现有的条件下，这一利润率是不能达到的。

经过多方面的讨论，对现有产品的利润水平 36% 和新型产品的长期目标利润率 39% 进行折中，把新型产品的目标利润率确定在 37% 比较合理。

3. 计算市场容许成本

市场容许成本一般是指作为生产者管理对象的成本，是对制造成本而言允许的最大可能值，不应该将其扩大到消费者使用成本中去。就涉及范围来讲，以全生命周期成本的观点去看目标成本时，目标成本包括诸如消费者使用成本在内。因而，市场容许成本是局部性的，目标成本是总体性的。本部分的案例中目标成本指的其实就是制造成本即市场容许成本。

市场容许成本 = 目标售价 − 目标利润

【引例分析】

根据确定出来的目标售价和目标利润率，桑叶挂面的市场容许成本可以确定为：

市场容许成本 = 目标售价 − 目标利润

$$= 8.8 ×（1−37\%）$$

$$= 5.54（元 / 公斤）$$

4. 确定可实现的目标成本

市场容许成本确定后，企业将可容许成本与新产品设计成本或老产品当前成本进行比较，确定差异及成因，设定可实现的目标成本。确定可以实现的目标成本时主要可以从如下方面努力：改进产品设计、生产工艺，寻找替代材料；使用先进的生产设备，提高工人的劳动生产率；加强设备维修，减少闲置设备；组织好生产经营活动等。

企业一般采取价值工程、拆装分析、流程再造、全面质量管理、供应链全程成本管理等措施和手段，寻求消除当前成本或设计成本偏离容许成本的措施，使容许成本转化为可实现的目标成本。

拓展阅读　什么是"价值工程"

【引例分析】

根据目标成本管理法，产品的目标成本是由构成产品的原材料、生产工艺及过程决定的。其中，构成产品原材料的成本由采购价格决定，新产品的工艺及生产过程由产品设计决定。通过对桑叶挂面的生产进行作业分析，挂面成本主要有如下构成部分：

（1）原材料成本：原材料主要包括面粉、桑叶汁、水、食盐、食用碱和海藻硅纳等添加剂成本。根据产品功能特点，桑叶挂面生产过程需要使用桑叶，将其加工成桑叶汁，其他的材料和现有菠菜挂面基本一致。据此对桑叶挂面的成本进行测算，结果如表7-2所示。

表7-2　原材料每公斤成本　　　　　　　　　　　　　　　　　　　　　　　金额单位：元

原材料	菠菜挂面	桑叶挂面
面粉	3.89	3.91
菠菜汁/桑叶汁	0.82	1.10
食盐	0.001 3	0.001 2
纯碱等添加剂	0.000 7	0.000 8
包装袋	0.028	0.028
合计	4.74	5.04

（2）加工成本。桑叶挂面的加工一共分为由7个步骤组成，每公斤加工成本构成如表7-3所示。

表7-3　每公斤加工成本　　　　　　　　　　　　　　　　　　　　　　　　金额单位：元

操作过程	菠菜挂面	桑叶挂面
和面	0.013	0.015
熟化	0.011	0.015
压延	0.014	0.016
切条	0.067	0.067
干燥	0.610	0.720
截断	0.011	0.011
包装入库	0.034	0.034
合计	0.760	0.878

则桑叶挂面的制造成本之和如表7-4所示。

表 7-4　挂面每公斤成本　　　　　　　　　　　　　　　　　金额单位：元

成本要素	产品类型	
	菠菜挂面	桑叶挂面
原材料成本	4.74	5.04
加工成本	0.76	0.878
合计	5.50	5.918

　　通过比较发现，使用当前设计和生产技术制造的成本高于市场可容许成本。为了使得产品的成本达到产品的可实现目标成本，必须在可容许成本的基础上降低 5.918 − 5.54 = 0.378 元 / 公斤。

5. 分解可实现的目标成本

　　企业应按主要功能对可实现的目标成本进行分解，确定产品所包含的每一零部件的目标成本。在分解时，首先应确定主要功能的目标成本，然后寻求实现这种功能的方法，并把主要功能级的目标成本分配给零部件，形成零部件的目标成本。同时，企业应将零部件的目标成本转化为供应商的目标售价，压力相应传递到了供应商那里。

【引例分析】

　　根据桑叶挂面的目标成本和初始成本测算，要使得桑叶挂面具有投资价值，其成本应至少降低 0.378 元 / 公斤。为此银苑食品有限公司成立了由采购、研发、工艺等多个部门组成的成本优化团队，对桑叶挂面的原材料组成和生产工艺进行了详细的评估和论证，决定采用以下方法降低成本：

　　第一，改变桑叶挂面的原材料配比，降低熟化时间来降低熟化工序的成本，共降低 0.004 元 / 公斤，降低为 0.011 元 / 公斤。

　　第二，经过外出学习参观，改进烘干工艺，降低烘干时的断条率及烘干时间，从而降低烘干成本。烘干成本降低 0.03 元 / 公斤，降低为 0.69 元 / 公斤。

　　第三，经过与桑叶供应商进行商务谈判。银苑食品有限公司与该公司签订了长期合作协议，并承诺企业生产其他类型挂面所需的菠菜和鸡蛋都从该供应商处进货。从而降低了桑叶的供应成本，使桑叶汁的成本也得到了一定程度的降低。桑叶汁的成本降低了 0.074 元 / 公斤，降低为 1.026 元 / 公斤。

　　第四，自己建立面粉厂，自己生产面粉。因为面粉能以成本价直接供应，节约了运输费用，降低了面粉成本。面粉成本共降低了 0.27 元 / 公斤，降低为 3.64 元 / 公斤。

在采取以上措施后，桑叶挂面的成本有了显著下降。进行原材料和生产工艺优化后，桑叶挂面的成本为 5.54 元 / 公斤，实现了目标成本。具体成本如表 7-5 所示：

表 7-5　桑叶挂面的原材料成本和加工成本　　　　　　　　　　　　　　金额单位：元

原材料	桑叶挂面
面粉	3.64
桑叶汁	1.026
食盐	0.001 2
纯碱等添加剂	0.000 8
包装袋	0.028
和面	0.015
熟化	0.011
压延	0.016
切条	0.067
干燥	0.69
截断	0.011
包装入库	0.034
目标成本	5.54

该公司由于采用目标成本法控制桑叶挂面的成本，受到了消费者的青睐，有几个月还出现了脱销，不仅满足了消费者的需要，而且超额实现了目标利润。

6. 落实目标成本责任

企业应将设定的可容许成本、可实现的目标成本和零部件的目标成本和供应商的目标售价进一步量化为可控制的财务和非财务指标，落实到各责任中心，形成各责任中心的责任成本和成本控制标准，并辅之以相应的权限，将达成的可实现目标成本落到实处。

【引例分析】

材料成本主要由采购部门负责，采购部门将其落实到具体的采购人员；每个生产工序的成本由生产部门负责，生产部门再落实到具体的生产人员。

（五）考核成本管理业绩

企业应依据各责任中心的责任成本和成本控制标准，按照业绩考核制度和办法，定期进行成本管理业绩的考核与评价，为各责任中心和人员的激励奠定基础。

企业成本考核指标主要有以下分类：① 实物指标和价值指标。实物指标是从使用价值的角度，按照它的自然计量单位来表示的指标；价值指标是以货币为统一尺度来表现的指标。成本指标的完成情况需要把实物指标和价值指标结合起来，才能全面地反映出来。② 数量指标和质量指标。数量指标是反映一定时期某一方面工作数量的指标，如产量、生产费用、总成本等；质量指标是反映一定时期工作质量或相对水平的指标，例如单位成本、产品成本降低率等。数量指标和质量指标相结合，才能全面考核企业的经济效益情况。③ 单项指标和综合指标。单项指标反映成本变化中一个侧面的指标，如某种产品的单位成本等；综合指标是综合反映成本的指标，如全部生产费用、商品产品总成本、可比产品成本降低率等。单项指标是基础，综合指标是单项指标的综合。

（六）持续改善

企业应定期将产品实际成本与设定的可实现目标成本进行对比，确定其差异及其性质，分析差异的成因，提出消除各种重要不利差异的可行途径和措施，进行可实现目标成本的重新设定、再达成，推动成本管理的持续优化。

如果说价值工程等方法主要是用来降低产品设计成本的话，持续改进则是为了降低制造阶段的成本。在这个阶段，降低成本的主要手段就是引进新的制造方法和使用新的管理技术。由于市场激烈竞争的影响，对采用目标成本法的企业来说，其产品销售价格都是稳定或逐渐地下降的。因此，这些企业应对的方法就是定期使用目标成本法重新设计产品，从而降低产品销售价格，增加产品价值。

二、作业成本法

作业成本法，是指以"作业消耗资源、产出消耗作业"为原则，按照资源动因将资源费用追溯或分配至各项作业，计算出作业成本，然后再根据作业动因，将作业成本追溯或分配至各成本对象，最终完成成本计算的成本管理方法。作业成本法有助于改进成本控制，使管理人员知道成本是如何发生的，为战略管理提供信息支持。一般适用于客户个性化需求较高、市场竞争激烈的企业，或产品的需求弹性较大、价格敏感度高的企业。

作业成本法概述

（一）作业与作业认定

1. 作业

作业，是指企业基于特定目的而消耗各种资源的任务或活动，是连接资源和成本对象的桥梁。一项作业既可以是一项非常具体的任务或活动，也可以泛指一类任务或活动。企业的生产经营过程无不是一系列资源投入和产品产出的过程，而作业则构成了沟通企业资源与企业产出（最终产品）的桥梁，它贯穿于企业生产经营的全过程。

作业具有如下三个方面的特征：

（1）作业的本质是交易。在经营过程中的每次活动或行为，都是一种资源的投入和另一种资源的产出，投入与产出的因果关系本质上是一种交易。比如，对销货收款行为，所销售的货物是投入的一种资源，收到的货款是一种产出。再比如，人操纵机器，人的操纵行为投入的人力资源是一种资源，机器生产的产品就是产出的结果。

（2）作业贯穿于经营过程的全部，包括企业内部和企业外部。投入产出的交易贯穿于经营过程的全部，包括企业内部的交易关系，如投入材料、加工、检验等，以及企业外部的交易关系，如购买原材料、销售、运输等。

（3）作业可以量化。作为一种成本分配的基准或者尺度，一定具备量的属性。按照计量作业成本发生数量的方法不同，可以将作业分为如下五类：

① 产量级作业，即每生产一单位产品就要发生的作业。是为个别产品（或服务）实施的、使单个产品（或服务）受益的作业。该类作业的数量与产品（或服务）的数量成正比例变动。主要包括直接材料、直接人工成本和直接能源消耗等。

② 批别级作业，是每生产一批产品都要发生的作业。是为一组（或一批）产品（或服务）实施的、使该组（或批）产品（或服务）受益的作业。该类作业的发生是由生产的批量数而不是单个产品（或服务）引起的，其数量与产品（或服务）的批量数成正比例变动，而与每一批次的产量无关。包括生产前的机器调试、成批产品转移至下一工序的运输、成批采购和检验等。

③ 品种级作业，是指为生产和销售某种产品（或服务）实施的、使该种产品（或服务）的每个单位都受益的作业。该类作业用于产品（或服务）的生产或销售，与产品的产量及批量无关，与品种的多少成正比例变动。包括新产品设计、现有产品质量与功能改进、生产流程监控、工艺变换需要的流程设计、产品广告等。

④ 客户级作业，是指为服务特定客户所实施的作业。该类作业保证企业将产品（或服务）销售给个别客户，但作业本身与产品（或服务）数量独立。包括向个别客户提供的技术支持活动、咨询活动、独特包装等。

⑤ 设施级作业，是为了支持和管理生产经营活动而进行的作业，为了提供生产产品（或服务）的基本能力。该类作业是开展业务的基本条件，其使所有产品（或服务）都受益，但与产量、批次和品种数无关。包括企业管理、职工培训等。

2. 作业认定

作业认定的内容主要包括对企业每项消耗资源的作业进行识别、定义和划分；识别作业之间的区别；确认每一项作业在生产经营活动中的重要作用；分析每项作业与耗用资源的关系。

（1）作业认定形式。作业认定形式一般包括如下两种形式：

① 根据企业生产流程，自上而下进行分解。

② 通过与企业每一个部门负责人和一般员工进行交流，自下而上确定他们所做的工作，并逐一认识每一项作业。

企业一般将两种方式进行结合，保证全面正确的认定作业。

（2）作业认定的方法。作业认定的具体方法有调查表法和座谈法：

① 调查表法，是指通过向企业全体员工发放调查表，并通过分析调查表来认定作业的一种方法。

② 座谈法，是指通过与企业员工的面对面交谈，来认定作业的方法。企业一般将两种方法相结合，以保证全面准确的认定所有的作业。

【引例分析】

企业进行作业划分时，如果作业划分太详细，就会导致核算工作量上升，核算花费提高，核算花费资金如果超过作业成本核算给公司带来的收益，就会使公司产生损失。如果作业划分太粗糙，会造成商品成本核算出现差错，从而导致作业成本核算失去意义。基于此，根据银苑食品有限公司的具体情况，企业生产管理过程大体可以分为如下一些作业：签约作业、运输作业、原材料预处理作业、和面作业、熟化作业、压延作业、切条作业、烘干作业、截断作业、称重作业、检验作业、贴标作业、打包作业、入库作业、封箱作业、机器保养维修作业、管理作业等。

（二）作业成本法的应用对象

作业成本法在使用时会受到企业具体经营情况的限制，以下企业比较适合采用作业成本法：

1. 间接生产费用在产品成本中占的比重比较大

间接费用在成本中占的比重越大，采用传统成本计算方式分配间接费用就会使成本信息受到严重的扭曲，进而影响到成本决策的重要性。如果采用作业成本法，成本信息的准确性将会提高，成本决策也就更具有相关性。

2. 企业规模大，产品种类繁多

如果企业产品品种比较多，就会存在间接费用在各种产品之间进行分配的问题。当与产出量相关的费用和与产出量不相关的费用不呈同比例变动时，传统成本计算法笼统地将不同性质的生产费用以产出量作为基础分配，会使成本信息不可靠。而作业成本法以作业为中心，区分不同质的费用，采用不同质的动因进行分配，能更准确地分配成本。

3. 产品工艺复杂，作业环节多且容易辨认

作业环节越多，间接费用的发生与产出量不相关的可能性就越大，采用单一与产出量

相关的分配基础对成本信息的扭曲也就越大；另外，随着作业环节的增多，不增值的作业就可能越多，采用作业成本法，对消除不增值作业、降低产品成本大有裨益。

4. 生产调整准备成本比较高，各批投产差异额大

生产调整准备成本通常与投产批次有关，与每批投产数量关系不大，若将这种成本按与产出量相关的基础分配到产品，将会导致分配结果的不准确。作业成本法则是按各产品对调整作业的消耗次数进行成本分配的，这样能提高分配的准确性。

5. 计算机技术高

先进的计算机基础能够帮助企业完成比传统成本计算法计算更为复杂、对结果的准确性要求更高的数据收集、信息提供和程序运行。

【议一议】

根据你所了解的作业成本法知识，分析一下作业成本法适合于什么样的企业。同时说明作业成本法下的产品为什么不同于完全成本法下的产品成本。

【引例分析】

引例中银苑食品有限公司的普通挂面的实际售价远远低于目标售价，但是却在与其他企业的低价竞争中节节败退，而定价比目标售价高出很多的鸡蛋挂面和菠菜挂面的却占领了比较大的市场份额。分析原因可能是因为大批量生产的普通挂面与较小批量生产菠菜挂面和鸡蛋挂面在分配制造费用的时候均采用机器工时分配所致。同时银苑食品有限公司又符合上述1、2、3、5条件。基于此，可以采用作业成本法分析目前这种现状产生的原因。

（三）资源识别及资源费用的确认与计量

资源和资源费用的确认与计量，是指识别出由企业拥有或者控制的所有资源，选择合理的会计政策，确认和计量经济资源，编制资源费用清单，为进行资源费用的追溯和分配做好准备。资源的识别及资源费用的确认与计量应由企业的财务部门牵头，基础设施管理、人力资源管理、研究与开发、采购、生产、销售、技术、服务和信息等部门做好配合。

资源费用，是指企业在一定期间内开展经济活动所发生的各项资源耗费。资源费用既包括房屋及建筑物、设备、材料、商品等有形资源的耗费，也包括信息、知识产权、土地使用权等各种无形资源的耗费，还包括人力资源耗费以及其他各种税费支出等。

【引例分析】

银苑食品有限公司确定采用作业成本法分析问题后，首先解决的问题就是汇总资源费用。银苑食品有限公司的资源费用汇总得到：普通挂面、鸡蛋挂面、菠菜挂面三种产品的

直接材料成本分别为：1 269 183.46 元、275 952.35 元、132 945.37 元；直接人工成本分别为 69 715.33 元、15 504.04 元、7 188.24 元；间接费用总额为 498 533.4 元。普通挂面、鸡蛋挂面、菠菜挂面三种产品的生产加工工时分别为 3 414 676 机器工时、829 276 机器工时和 634 128 机器工时；产量分别为 330 000 公斤、66 000 公斤和 34 000 公斤。假定该企业没有期初、期末在产品。

（四）成本对象的选择与作业中心设计

1. 成本对象的选择

作业成本法下，企业应将当期所有的资源费用，遵循因果关系和受益原则，根据资源动因和作业动因，分项目经由作业追溯或分配至相关的成本对象。成本对象也就是需要考核绩效的实体，比如产品、顾客、市场、分销渠道和项目等。

【引例分析】

引例中三种挂面销售预期与销售现状出现了差异，在进行成本分析时候可以将成本对象确定为普通挂面、鸡蛋挂面、菠菜挂面三种产品。

2. 作业中心设计

作业中心设计，是指企业将认定的所有作业按照一定的标准进行分类，形成不同的作业中心，作为资源费用追溯或者分配的过程。作业中心可以是某一项具体的作业，也可以是由若干个相互联系的能够实现某种特定功能的作业的集合。例如某工厂生产部的整个流程细分为：材料整理、车间制造、车间组装、产品质保。

【引例分析】

根据银苑食品有限公司的具体情况，将认定的所有作业进行归类，形成了如下八个作业中心，分别为采购中心、生产中心、包装中心、质检中心、机修中心、销售中心、烘干中心、管理中心。

（五）资源动因的识别与选择

成本动因是指诱导成本发生的原因，是成本对象与其直接关联的作业和最终关联的资源之间的中介。作业是由产品引起的，而作业又引起了资源的耗用。这种资源和作业的耗用是由隐藏其后的某种推动力所引起的，这种隐藏的推动力就是成本动因。成本动因支配着成本行为，决定着成本的产生，是成本分配的标准。所以要把制造费用分配到各产品中去，必须要了解成本行为，识别恰当的成本动因。成本动因按其在资源流动中所处的位置和作用，可分为资源动因和作业动因。

1. 资源动因的概念

资源动因是引起资源耗用的成本动因，它反映了资源耗用与作业量之间的因果关系，是引起作业成本增加的驱动因素。资源动因选择与计量将为各项资源费用归集到作业中心提供依据。资源动因联系着资源和作业，是将总分类账上的资源成本分配到作业的依据。以"维修设备"作业为例，这项作业消耗的资源有零部件成本、工具成本、设备成本、人工成本和水电成本等。其中，设备和工具成本的材料可以直接追溯到"维修作业"。而动力和人工等无法直接追溯，这时可以考虑使用"机器小时"这一资源动因来分配动力和人工。

2. 资源动因的选择与计量

企业应识别当期发生的每一项资源消耗，分析资源耗用与作业中心作业量之间的因果关系，选择并计量资源动因；企业一般应选择那些与资源费用总额呈正比例关系变动的资源动因作为资源费用分配的依据。表 7-6 所示是一些典型的资源和资源动因。

表 7-6 典型的资源和资源动因

资源	资源动因
职工医疗保险	职工人数
人力	消耗劳动时间
动力	消耗电力度数
房屋租金	使用面积
折旧	所用设备价值

（六）作业成本归集

作业成本归集，是指企业根据资源耗用与作业之间的因果关系，将归集的资源成本直接追溯或按资源动因分配至各作业中心，计算各个作业的总成本。

作业成本汇集应遵循以下基本原则。

（1）对于执行某种作业直接消耗的资源，应直接追溯至该作业中心；

（2）对于为执行两种或者两种以上的作业共同消耗的资源应按照各作业中心资源动因量的比例分配至各作业中心。为便于将资源费用直接追溯或分配至各作业中心，企业还可以按照资源与不同层次作业的关系，将资源分为如下五类：

① 产量级资源。包括为单个产品（或服务）所取得的原材料、零部件、人工、能源等。

② 批别级资源。包括用于生产准备、机器调试的人工等。

③ 品种级资源。包括为生产某一种产品（或服务）所需要的专用化设备、软件或人

力等。

④ 顾客级资源。包括为服务特定客户所需要的专门化设备、软件和人力等。

⑤ 设施级资源。包括土地使用权、房屋及建筑物，以及所保持的不受产量、批别、产品、服务和客户变化影响的人力资源等。

对产量级资源费用，应直接追溯至各作业中心的产品等成本对象。对于其他级别的资源费用，应选择合理的资源动因，按照各作业中心的资源动因量比例，分配至各作业中心。

企业为执行每一种作业所消耗的资源费用的总和，构成该种作业的总成本。

【引例分析】

按资源动因分配资源费用到作业中心。通过分析分配，各个作业中心归集的资源费用如下：生产中心 47 805.17 元、包装中心 73 512 元、质检中心 11 035.63 元、机修中心 13 933.04 元、销售中心 59 936.41 元、烘干中心 186 488.15 元、管理中心 105 823 元。

（七）作业动因的选择与计量

1. 作业动因

作业动因是引起作业耗用的成本动因，反映了作业耗用与最终产出的因果关系，是引起产品成本增加的驱动因素。作业动因是将作业成本分配到流程、产品、分销渠道、客户等成本对象的依据。例如当"检验外购材料"被定义为一个作业时，则"检验小时"或"检验次数"就可以作为一个作业动因。

对于选择的作业动因，企业应采用相应的方法和手段进行计量，以取得作业动因量的可靠数据。典型的作业与作业动因表见表7-7。

表7-7　生产企业作业层级及作业动因案例

作业类型	作业名称	作业动因
产量级作业	机器处理的单位数	机器工时
	直接人工操作	直接人工小时
	每件产品的质量检验	产品数量
批别级作业	处理采购订单	采购订单处理次数
	处理产品订单	产品订单处理次数
	机器安装	安装次数；安装时数
	处理材料	材料处理磅数；材料移动次数

作业类型	作业名称	作业动因
品种级作业	测试新产品	测试时数
	管理零件存货	零件种类数
	设计产品	设计时数
设施级作业	厂房管理	直接人工工时
	厂房建筑和土地	直接人工工时

【温馨提示】

设施级的作业成本不能以原因和影响为基础追溯到单位产品成本，通常使用一些主观的分配基础，例如直接人工小时等，进行作业成本的分配。

2. 作业动因选择与计量

作业中心只包含一种作业的情况下，所选择的作业动因应该是引起该作业耗用的成本动因。在作业中心由若干个作业集合而成的情况下，企业可以采用回归分析法或者判断法，分析比较各具体作业动因与该作业中心的相关关系，选择相关性最大的作业动因，即代表性作业动因，作为作业成本分配的基础。选择成本动因主要注意如下两方面的问题：

（1）成本动因的相关程度。一个成本库中可能有多个与产品相关的成本动因存在。选择成本动因时要考虑作业动因与作业中心的相关程度，按照相关程度对作业动因由高到低进行排列，选取相关度最大的一个或几个成本动因。

（2）不能盲目地将所有成本动因都计入。成本动因数量与成本结果的正确性成正相关，选择的成本动因越多，其准确性就越高。成本动因的数量与实施的净效益呈线性相关。在一定的范围之内增加成本动因的数量会使净效益增加，但是，超过这个范围之后成本动因的数量的增加则会造成净效益的降低。成本动因数量过多或者过少都会使得作业成本法的作用降低。

作业动因需要在交易动因、持续时间动因和强度动因间进行选择。其中，交易动因，是指用执行频率或次数计量的成本动因，包括接受或发出订单数、处理收据数等；持续时间动因，是指用执行时间计量的成本动因，包括产品安装时间、检查时间等；强度动因，是指不易按照频率、次数或执行时间进行分配而需要直接衡量每次执行所需资源的成本动因，包括特别复杂产品的安装、质量检验等。企业如果每次执行所需要的资源数量相同或接近，应选择交易动因；如果每次执行所需要的时间存在显著的不同，应选择持续时间动因；如果作业的执行比较特殊或复杂，应选择强度动因。

【引例分析】

通过分析，采购中心、生产中心、包装中心、质检中心、机修中心、销售中心、烘干中心、管理中心八个作业中心分别以采购订单（个数）、机器小时（小时）、包装物（个数）、生产批次（批数）、机修工时（工时）、销售订单（个数）、烘干时间（小时）、产品产量为作业动因计算。

动因具体情况如表 7-8 所示。

表 7-8 动因分析情况表

间接费用	成本动因	作业量			
		普通挂面	鸡蛋挂面	菠菜挂面	合计
生产中心	机器小时 / 小时	3 414 676	829 276	634 128	4 878 080
包装中心	包装物 / 个数	330 000	792 000	409 500	1 531 500
质检中心	生产批次 / 批数	600	165	85	850
机修中心	机修工时 / 工时	60	26	14	100
销售中心	销售订单 / 个数	700	465	485	1 650
烘干中心	烘干批次 / 批次	400	110	70	580
管理中心	产品产量	330 000	66 000	34 000	430 000

从上面的分析可知，资源动因连接着资源和作业；作业动因连接着作业和产品。把资源分配到作业用的动因是资源动因；把作业成本分配到产品用的动因是作业动因。比如，工资是企业的一种资源，把工资分配到作业"质量检验"的依据是质量检验部门的员工数，这个员工数就是资源动因；把作业"质量检验"的全部成本按产品检验的次数分配到产品，则检验的次数就是作业动因。

（八）作业成本分配

作业成本分配，是指企业将各作业中心的作业成本按作业动因分配至产品等成本对象，并结合直接追溯的资源费用，计算出各成本对象的总成本和单位成本的过程。作业成本分配程序主要分为两步骤：

（1）分配次要作业成本至主要作业，计算主要作业的总成本和单位成本。企业应按照各主要作业耗用每一次要作业的作业动因量，将次要作业的总成本分配至各主要作业，并结合直接追溯至主要作业的资源费用，计算各主要作业的总成本和单位成本。有关计算公式如下：

次要作业成本分配率 = 次要作业总成本 ÷ 该作业动因总量

$$某主要作业分配的次要作业成本 = 该主要作业耗用的次要作业动因量 \times 该次要作业成本分配率$$

$$主要作业总成本 = 直接追溯至该作业的资源费用 + 分配至该主要作业的次要作业成本之和$$

$$主要作业单位成本 = 主要作业总成本 \div 该主要作业动因总量$$

（2）分配主要作业成本至成本对象，计算各成本对象的总成本和单位成本。企业应按照各成本对象耗用每一主要作业的作业动因量，将主要作业成本分配至各成本对象，并结合直接追溯至成本对象的单位水平资源费用，计算各成本对象的总成本和单位成本。有关计算公式如下：

$$某成本对象分配的主要作业成本 = 该成本对象耗用的主要作业成本动因量 \times 主要作业单位成本$$

$$某成本对象总成本 = 直接追溯至该成本对象的资源费用 + 分配至该成本对象的主要作业成本之和$$

$$某成本对象单位成本 = 该成本对象总成本 \div 该成本对象的产出量$$

【引例分析】

接下来把作业成本分配到成本计算对象即普通挂面、鸡蛋挂面和菠菜挂面，进而计算出三种产品的单位成本。（分配率保留到小数点后四位数字，其他数据均保留至小数点后两位数字。）

（1）计算单位作业成本分配率，计算结果见表7-9所示。

表7-9　单位作业成本计算表　　　　　　　　　　　　金额单位：元

间接费用	成本动因	年间接费用	年作业量	单位作业成本
生产中心	机器小时	47 805.17	4 878 080.00	0.009 8
包装中心	包装物	73 512.00	1 531 500.00	0.048 0
质检中心	生产批次	11 035.63	850.00	12.983 1
机修中心	机修工时	13 933.04	100.00	139.330 4
销售中心	销售订单	59 936.41	1 650.00	36.325 1
烘干中心	烘干批次	186 488.15	580.00	321.531 3
管理中心	产品产量	105 823.00	430 000.00	0.246 1

（2）把制造费用按单位作业成本分配至各商品，计算结果见表 7-10 所示。

表 7-10　制造费用分配至各商品　　　　　　　　　　　　　　　　　　　　金额单位：元

	作业成本	作业成本分配率	作业动因消耗量	作业成本 / 元
普通挂面	生产中心	0.009 8	3 414 676	33 463.82
	包装中心	0.048 0	330 000	15 840.00
	质检中心	12.983 1	600	7 789.86
	机修中心	139.330 4	60	8 359.82
	销售中心	36.325 1	700	25 427.57
	烘干中心	321.531 3	400	128 612.52
	管理中心	0.246 1	330 000	81 213.00
	小计			300 706.59
鸡蛋挂面	生产中心	0.009 8	829 276	8 126.90
	包装中心	0.048 0	792 000	38 016.00
	质检中心	12.983 1	165	2 142.21
	机修中心	139.330 4	26	3 622.59
	销售中心	36.325 1	465	16 891.17
	烘干中心	321.531 3	110	35 368.44
	管理中心	0.246 1	66 000	16 242.60
	小计			120 409.91
菠菜挂面	生产中心	0.009 8	634 128	6 214.45
	包装中心	0.048 0	409 500	19 656.00
	质检中心	12.983 1	85	1 103.56
	机修中心	139.330 4	14	1 950.63
	销售中心	36.325 1	485	17 617.67
	烘干中心	321.531 3	70	22 507.19
	管理中心	0.246 1	34 000	8 367.40
	小计			77 416.90

（3）计算每种产品的单位成本，计算结果见表 7-11 所示。

表 7-11　各商品单位产品成本计算　　　　　　　　　　　　　　　金额单位：元

	普通挂面	鸡蛋挂面	菠菜挂面
直接材料	1 269 183.46	275 952.35	132 945.37
直接人工	69 715.33	15 504.04	7 188.24
生产中心	33 463.82	8 126.90	6 214.45
包装中心	15 840.00	38 016.00	19 656.00
质检中心	7 789.86	2 142.21	1 103.56
机修中心	8 359.82	3 622.59	1 950.63
销售中心	25 427.57	16 891.17	17 617.67
烘干中心	128 612.52	35 368.44	22 507.19
管理中心	81 213.00	16 242.60	8 367.40
合计	1 639 605.38	411 866.30	217 550.51
产量 / 公斤	330 000.00	66 000.00	34 000.00
单位产品成本	4.97	6.24	6.40

（4）为了更加深入地理解作业成本法，可以用完全成本法下计算的成本同作业成本法下计算的成本进行比较。为方便进行比较分析，先用全部成本法计算普通挂面、鸡蛋挂面和菠菜挂面三种产品的单位成本，间接费用采用生产工时比例进行分配。分配结果见表 7-12 所示。

表 7-12　全部成本法下单位产品成本　　　　　　　　　　　　　　金额单位：元

	普通挂面	鸡蛋挂面	菠菜挂面	合计
直接材料	1 269 183.46	275 952.35	132 945.37	1 678 081.18
直接人工	69 715.33	15 504.04	7 188.24	92 407.61
间接费用		498 533.40		498 533.40
机器工时	3 414 676.00	829 276.00	634 128.00	4 878 080.00
间接费用分配率		0.102 2		0.102 2

	普通挂面	鸡蛋挂面	菠菜挂面	合计
分配制造费用	348 979.89	84 752.01	64 801.50	498 533.40
合计	1 687 878.68	376 208.40	204 935.11	2 255 894.80
产量/公斤	330 000.00	66 000.00	34 000.00	430 000.00
单位成本	5.11	5.70	6.03	—

【温馨提示】

在全部成本法下，间接费用分配通常以人工工时或者机器小时为依据，该公司的间接费用是按机器小时分配的。但是公司间接费用构成复杂，简单的以机器工时分配间接费用，很可能有失公允。而作业成本法是根据同类作业构成的成本库归集间接费用，并根据成本动因将间接费用分配至成本计算对象。此处为了方便比较，假设待分配的制造费用包括管理费用和销售费用。

（5）完全成本法和作业成本法下单位成本比较分析如表7-13所示：

表7-13　两种成本计算法下单位成本比较　　　　　　　　　　　　　　金额单位：元

	普通挂面	鸡蛋挂面	菠菜挂面
完全成本法	5.11	5.70	6.03
作业成本法	4.97	6.24	6.40

通过对比完全成本法和作业成本法我们发现：在作业成本法下，鸡蛋挂面和菠菜挂面的单位成本均比完全成本法下的单位成本高，分别高0.54元和0.37元。而普通挂面作业成本下的成本偏低，低0.14元。究其原因在于，在传统成本计算法下全部制造费用均按机器小时分配，但实际上并非所有的制造费用成本动因均为机器小时。而批量较少、包装需求复杂的鸡蛋挂面和菠菜挂面，在销售管理、产品包装、烘干等方面的成本较高，这就造成作业成本法下鸡蛋挂面和菠菜挂面分配的间接费用大幅提高。在完全成本法下，应由鸡蛋挂面和菠菜挂面分担的间接费用转移到了普通挂面头上。从而导致大量生产的标准化产品补贴少量生产的定制产品的情况。这样可能对公司产生如下不利：

第一，对于标准化产品而言，会使成本脱离实际而造成定价偏高，从而引发产品滞销；或者公司偏高的成本资料使企业认为这些产品的利润过低，并做出停产或者减产的决定。

第二，对少量生产的定制产品而言，传统成本下使产品分配的制造费用过少而低估成本，如果定制产品在市场上又没有同类产品的价格可供参考，从而以低估的产品成本定价，会使定价过低而赚取不到相应的利润。

从上面的例子我们发现，如果间接费用分配不当，不但会影响期末存货的评估与销售成本的确定，还可能会导致决策错误，资源的使用规划不当，从而影响企业的利润。作业成本法相对于完全成本法而言，能更精确地把握成本与成本动因间的关系，从而对间接费用做出较精密的分配，因此作业成本法比传统成本法更受青睐。

尽管与传统成本法相比，作业成本法有一定的优势，但是作业成本法也有一些弊端。首先，作业成本法的基础资料依然来自传统会计，而传统会计固有的随意性和可选择性（例如折旧方法的选择）所带来的会计处理结果不同，必然会影响到最终的结果；其次，

拓展阅读 传统成本法管理的瓶颈

作业成本法在确定作业动因和作业中心时，具有人为性；最后实施作业成本法从长期来看会给企业带来较长时期的经济效益，但是短期实施效果不明显，并且实施成本较高，这些成本包括会计人员和其他参与作业成本法人员的成本，以及账簿成本和软件成本等，特别是定期收集选定成本动因资料进行资源的分解，这些均会给企业的成本核算带来极大的挑战。

（九）作业成本信息报告

作业成本信息报告的目的，是通过设计、编制和报送具有特定内容和格式要求的作业成本报表，向企业内部各有关部门和人员提供所需要的作业成本及其他相关信息。

作业成本报表的内容和格式应根据企业内部管理需要确定。作业成本报表提供的信息一般包括如下内容：

（1）企业拥有的资源及其分布以及当期发生的资源费用总额及其具体构成的信息；

（2）每一成本对象总成本、单位成本及其消耗的作业类型、数量及单位成本的信息，以及产品盈利性分析的信息；

（3）每一作业或作业中心的资源消耗及其数量、成本以及作业总成本与单位成本的信息；

（4）与资源成本分配所依据的资源动因以及作业成本分配所依据的作业动因相关的信息；

（5）资源费用、作业成本以及成本对象、成本预算完成情况及其原因分析的信息；

（6）有助于作业、流程、作业链（或价值链）持续优化的作业效率、时间和质量等方面非财务信息；

（7）有助于促进客户价值创造的有关增值作业与非增值作业的成本信息及其他信息；

（8）有助于业绩评价与考核的作业成本信息及其他相关信息；

（9）上述各类信息的历史或同行业比较信息。

（十）作业成本控制

作业成本法改进了传统的成本分配方法采用单一成本分配基础的弱点，找到了资源消耗与成本对象之间的因果关系，从而得到更加精确的产品成本，并促使企业利用作业成本法产生的信息改进管理。

1. 优化作业

优化作业是在作业成本分析评价的基础上进行的，具体措施包括：

（1）消除非增值作业。通过对银苑食品有限公司的作业分析，我们会发现银苑食品有限公司目前存在的日常管理作业、质量检验作业和机修作业均是非增值作业。企业应该尽可能地降低非增值作业成本。增值作业是那些顾客认为可以增加其购买的产品或服务的有用性，有必要保留在企业中的作业。非增值作业是指即便消除也不会影响产品对顾客服务的潜能，不必要的或可消除的作业。

（2）优化供应商和客户。企业进行的作业分析不能仅局限于企业内部，还应将其延伸至供应商和客户。如果企业发现材料的采购价格过高，应考虑帮助供应商改进生产工艺，以降低产品成本。另外，从长远来看，企业应缩减供应商的数量，保持与供应商的稳定关系。从客户的角度，企业应力求降低产品生命周期成本，尤其是产品售后阶段的成本。这类成本的降低，标志着企业产品质量的提高，品牌效应的增强。

（3）改变产品工艺设计。产品工艺决定着产品成本的高低。如果某产品的作业成本较高，而单项作业的资源发生又是合理的，这时应考虑产品工艺的改进。尽量简化产品工艺流程，缩短作业周期。

（4）不断进行技术创新。通常，先进的技术可以降低人工成本，提高企业的经营效率，企业应不断进行自我技术创新，通过技术开发，降低作业成本。

（5）产品设计与经济相结合。产品设计通常由技术人员完成，而技术人员只懂技术不懂财务。要优化企业的作业链，必须注意技术与经济的结合问题。因为产品成本、作业成本的高低取决于产品的设计，如果产品设计先天高成本，无论生产中如何实施，成本也无法降低。为避免这一缺陷，要求技术人员既要懂技术，还要了解会计。

2. 合理配置企业资源

如果作业分析报告中显示资源的利用率较低，说明企业资源浪费严重，存在闲置的人员、闲置的机器设备的现象。通过分析，合理配置企业的资源，以免出现资源浪费的现象。

3. 推行适时生产系统

消除非增值作业最有效的办法就是实行适时生产系统。适时生产系统是对传统生产系统的变革，核心思想是消除非生产时间，从而达到消除非增值作业的目的。

4. 坚持全面质量管理和调动员工降低成本的积极性

降低产品成本是全体员工的责任和义务，为了调动员工降低成本的积极性，可以制定成本目标，建立责任预算，实施成本激励机制，从而使责任和权利很好的结合。

三、标准成本法

标准成本法，是指企业以预先制定的标准成本为基础，通过比较标准成本与实际成本、计算和分析成本差异、揭示成本差异产生的原因，进而实施成本控制、评价经营业绩的一种成本管理方法。它将成本计算和成本控制结合在一起，是加强成本控制、评价经济业绩的一种成本控制方法。标准成本法适用于产品品种较少的大批量生产企业，不适合单件、批量小和试制性生产的企业。

（一）标准成本法的应用对象

为了实现成本的精细化管理，企业应根据标准成本法的应用环境，综合内部管理要求，确定应用对象。标准成本法的应用对象可以是不同种类、不同批次或者不同步骤的产品。一般适用于产品及生产条件相对稳定，或生产流程与工艺标准化程度较高的企业。采用标准成本法，要求企业处于比较稳定的外部市场经营环境，且市场对产品的需求相对稳定。标准成本法有如下优点：

1. 便于进行成本控制

标准成本预先制定了企业在一定时期内应该达到的标准，每个月统计实际发生额从而计算差异，通过差异进行产品生产成本控制以及整个生产运营控制。成本差异按原因反映，并按责任单位归集，不但能说明成本升降的原因，还能说明成本升降是由哪些责任单位的工作好坏造成的。这就为评价各个责任单位的经营业绩提供了可靠的依据，即加强了经济责任制，又有利于成本控制。

2. 为企业决策提供依据

标准成本去除了不可避免的低效率和浪费因素，而实际成本可能包含了过去一些不合理的因素，因此，竞标时，使用标准成本更合适。标准成本代表着一定产能下应该发生的成本，相对于实际成本而言更加真实、平稳，更有利于做出定价决策。

3. 可以简化成本计算

标准成本是提前制定好的，不用像实际成本法那样每个月花大量的时间去计算存货和销售成本。标准成本系统可以结合会计电算化或 ERP 系统使绝大多数财务账目和明细账自动生成，如收到原材料、进行产品生产和产品销售，由于预先设置的有材料和产成品的标准成本，这样会节约大量会计核算资源，从而节省巨大的人工成本。

4. 便于制定计划和预算

标准成本可以作为预算的可靠的基础数据，如静态预算、弹性预算等。标准成本从某种程度上可以说是微型或精细化预算，因为它细致到每个产品、原材料、工序等。这样细致的标准成本能提高预算的准确性。

5. 可以激励和鼓舞员工

因为标准成本是具有挑战性的，一般经过努力才能达到。标准成本可以作为一个较高的合理标准来提升公司的效率和业绩，员工也会因此受到激励和鼓舞。

6. 有助于公司合理分配资源

标准成本法下会产生实际成本同标准成本的差异，但是只有较大的差异才值得企业进行调查、分析和管控。

【引例分析】

项目引例中，银苑食品有限公司普通挂面的单位成本与标准成本相比，有了大幅的增加，公司要求会计人员选用一种成本管理工具帮助银苑食品有限公司找到成本增加的原因，实现成本控制。由于企业处于比较稳定的外部市场经营环境，且市场对产品的需求相对稳定，目前要想分析普通挂面实际成本与标准成本相比大幅上升的原因，可以选用标准成本法。

（二）标准成本的制定

1. 标准成本的分类

标准成本，是指在正常的生产技术水平和有效的经营管理条件下，企业经过努力应达到的产品成本水平。

（1）理想的标准成本。理想的标准成本是假定企业现有的生产技术条件和经营管理水平均处于最佳状态时测算出的最低限度的成本。理想的标准成本要求企业生产无浪费、产出无废品、机器无故障、设备无闲置、人工效率最佳，从而能使企业达到的最低成本水平。该类标准由于太完美，一般情况下，企业员工无论如何努力都达不到这个标准，实际工作中不能作为现行的标准成本。但是它可以作为挖掘企业潜力、了解企业今后远期奋斗目标的参考依据。

（2）历史的标准成本。历史的标准成本也称基本的标准成本，这是指企业的生产经营进入正常运转时第一年制定的标准成本，一经制定，长期保持不变。它可以作为企业进行纵向不同历史时期动态发展情况的比较依据，但是由于时过境迁，如果企业正常发展的话，技术水平和劳动生产率都会呈上升趋势，原有的标准就不能反映现实情况，所以一般不作为目前的执行标准。

（3）现实的标准成本。现实的标准成本也是正常的标准成本，它是在现有的生产技术水平和正常生产经营能力的前提下应达到的标准。该标准包括了正常的原材料浪费、机器的偶然故障、难以避免的机器及人员闲置、工作失误和低效率等。因此它是一种经过努力可以达到的成本，现实的标准成本既先进合理，又切实可行，比较接近于实际的成本，因而被广泛采用。

【议一议】

假设银苑食品有限公司菠菜挂面企业有"理想的标准成本""历史的标准成本""现实的标准成本"，请说明这三种标准成本大小怎么排序？

2. 标准成本的制定

产品的标准成本制定是否科学、合理与公正，是能否发挥标准成本管理制度正面作用的关键。因为产品成本主要是由直接材料、直接人工和制造费用三方面构成的，因此产品标准成本通常由直接材料标准成本、直接人工标准成本和制造费用标准成本构成。

【温馨提示】

标准成本和预算成本的区别在于：标准成本是单位成本，而预算成本是一定业务量下的总成本。两者都是预计成本而非产品实际成本。当然，标准成本可以看做是单位成本预算。

企业在制定标准成本时应实事求是并考虑激励机制，太高会挫伤积极性，太低缺乏激励作用，导致效率与效益的下降。因此，在制定标准成本时必须综合考虑并体现一定程度的先进性。标准成本制定过程应考虑科学性、适应性和人文性，需要成本制定者和执行者各方面的共同参与和支持，必须深入现场充分调研，由他们提供各种相关信息和数据，通过反复协商最后由管理层确定。由于企业生产过程比较复杂，任何单方面制定的标准成本都有失公正性和合理性，必要时可以成立由相关代表组成的"企业标准制定委员会"。

制定标准成本时，通常有两种方法，历史数据分析法和任务分析法。对于生产经营环境相对稳定的企业，可以将企业近期历史数据作为重要的标准成本制定依据，同时考虑剔除以往不合理的因素及发展趋势，一般可以将历史数据的平均先进值作为标准成本而非简单的平均数，平均先进值简单的说就是比平均数要求略高的数值。对于生产经营环境变化较大和较快的企业来讲，历史数据只能作为参考，必须从现实出发，结合综合因素经过严密的任务分析和测算来制定。这种测算方法类似于预算编制的"零基预算"。这样制定的标准成本更加科学和准确。制定标准成本的过程其实就是企业管理人员更熟悉生产经营并提高管理水平的过程。当然任务分析法的制定需要投入大量的人力物力，实际工作中可以有选择地采用这种方法。

标准成本应分为数量标准和价格标准两部分组成。

标准成本 = 价格标准 × 数量标准

因此，对于直接材料、直接人工和制造费用成本项目需要分别制定价格标准和数量标准。每种产品的标准成本可以通过标准成本卡来表现，标准成本一经制定一般执行年内不做调整。下一个年度内，如果情况有较大的变化应及时调整原有的标准成本，以增强其先进性和适应性。

（1）直接材料标准成本的制定。直接材料的标准成本，是指直接用于产品生产的材料成本标准，包括标准用量和标准单价两方面。当产品消耗多种材料时，产品的直接材料标准成本应等于各种材料标准成本之和。

① 数量标准。直接材料数量标准的制定一般由生产部门负责，会同技术、财务、信息等部门来制定。具体的做法是：a. 根据产品的图纸等技术文件进行产品研究，列出所需的各种材料以及可能的替代材料，并说明这些材料的种类、质量以及库存情况；b. 在对过去用料经验记录进行分析的基础上，采用过去用料的平均值、最高与最低值的平均数、最节省数量、实际测定数据或技术分析数据等，科学地制定标准用量。材料用量标准应将生产过程中的正常损耗包括在内。

【引例分析】

银苑食品有限公司生产普通挂面所使用的主要材料科技 70 粉消耗定额如表 7-14 所示。

表 7-14　普通挂面直接材料数量标准　　　　　　　　　　　　　　单位：公斤

设计消耗	（1）	1
正常损耗	（2）	0.01
单位产品标准用量	（3）=（1）+（2）	1.01

② 价格标准。制定直接材料的标准价格，是指在正常市场环境下，单位材料需要支付的采购成本，包括买价、运输费、整理费、保险费等采购费用。在制定标准价格时，必须由技术人员制定材料的各种质量标准，防止在实际工作中，为了迎合价格标准，而购买价格较低、质量低劣的原材料。价格标准一般由采购部门负责，会同财务、生产、信息、技术等部门，在考虑市场环境及其变化趋势、订货价格以及最佳采购批量等因素的基础上综合确定。材料按计划成本核算的企业，材料的标准单价可以采用材料的计划单价。

编制了数量标准和价格标准，就可以确定直接材料的标准成本。直接材料的标准成本计算公式如下：

直接材料标准成本 =∑ 某种材料标准价格 × 标准数量

【引例分析】

通过对历史资料进行分析，银苑食品有限公司生产普通挂面所使用主要材料科技 70

粉价格标准如表 7-15 所示。

表 7-15　普通挂面直接材料价格标准　　　　　　　　　　　　　　　　　　单位：元 / 公斤

每公斤的买价	（1）	3.65
每公斤的运输成本	（2）	0.03
每公斤运输途中的合理损耗	（3）	0.05
购货折扣	（4）	−0.05
每公斤的标准价格	（5）=（1）+（2）+（3）+（4）	3.68

则普通挂面所使用主要材料科技 70 粉的直接材料标准成本 =3.68×1.01=3.716 8（元 / 公斤）

（2）直接人工标准成本制定。直接人工标准成本是指生产单位产品所耗用的人工成本的标准数，它包括直接人工数量标准和直接人工价格标准两部分。

① 数量标准。直接人工的数量标准亦称为单位产品的标准工时，是指在现有技术条件下生产单位产品所需要的工作时间。一般由生产部门负责，会同技术、信息、财务等部门。在对产品生产所需作业、工序、工时进行技术测定的基础上，考虑正常的工作间隙，并考虑生产条件的变化，生产工序、操作技术的改善，以及相关工作人员主观能动性充分发挥等因素，合理确定单位产品的工时标准。当然，也可以挑选若干技术熟练的工人，现场测算。

【引例分析】

银苑食品有限公司生产普通挂面每单位标准工时确定为 0.018 直接人工工时 / 公斤，工时标准表如表 7-16 所示。

表 7-16　普通挂面直接人工数量标准　　　　　　　　　　　　　　　　　　单位：工时

单位产品基本工时	（1）	0.016
机器停工、清理工时	（2）	0.001
工人休息时间	（3）	0.001
单位产品标准工时	（4）=（1）+（2）+（3）	0.018

② 价格标准。直接人工的价格标准也称为标准工资率标准，是指单位工时应分配的工资额，包括职工基本工资、保险费、福利费等。如果产品生产过程中涉及不同工资标准

的人员，应该事先确定人员结构并分项计算汇总。该标准通常由企业人力资源部门负责，根据企业的薪酬制度等确定。

$$标准工资率 = \frac{预计支付直接人工工资总额}{标准总工时}$$

标准总工时是指预计产量所需要直接人工的标准总工时，其公式为：

$$标准总工时 = 预计产量 \times 单位产品标准工时$$

根据数量标准和价格标准就可以确定直接工人的标准成本，计算公式为：

$$直接人工标准成本 = 单位产品标准工时 \times 标准工资率$$

【引例分析】

通过对银苑食品有限公司成本资料进行分析，了解到生产普通挂面预计支付的直接人工工资总额为 69 300 元，标准总工时 6 300 小时，预算产量 350 000 公斤。

$$标准工资率 = \frac{预计支付直接人工工资总额}{标准总工时} = \frac{69\ 300}{6\ 300} = 11（元／小时）$$

则普通挂面的直接人工标准成本 $= 0.018 \times 11 = 0.198$（元）

（3）制造费用标准成本的制定。制造费用按成本性态分为变动制造费用和固定制造费用两部分，一般情况下应分别制定其标准成本。制造费用标准成本是由费用价格（费用分配率）和数量（机器工时）两项标准组成。

① 变动性制造费用标准成本的制定。变动制造费用，是指通常随产量变化而成正比例变化的制造费用。变动制造费用项目的标准成本根据标准用量和标准价格（费用分配率）确定。

a. 数量标准。变动制造费用的标准用量可以是单位产量的燃料、动力、辅助材料等标准用量，也可以是产品的直接人工标准工时，或者是单位产品的标准机器工时。标准用量的选择需考虑用量与成本的相关性，制定方法与直接材料的标准用量以及直接人工的标准工时类似。

b. 价格标准。变动制造费用的价格标准是变动制造费用的标准分配率，即每一标准工时应负担的变动制造费用。计算标准分配率的公式如下：

$$变动制造费用标准分配率 = \frac{变动制造费用预算总额}{标准总工时}$$

根据变动制造费用数量标准和价格标准，就可以确定变动制造费用的标准成本：

$$\begin{matrix} 变动制造费用 \\ 项目标准成本 \end{matrix} = \begin{matrix} 变动制造费用 \\ 项目标准用量 \end{matrix} \times \begin{matrix} 变动制造费用 \\ 项目标准价格 \end{matrix}$$

【引例分析】

银苑食品有限公司的生产能量（预算数）为 350 000 公斤，变动制造费用的标准用量可以直接借用直接人工工时标准。银苑食品有限公司变动制造费用标准成本如表 7-17 所示。

表 7-17 变动制造费用标准成本 金额单位：元

变动制造费用预算	
水电费	3 140
一般耗材	3 300
间接人工	10 500
维修	3 000
其他	4 000
合计	23 940
标准总工时 / 小时	6 300
变动制造费用标准分配率	3.8
直接人工用量标准 / 人工工时	0.018
变动制造费用标准成本	0.068 4

变动制造费用标准分配率 = 23 940 ÷ 6 300 = 3.8（元 / 小时）

变动制造费用标准用量 = 6 300 ÷ 350 000 = 0.018（小时）

变动制造费用标准成本 = 3.8 × 0.018 = 0.068 4（元）

② 固定制造费用标准成本的制定。固定制造费用，是指在一定产量范围内，其费用总额不随产量变化而变化，始终保持固定不变的制造费用。固定制造费用一般按照费用的构成项目实行总量控制；也可以根据需要，通过计算标准分配率，将固定制造费用分配至单位产品，形成固定制造费用的标准成本。

固定制造费用标准，一般由财务部门负责，会同采购、生产、技术、营销、财务、人事、信息等有关部门，按照以下程序进行：

a. 依据固定制造费用的不同构成项目的特性，充分考虑产品的现有生产能力、管理部门的决策以及费用预算等，测算确定各固定制造费用构成项目的标准成本；

b. 通过汇总各固定制造费用项目的标准成本，得到固定制造费用的标准总成本；

c. 确定固定制造费用的标准分配率，标准分配率可根据产品的单位工时与预算总工时的比率确定。其中，预算总工时，是指由预算产量和单位工时标准确定的总工时。单位工时标准可以依据相关性原则在直接人工工时或者机器工时之间做出选择。

固定制造费用标准成本由固定制造费用项目预算确定；固定制造费用标准成本的计算顺序及公式如下：

固定制造费用总成本（预算额）=∑固定制造费用项目标准成本

固定制造费用标准分配率 = 单位产品的标准工时 ÷ 预算总工时

固定制造费用标准成本 = 固定制造费用总成本 × 固定制造费用标准分配率

【引例分析】

银苑食品有限公司的生产能量（预算数）为 350 000 公斤，固定制造费用的标准用量可以直接借用直接人工工时标准。银苑食品有限公司固定制造费用标准成本如表 7-18 所示。

表 7-18　固定制造费用标准成本　　　　　　　　　　　　　　　　　　金额单位：元

固定制造费用	
折旧费	9 000
管理人员工资	5 000
间接人工	6 000
保险费	3 000
其他	1 500
合计	24 500
标准总工时 / 小时	6 300
固定制造费用分配率	0.000 002 9
直接人工用量标准 / 人工工时	0.018
固定制造费用标准成本	0.07

固定制造费用标准分配率 = 0.018÷6 300=0.000 002 9（元 / 小时）

固定制造费用标准成本 = 24 500×0.018/6 300 = 0.07（元）

【引例分析】

银苑食品有限公司直接材料、直接人工、制造费用项目标准成本确定后，可以根据前面分析的结果编制普通挂面的产品标准成本卡，见表 7-19。

表 7-19　产品标准成本卡　　　　　　　　　　　　　　　　　金额单位：元

成本项目	单价标准（分配率标准）	数量标准（工时标准）	标准成本 / 元
直接材料	3.68 元 / 公斤	1.01 公斤	3.716 8
直接人工	11 元 / 小时	0.018 小时	0.198
变动制造费用	3.8 元 / 小时	0.018 小时	0.068 4
固定制造费用	0.000 002 9 元 / 小时	0.018 小时	0.07
单位产品标准成本	—	—	4.053 2

【引例分析】

银苑食品有限公司普通挂面的实际产量为 330 000 公斤，实际成本资料如表 7-20 所示：

表 7-20　普通挂面实际成本资料　　　　　　　　　　　　　　金额单位：元

项目	实际成本
直接材料	1 269 183.46
直接人工	69 715.33
变动制造费用	23 230.00
固定制造费用	25 900.00
合计	1 388 028.79

根据表 7-19 和表 7-20 的数据，银苑食品有限公司的成本差异报告如表 7-21 所示：

表 7-21　普通挂面标准成本与实际成本差异　　　　　　　　　金额单位：元

项目	实际总成本	计划产量下的预计（标准）总成本	差异
直接材料	1 269 183.46	1 300 880.00	−31 696.54
直接人工	69 715.33	69 300.00	415.33
变动制造费用	23 230.00	23 940.00	−710.00
固定制造费用	25 900.00	24 500.00	1 400.00
合计	1 388 028.79	1 418 620.00	−30 591.21

（三）成本差异计算与动因分析

企业应在制定标准成本的基础上，将产品成本及其各费用项目的标准用量和标准价格层层分解，落实到部门及相关责任人，形成成本控制标准。

各归口管理部门（或成本中心）应根据相关成本控制标准，控制费用开支与资源消耗，监督控制成本的形成过程，及时分析偏离标准的差异并分析其成因，并及时采取措施加以改进。在标准成本法的实施过程中，各相关部门（或成本中心）应对其所管理的项目进行跟踪分析。生产部门一般应根据标准用量、标准工时等，实时跟踪和分析各项耗用差异，从操作人员、机器设备、原料质量、标准制定等方面寻找差异原因，采取应对措施，控制现场成本，并及时反馈给人力资源、技术、采购、财务等相关部门，共同实施事中控制。采购部门一般根据标准价格，按照各项目采购批次，揭示和反馈价格差异形成的原因，降低总采购成本。企业应当定期将实际成本与标准成本进行比较和分析，确定差异额及性质，揭示差异形成的动因，落实责任中心，寻求可行的改进途径和措施。

成本差异的计算与分析一般按成本或费用项目进行。

成本差异按其数量特征可以分为有利差异和不利差异。有利差异是指因实际成本低于标准成本而形成的节约差异，用 F 表示。不利差异是指因实际成本高于标准成本而形成的超支差异，用 U 表示。企业应该采取措施，消除不利差异，发展有利差异，以实现对成本的控制，不断降低成本，提高经济效益。

1. 直接材料成本差异的计算与分析

（1）直接材料成本差异的计算。直接材料成本差异，是指直接材料实际成本与标准成本之间的差额，该项差异可分解为直接材料价格差异和直接材料数量差异。

直接材料成本差异 = 实际成本 − 实际产量下的标准成本
　　　　　　　　 = 实际耗用量 × 实际单价 − 实际产量下的标准耗用量 × 标准单价
　　　　　　　　 = 直接材料数量差异 + 直接材料价格差异

直接材料价格差异，是指在采购过程中，直接材料实际价格偏离标准价格所形成的差异；直接材料数量差异，是指在产品生产过程中，直接材料实际消耗量偏离标准消耗量所形成的差异。有关计算公式如下：

直接材料价格差异 = 实际耗用量 ×（实际单价 − 标准单价）
　　　　　　　　 = 实际耗用量 × 实际单价 − 实际耗用量 × 标准单价
直接材料数量差异 =（实际耗用量 − 实际产量下标准耗用量）× 标准单价
　　　　　　　　 = 实际耗用量 × 标准单价 − 实际产量下标准耗用量 × 标准单价

【引例分析】

银苑食品有限公司本月实际耗用科技 70 粉 335 280 公斤，采购价格为 3.72 元 / 公斤。本月投产普通挂面 330 000 公斤，全部完工。根据企业的标准成本卡我们知道，科技 70

粉的标准用量为 1.01 公斤，标准单价 3.68 元 / 公斤。原材料的差异分析如下：

直接材料成本差异 = 3.72 × 335 280 − 330 000 × 1.01 × 3.68 = 20 697.6（元）（不利差异）

直接材料价格差异 =（3.72 − 3.68）× 335 280 = 13 411.2（元）（不利差异）

直接材料数量差异 =（335 280 − 330 000 × 1.01）× 3.68 = 7 286.4（元）（不利差异）

直接材料成本差异分析如图 7-2 所示。

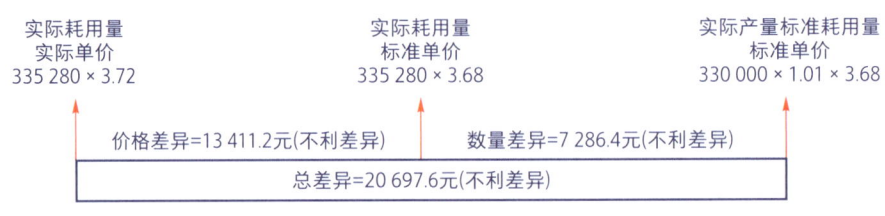

图 7-2　直接材料成本差异分析

从上面的案例中可以知道，由于材料价格的上升使得材料成本上升了 13 411.2 元，而由于材料用量的增加使得材料成本上升了 7 286.4 元。因为价格和材料用量的共同影响，使成本一共上升了 20 697.6 元。

（2）直接材料成本差异的分析。可以从价格差异和数量差异分析。

直接材料价格差异分析。直接材料价格差异是由于实际价格脱离标准价格产生的，所以材料价格差异通常由采购部门负责。正常情况下材料价格属于该部门可控范围，如批量采购、供应商的选择、交货方式、材料的质量和运输工具等通常都是由采购部门控制并受采购部门决策的影响。但是有的原因是不可控的，例如宏观经济等不可控因素引起的原材料普遍涨价；临时订单增加导致紧急供货引起的差异等。因此，对于原材料的不利价格差异一定要作进一步的深入分析，查明产生差异的真正原因。

直接材料数量差异分析。直接材料数量差异是由于实际材料耗用量和标准材料耗用量出现脱离导致的，因为材料的耗用量是在生产部门，所以直接材料数量差异分析主要由生产部门负责。正常情况下直接材料耗用量在生产部门的可控范围内，耗用量的多少受到很多因素的影响，如工人技术不熟练和不负责任，生产事故，生产过程中的浪费及下料不科学，废品率大幅上升，原来的标准成本制定不科学等。不过，对于产生差异的特殊情况应具体问题具体分析，如因采购环节采购了低质量的原材料；仓储过程中原材料的变质；机器没有得到及时的维护和维修造成材料浪费等就不能由生产部门负责，而应由采购、保管及设备管理部门负责。

2. 直接人工成本差异的计算与分析

（1）直接人工成本差异的计算。直接人工成本差异，是指直接人工实际成本与标准成本之间的差额，该差异可分解为工资率差异和人工效率差异。直接人工工资率差异即直接人工价格差异，是指实际工资率偏离标准工资率形成的差异，按实际工时计算确定；直接人工效率差异类似直接材料用量差异，是指实际工时偏离标准工时形成的差异，按标准工资率计算确定。有关计算公式如下：

直接人工成本差异 = 实际成本 − 实际产量下标准成本

= 实际工时 × 实际工资率 − 实际产量下标准工时 × 标准工资率

= 直接人工工资率差异 + 直接人工效率差异

直接人工工资率差异 = 实际工时 ×（实际工资率 − 标准工资率）

= 实际工时 × 实际工资率 − 实际工时 × 标准工资率

直接人工效率差异 =（实际工时 − 实际产量下标准工时）× 标准工资率

= 实际工时 × 标准工资率 − 实际产量下标准工时 × 标准工资率

【引例分析】

银苑食品有限公司本月投产普通挂面 330 000 公斤。假设实际耗用人工 5 280 小时，实际工资额 69 715.33 元。根据标准成本卡我们知道，企业的标准工资率 11 元/小时，工时标准为 0.018 小时。则直接人工的差异分析如下。

直接人工成本总差异 = 69 715.33 − 330 000×0.018×11 = 4 375.33（元）（不利差异）

直接人工工资率差异 = 实际工时 × 实际工资率 − 实际工时 × 标准工资率

= 69 715.33 − 5 280×11

= 11 635.33（元）（不利差异）

直接人工效率差异 =（5 280 − 330 000×0.018）×11 = −7 260（元）（有利差异）

从上面计算的结果可知，由于实际工资率大于标准工资率使直接人工成本上升 11 635.33 元，产生了不利差异；由于实际工时低于标准工时，使直接人工效率差异降低 7 260 元，产生了有利差异。受工资率和人工工时的共同影响，直接人工总成本一共上升了 4 375.33 元。

直接人工成本差异分析如图 7-3 所示。

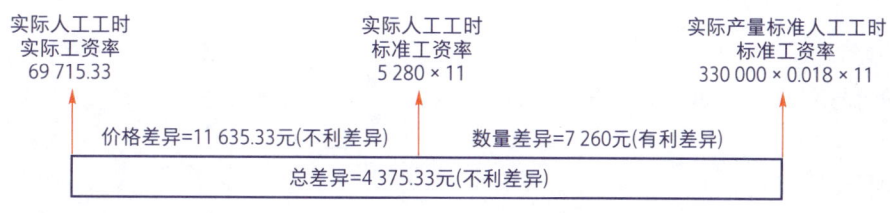

图 7-3 直接人工成本差异分析

（2）直接人工成本差异的分析。直接人工工资率差异分析。直接人工工资率差异是由于实际工资率和标准工资率脱离导致的，一般来说，直接人工工资率差异较少发生。这是因为工资率是按照事先制定好的劳动合同支付的，当遇到政策性调整，实际安排的人员结构发生变化，没有合理安排生产计划导致加班加点等情况，也会出现差异，这种差异应该由人力资源管理部门和生产部门负责，由于政策性调整引起的差异属于不可控差异。

直接人工效率差异分析。直接人工效率差异是由于实际工时和标准工时出现脱离导致的，反映了劳动生产率的高低，这类差异通常属于可控差异。差异产生如果是生产部门没有及时地培训员工，或者生产部门没有很好地监督员工造成员工效率低下；或者由于机器没有及时维护、维修造成效率低而多用工人；或者由于生产工艺发生改变等情况应该由生产部门负责。如果是因为招聘的工人技能差，人事部和生产部门都有责任。如果因为低质量的原材料造成很多返工或者低效率而多用工人，应由采购部经理负责。特别注意的是有时有利差异可能带来其他方面的不利差异，如新进较多的非熟练工人，带来工资率降低同时也会导致整体人工效率的降低。

3. 制造费用成本差异的计算与分析

（1）变动制造费用差异的计算和分析。变动制造费用项目的差异，是指变动制造费用项目的实际发生额与变动制造费用项目的标准成本之间的差额，该差异可分解为变动制造费用项目的价格差异和数量差异。变动制造费用项目的价格差异，是指燃料、动力、辅助材料等变动制造费项目的实际价格偏离标准价格的差异，也称为耗费差异；变动制造费用项目的数量差异，是指燃料、动力和辅助材料等变动性制造费用项目的实际用量偏离标准用量的差异，也称为效率差异。

当变动制造费用的标准用量为标准人工工时，变动制造费用的标准价格为变动制造费用分配率时，变动制造费用成本差异可以表示为如下公式：

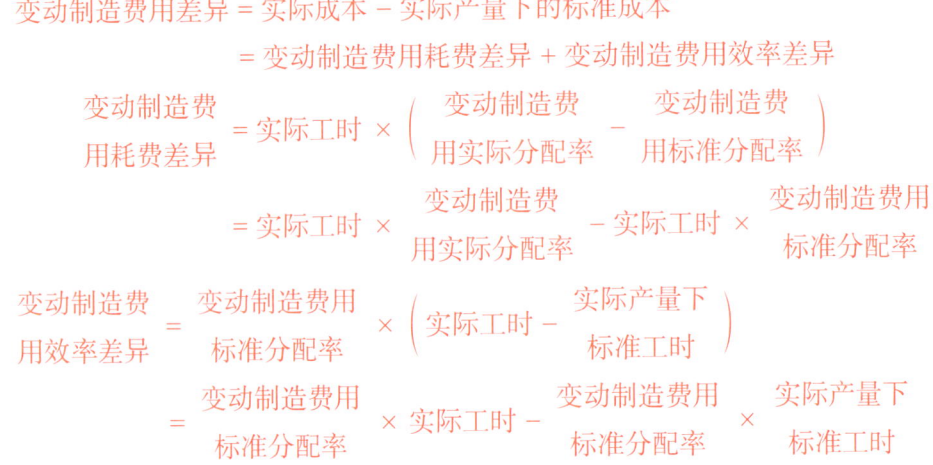

【引例分析】

银苑食品有限公司生产的普通挂面本月实际产量为 330 000 公斤，实际工时为 5 280 小时。实际发生变动性制造费用 23 230 元。根据标准成本卡我们知道，每公斤产品的标准工时为 0.018 小时，标准的变动性制造费用分配率为 3.8 元 / 小时。

制造费用总差异 = 23 230 − 330 000 × 0.018 × 3.8 = 658（元）（不利差异）

变动制造费用效率差异 =（5 280 − 330 000 × 0.018）× 3.8 = −2 508（元）（有利差异）

$$变动制造费用耗费差异 =（23\ 230 \div 5280 − 3.8）\times 5\ 280$$
$$= 23\ 230 − 20\ 064$$
$$= 3\ 166（元）（不利差异）$$

计算结果表明，变动制造费用总差异为不利差异 658 元，是由变动制造费用效率差异和变动制造费用耗费差异引起的。因为变动性制造费用实际分配率大于标准分配率，使变动性制造费用上升了 3 166 元；因为实际工时小于标准工时，使变动性制造费用的实际执行结果下降了 2 508 元，受两者的共同影响，实际变动性制造费用与标准变动制造费用相比一共上升了 658 元。

变动制造费用成本差异分析如图 7-4 所示。

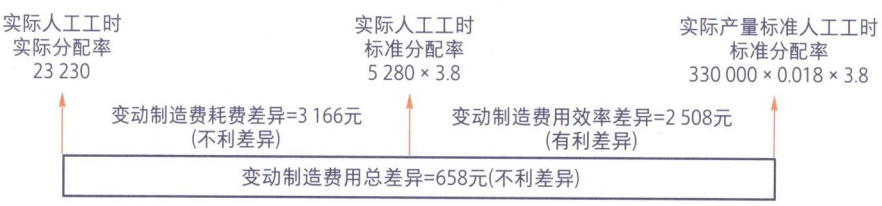

图 7-4　变动制造费用成本差异分析

变动性制造费用属于生产过程中间接费用的部分，其构成内容可能有间接人工、间接材料、其他制造费用等，其差异的产生原因可归结为每一项费用的变动，如间接材料中的燃料、机物料等成本项目，所以实际生活中要根据变动制造费用各明细项目的弹性预算和实际发生额进行对比分析，并追究相关责任部门的责任。

变动性制造费用耗费差异是因为实际分配率和标准分配率出现脱离导致，其实也是一种价格差异，但该项差异的产生既有效率的因素也有价格的因素，它和实际动力、物料耗费量以及劳动生产效率等因素相关。直接人工效率差异和变动性制造费用效率差异的性质是一样的，都是由于所耗工时的延长或缩短引起的费用变化。实际工作中，在分析耗费差异时可分项计算，而在分析效率差异时可按总额计算，这样一来计算就可既简化又不失针对性。变动性制造费用的发生地点是生产部门，一般来说，这两种差异均属可控范围，应由生产部门负责，但如果差异是由于动力和物料价格上涨导致的，这种差异就不能由生产部门负责而应由采购部门负责。

（2）固定制造费用差异计算和分析。固定制造费用项目成本差异，是指固定制造费用项目实际成本与标准成本之间的差额。其计算公式如下：

$$\frac{固定制造费用}{项目成本差异} = \frac{固定制造费用}{项目实际成本} - \frac{固定制造费用}{项目标准成本}$$

【引例分析】

银苑食品有限公司生产普通挂面本月实际产量为 330 000 公斤，实际发生固定性制造费用 25 900 元，实际工时为 5 280 小时；假设普通挂面的实际生产能力 350 000 公斤。根据企业的标准成本卡我们知道，单位固定性制造费用标准成本为 0.07 元/公斤。

固定制造费用项目成本差异 = 25 900 - 330 000 × 0.07 = 2 800（元）（不利差异）

企业应根据固定制造费用项目的性质，分析差异的形成原因，并将之追溯至相关责任中心。

实际工作中许多企业并没有将制造费用细分为变动和固定制造费用，而是只保留一个总的制造费用，原因在于过于细分，工作量及成本太高，一般企业本来就只有一个车间的细致费用科目的划分和控制。

（四）标准成本的会计处理

标准成本制度下，成本控制是同企业日常财务会计成本核算结合起来应用的，平时采用标准成本和成本差异两个财务指标分别核算。企业的存货账户和产成品计算账户一般按标准成本入账，实际成本与标准成本的差异设置专门账户予以汇总，期末再进行分配，将资产负债表的存货项目和利润表的销售成本项目调整为实际成本。

1. 账户设置

标准成本法下，应该设置如下的标准成本差异账户"直接材料数量差异""直接材料价格差异""直接人工效率差异""直接人工工资率差异""变动制造费用效率差异""变动制造费用耗费差异""固定制造费用成本差异"。这些成本差异的借方登记超支（不利）差异，贷方登记节约（有利）差异和差异转销额。

2. 账务处理

（1）成本差异账务处理。

① 直接材料成本差异的账务处理。

【引例分析】

根据银苑食品有限公司普通挂面计算出来的成本差异得知，直接材料价格差异为不利差异 13 411.2 元，直接材料数量差异为不利差异 7 286.4 元，因为均为不利差异，所以记入两差异账户的借方。此外"生产成本"账户借方记录的是直接材料的标准成本，"原材料"账户贷方记录的是原材料的实际成本。根据分析直接材料成本差异的账务处理如下。

借：生产成本（标准数）　　　　　　　　　　　　1 226 544

直接材料价格差异	13 411.2
直接材料数量差异	7 286.4
贷：原材料（实际数）	1 247 241.6

②直接人工成本差异的账务处理。

【引例分析】

根据银苑食品有限公司普通挂面计算出来的成本差异得知，直接人工价格（工资率）差异为不利差异 11 635.33 元，直接人工数量（效率）差异为有利差异 7 260 元。因为直接人工价格（工资率）差异为不利差异，应记入两差异账户的借方；直接人工数量差异为有利差异，应记入两差异账户的贷方。此外"生产成本"账户借方记录的是直接人工的标准成本，"应付职工薪酬"账户贷方记录的是应付工资的实际数。根据分析直接人工成本差异的账务处理如下。

借：生产成本（标准数）	65 340
直接人工工资率差异	11 635.33
贷：应付职工薪酬（实际数）	69 715.33
直接人工效率差异	7 260

③变动制造费用差异的账务处理。

【引例分析】

根据银苑食品有限公司普通挂面计算出来的成本差异得知，变动制造费用耗费差异为不利差异 3 166 元，变动制造费用效率差异为有利差异 2 508 元。所以变动制造费用耗费差异记入两差异账户的借方，变动制造费用效率差异记入两差异账户的贷方。此外"生产成本"账户借方记录的是变动制造费用的标准成本，"制造费用"账户贷方记录的是变动性制造费用的实际数。根据分析变动制造费用差异的账务处理如下。

借：生产成本（标准数）	22 572
变动制造费用耗费差异	3 166
贷：制造费用（实际数）	23 230
变动制造费用效率差异	2 508

④固定制造费用差异的账务处理。

【引例分析】

根据银苑食品有限公司普通挂面计算出来的成本差异得知，固定制造费用成本差异为不利差异2 800元。所以固定制造费用成本差异记入两差异账户的借方。此外"生产成本"账户借方记录的是固定性制造费用的标准成本,"制造费用"账户贷方记录的是制造费用的实际数。根据分析固定制造费用差异的账务处理如下。

借:生产成本(标准数) 23 100
　　固定制造费用成本差异 2 800
　　贷:制造费用(实际数) 25 900

企业应根据固定制造费用项目的性质,分析差异的形成原因,并将之追溯至相关责任中心。

(2)成本差异的结转。成本差异的结转一般有两种方法:

一是当差异金额较小时,将各差异账户余额全部转入"主营业务成本"或者"其他业务成本"账户,由本期收入补偿,反映当期业绩。不再将差异分别分配给期末产品和库存商品,此时资产负债表上的在产品和产成品项目只反映标准成本。其理论依据是:本期的差异应该看成是本期工作质量和效果的体现,不应该递延到下一期。

二是当差异金额较大时,按照财务会计的实际成本原则,特别是在对外财务报告期,则应在期末时按标准成本比例将差异在期末在产品、库存商品和本期销售商品之间进行分配,从而将资产负债表上的存货项目和销售成本项目调整为实际成本。这种分配方法操作比较繁琐,其差异将会随着存货递延到下一会计期间。

【引例分析】

假定银苑食品有限公司用第一种方法处理成本差异余额,分录为:

借:主营业务成本/其他业务成本 28 530.93
　　直接人工效率差异 7 260
　　变动制造费用效率差异 2 508
　　贷:直接材料价格差异 13 411.2
　　　　直接材料数量差异 7 286.40
　　　　直接人工工资率差异 11 635.33
　　　　变动制造费用耗费差异 3 166.00
　　　　固定制造费用成本差异 2 800.00

通过这项结转分录,月末各成本差异账户均无余额。

拓展阅读 完全成本法与变动成本法

(五)修改与改进标准成本

为保证标准成本的科学性、合理性和可行性,企业应该定期或者不定期对标准成本进行修改与改进。

一般情况下，标准成本的修订工作由标准成本的制定机构负责。企业应该至少每年对标准成本进行测试，通过编制标准成本差异分析表，确定是否存在因标准成本不准确而形成的成本差异。当该差异较大时，企业应当按照标准成本的制定程序，对标准成本进行调整。除定期测试外，当外部市场、组织机构、技术水平、产品品种等内外部环境发生较大变化时，企业也应当及时对标准成本进行调整。

拓展阅读　标准成本法的缺点

✎ 项目小结

成本管理的水平影响整个企业的管理水平，可通过一定的成本控制方法完成成本管理目标。目标成本法以市场为导向设定目标成本，在设计阶段就要实现目标成本，并在生产阶段持续改善成本；作业成本法在资源和产品之间引入一个中介"作业"，根据作业活动耗用资源的情况，将资源耗费分配给作业，再依照成本对象消耗作业的情况，把作业成本分配给成本对象，从而把管理的重点转移到生产运作过程。标准成本法以标准成本为核心，通过标准成本的制定，成本差异的计算和分析等一系列有机结合的环节，将成本的核算、控制、考核、分析融为一体。

☷ 思维导图

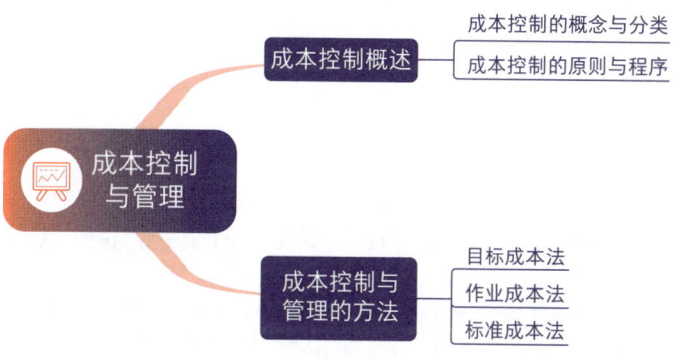

✎ 知识技能考核

一、单项选择题

1. 下列各项中，关于作业成本法的表述，正确的是（　　）。

A. 资源→成本→产品　　　　　　　B. 资源→产品→成本

C. 作业→资源→产品　　　　　　　D. 资源→作业→产品

2. 生产某种产品需要消耗 A 原材料，A 原材料每公斤的标准价格和实际价格分别为 4 元和 4.5 元，当期采购原材料总计 10 500 公斤，产品产量为 5 000 件，单位产品原材料标准消耗量为 2 公斤。请判断：

（1）直接材料的价格差异为（　　　）元。

A. 有利差异 5 250　　　　　　　B. 不利差异 5 250

C. 不利差异 5 000　　　　　　　D. 有利差异 5 000

（2）直接材料的数量差异为（　　　）元。

A. 不利差异 5 000　　　　　　　B. 有利差异 5 000

C. 不利差异 2 000　　　　　　　D. 有利差异 2 000

3. 假设一个教师负责给一个 40 人的班级讲授管理会计，并给一个 30 人的班级讲授财务会计。请判断：

（1）准备教学大纲所属的作业类型为（　　　）。

A. 产量级作业　　　　　　　　　B. 品种级作业

C. 批别级作业　　　　　　　　　D. 客户级作业

（2）设定授课方案和教案所属的作业类型为（　　　）。

A. 产量级作业　　　　　　　　　B. 品种级作业

C. 批别级作业　　　　　　　　　D. 设施级作业

（3）期末试卷的批改所属的作业类型为（　　　）。

A. 产量级作业　　　　　　　　　B. 品种级作业

C. 批别级作业　　　　　　　　　D. 设施级作业

二、多项选择题

1. 企业采用目标成本法需要成立一个跨部门的团队，该团队主要由（　　　　）组成。

A. 成本规划小组　　　　　　　　B. 成本设计小组

C. 成本确认小组　　　　　　　　D. 成本实施小组

2. 进行目标成本计算的时候，需要依次确定出的成本为（　　　　）。

A. 可容许成本　　　　　　　　　B. 可实现的目标成本

C. 零部件的目标成本　　　　　　D. 产品实际生产成本

3. 下列关于作业成本法说法正确的是（　　　　）。

A. 一项作业既可以是一项非常具体的任务或活动，也可以泛指一类任务或活动

B. 资源动因是将资源费用追溯至各成本对象

C. 作业成本法适用于作业类型较多且作业链较长，间接或辅助费用所占比重较大的

企业

D. 对于为执行某种作业直接消耗的资源，应直接追溯至该作业中心

4. 标准成本按其所依据的生产技术和经营管理水平分类包括（　　　　）。

A. 基本标准成本　　　　　　　　　B. 理想标准成本

C. 正常标准成本　　　　　　　　　D. 现行标准成本

5. 关于变动制造费用标准成本，下列说法中正确的有（　　　　）。

A. 变动制造费用的数量标准通常采用单位产品直接人工工时标准

B. 变动制造费用的价格标准是每一工时变动制造费用的标准分配率

C. 变动制造费用的价格标准是根据实际的变动制造费用和直接人工总工时计算求得

D. 用变动制造费用的数量标准和价格标准相乘，即可得出变动制造费用标准成本

6. 下列因素中，会影响直接材料数量差异大小的有（　　　　）。

A. 单位材料实际价格

B. 单位材料标准价格

C. 实际产量下直接材料的标准耗用量

D. 实际产量下直接材料的实际耗用量

三、判断题

1. 为了保证目标利润的实现，可以降低产品的质量。（　　　）

2. 作业成本法下可以以作业中心为基础设置责任中心，将作业中心员工的奖惩与作业责任成本直接挂钩进行考核。（　　　）

3. 作业动因是引起作业耗用的成本动因，它反映了资源耗用与作业量之间的关系。（　　　）

4. 只要财务人员工作认真负责，工作能力强，财务人员之间通力合作，就能完成标准成本的制定。（　　　）

5. 标准成本法下，如果出现不利差异，企业必须采取措施降低不利差异。（　　　）

项目八　成本报表与成本考核

🛩 **学习目标** ┃┠- -

知识目标 ● 了解成本报表的内容和作用

● 理解责任成本与产品成本的区别

● 掌握成本报表的编制方法

技能目标 ● 能编制按品种和按成本项目反映的生产成本报表

● 能使用比较分析法、比率分析法和因素分析法等方法进行简单的成本报表分析

● 能进行责任成本的分类和计算

素养目标 ● 通过成本报表分析，增强成本观念，提升管理能力

● 通过对责任中心的理解，增强责任意识，激发担当精神

⚙️ **项目引例** ┃┠- -

　　银苑食品有限公司 2020 年 12 月产品成本汇总资料如表 8-1 和表 8-2 所示，普通挂面和鸡蛋挂面是公司的主要产品，菠菜挂面是 2020 年才开发出来的新品。根据该表数据，按产品种类编制该公司 2020 年 12 月全部产品生产成本表并进行成本报表分析。

表 8-1　产品成本汇总资料

2020 年 12 月

产品名称		可比产品		不可比产品
		普通挂面	鸡蛋挂面	菠菜挂面
产量/公斤	本年计划	3 610 000.00	660 000.00	250 000.00
	本月实际	328 100.00	66 000.00	34 000.00

续表

产品名称		可比产品		不可比产品
		普通挂面	鸡蛋挂面	菠菜挂面
产量/公斤	本年累计	3 281 000.00	990 000.00	297 500.00
单位成本/元	历史最高水平	4.63	5.05	
	上年实际	5.00	5.26	
	本年计划	4.50	4.92	5.30
	本月实际	4.70	5.00	5.50
	本年累计实际平均	4.60	5.02	5.60

表 8-2　产品成本汇总

编制单位：银苑食品有限公司　　　　　　2020 年 12 月　　　　　　金额单位：元

项目		本年计划数	本月实际数	本年累计实际数
生产费用	直接材料	19 090 000.00	1 674 000.00	19 121 000.00
	直接人工	1 272 000.00	92 500.00	1 521 000.00
	制造费用	848 000.00	46 300.00	1 086 500.00
	生产费用合计	21 210 000.00	1 812 800.00	21 728 500.00
加：在产品、自制半成品期初余额		7 200.00	5 400.00	6 000.00
减：在产品、自制半成品期末余额		5 200.00	8 200.00	6 500.00
产品成本合计		21 212 000.00	1 810 000.00	21 728 000.00

模块一　成本报表

　　成本报表通过生产费用与产品成本的构成及其升降变动情况，来考核各项费用与生产成本计划执行结果，是会计报表体系的重要组成部分，它是为企业内部管理需要而编制的，是反映企业生产经营各方面工作质量的一项综合性指标，对加强成本管理，提高经济效益有着重要的作用。

一、认知成本报表

通常意义的会计报表是指财务会计中的财务报表，即资产负债表、利润表和现金流量表，这是对外报送的报表。还有一些报表是为企业内部管理需要而编制的，成本报表就属于企业内部报表。

（一）编制成本报表的意义

1. 成本报表的定义

成本报表是根据企业日常的成本核算资料及其他有关资料编制的，是用以反映企业生产费用与产品成本的构成及其升降变动情况，考核生产费用与成本计划执行结果的财务报表。通俗理解，成本报表是给"自己人"看的，所以在报表格式、报送时间等方面具有较大的灵活性，正确、及时地编制成本报表是进行成本管理的一项重要工作内容。

2. 成本报表的作用

（1）便于企业进行高质量的成本管理。通过成本报表分析，可以揭示影响成本指标和费用项目变动的因素和原因，挖掘降低产品成本的潜力。

（2）便于企业及时进行决策。成本数据不仅可以满足日常成本、费用管理的需要，而且是企业进行成本、利润的预测、决策以及编制产品成本和各项费用计划、制定产品价格的重要依据。

（二）成本报表的特点、编制依据

1. 成本报表的特点

成本报表是用于企业内部经营管理的报表，与财务会计中的财务报表相比，有以下特点：

（1）成本报表为企业内部管理服务。成本报表主要为企业内部管理服务，满足企业管理者、成本责任者对成本信息的需求，有利于观察、分析、考核成本的动态，有利于控制计划成本目标的实现，也有利于预测工作。

（2）成本报表的内容灵活。对外报送的财务报表，格式由国家统一规定，强调完整性。内部成本报表主要是围绕着成本管理需要反映的内容，没有统一的内容和范围，不强调成本报告内容的完整性，往往从管理出发，对某一问题或某一侧面进行重点反映，揭示差异，找出原因，分清责任。因此，内部成本报表的成本指标可以是多样化，以适应不同管理目的的使用者对成本信息的需求，使内部成本报表真正为企业成本管理服务。

（3）成本报表格式与内容相适应。对外报表的格式与内容一样，都由国家统一规定，企业不能随意改动。而内部成本报表的格式是随着反映的具体内容，可以自己设计，允许不同内容可以有不同格式，同一内容在不同时期也可有不同格式，总之，只要有利于为企业成本管理服务，可以拟订不同报表格式进行反映和服务。

（4）成本报表编报不定时。对外报送的财务报表一般都是定期的编制和报送，并规定在一定时间内必须报送。而成本报表主要是为企业内部成本管理服务，所以，成本报表可以根据内部管理的需要适时地、不定期地进行编制，使成本报表及时地反映和反馈成本信息，揭示存在的问题，促使有关部门和人员及时采取措施，改进工作，提高服务效率，控制费用的发生，达到节约成本的目的。

2. 编制成本报表的主要依据

（1）报告期的成本账簿资料。

（2）本期成本计划及费用预算等资料。

（3）以前年度的财务报表资料。

（4）企业有关的统计资料和其他资料等。

（三）成本报表的种类

国家会计准则、制度对成本报表没有明确规定，这使得成本报表具有灵活性和多样性的特点。对于生产性企业来说，企业的成本报表包括全部产品生产成本表、主要产品单位成本表、各种费用明细表等。

1. 全部产品生产成本表

全部产品生产成本表是反映企业在报告期内所生产的全部产品总成本和单位成本的报表。利用该表可以考核全部产品和主要产品成本计划的完成情况，分析各种可比产品成本降低任务的完成情况。

2. 主要产品单位成本表

主要产品单位成本表是反映企业在报告期内生产的各种主要产品单位成本水平和构成情况的报表。该表按主要产品分别编制，是对全部产品生产成本表所列各种主要产品成本补充说明，利用此表，可以了解主要产品单位成本的变动情况，分析和考核各种主要产品的技术经济指标的执行情况，进而查明各种主要产品单位成本升降的原因。

3. 各种费用表

各种费用表是指企业在生产经营过程中，各个车间、部门为了进行产品生产、组织和管理生产经营活动所发生的制造费用、销售费用、管理费用和财务费用。前者属于产品成本的组成部分，后三种属于期间费用。编制四种费用报表的作用在于反映各种费用计划的执行情况，分析各种费用变动的原因以及对产品成本和当期成本的影响。

企业对外的财务会计报告主要有年报、半年报、季报和月报，为了及时向企业有关管理部门提供成本信息以满足企业生产经营管理特别是成本控制的需要，成本报表除了上述报表形式外，应更注重旬报、周报甚至日报和班报等形式，同时根据需要还可以进行不定期成本报表的编制。

【议一议】

成本报表包括哪些？它们与资产负债表、利润表等有什么区别？

二、成本报表的编制

成本费用报表的编制使用的一般是成本实际发生额数据，不存在成本转换的问题。因为在此之前，企业已经将定额成本、计划成本和标准成本转化为了实际成本。

（一）全部产品生产成本表的编制

全部产品生产成本报表可以从两个不同角度进行编制和分析：一种是按产品种类编制全部产品生产成本表，反映企业在报告期内所生产的全部产品的总成本和各种主要产品（包括可比产品和不可比产品）单位成本及总成本；二是按成本项目编制全部产品生产成本表，汇总反映企业在报告期内发生的全部生产费用和全部产品总成本。

全部产品成本表除了反映企业为生产一定种类和数量的产品所支出的生产费用的水平及构成情况外，还需与计划、上年实际、历史最高水平或行业先进水平相比较，反映产品成本的变动情况和变动趋势。

1. 编制按产品种类反映的产品生产表

按产品种类反映的产品成本表，是按产品种类汇总反映企业在报告期内全部产品总成本和单位成本的报表。该表分正表和补充材料两部分，其中，正表部分往往将全部产品按可比产品和不可比产品分别列示，反映出各种可比和不可比产品本月及本年累计的实际产量、实际单位成本和实际总成本。补充材料部分是按年填报可比产品成本的降低额、降低率等。

【温馨提示】

所谓可比产品，是指以前年度正式生产过，具有较完备的成本资料的产品。所谓不可比产品，是指以前年度没有正式生产过，没有完备的成本资料的产品，以及去年试制成功今年正式投产的产品。

【引例分析】

银苑食品有限公司按产品种类编制的产品生产成本表如表8-3所示。各项内容和填列方法如下：

1. 实际产量

（1）本月实际产量。根据产品成本计算单或者产品生产成本明细账记录填列。

（2）本年累计实际产量。根据本月实际产量，加上上月本表的本年累计实际产量计算填列。

2. 单位成本

（1）上年实际平均单位成本。根据上年度本表所列全部累计实际平均单位成本填列。

（2）本年计划单位成本。根据本年度成本计划填列。

表8-3 产品成本表（按产品种类反映）

编制单位：银苑食品有限公司　　　　　2020年12月　　　　　金额单位：元

产品名称	实际产量/公斤		单位成本				本月总成本			本年累计总成本		
	本月	本年累计	上年实际平均	本年计划	本月实际	本年累计实际平均	按上年实际平均单位成本计算	按本年计划单位成本计算	本月实际	按上年实际平均单位成本计算	按本年计划单位成本计算	本年实际
	(1)	(2)	(3)	(4)	(5)	(6)	(7)=(1)×(3)	(8)=(1)×(4)	(9)=(1)×(5)	(10)=(2)×(3)	(11)=(2)×(4)	(12)=(2)×(6)
可比产品							1 987 660.00	1 801 170.00	1 872 070.00	21 612 400.00	19 635 300.00	20 062 400.00
普通挂面	328 100.00	3 281 000.00	5.00	4.50	4.70	4.60	1 640 500.00	1 476 450.00	1 542 070.00	16 405 000.00	14 764 500.00	15 092 600.00
鸡蛋挂面	66 000.00	990 000.00	5.26	4.92	5.00	5.02	347 160.00	324 720.00	330 000.00	5 207 400.00	4 870 800.00	4 969 800.00
不可比产品								180 200.00	187 000.00		1 576 750.00	1 666 000.00
菠菜挂面	34 000.00	297 500.00		5.30	5.50	5.60		180 200.00	187 000.00		1 576 750.00	1 666 000.00
全部产品成本合计							1 987 660.00	1 981 370.00	2 059 070.00	21 612 400.00	21 212 050.00	21 728 400.00

补充资料：

可比产品成本降低额：21 612 400 - 20 062 400 = 1 550 000（元）

可比产品成本降低率：1 550 000 ÷ 21 612 400 × 100% = 7%

本年计划降低额：21 612 400 - 19 635 300 = 1 977 100（元）

本年计划降低率：1 977 100 ÷ 21 612 400 × 100% = 9%

（3）本月实际单位成本。根据表中本月实际总成本除以本月实际产量计算结果填列。

（4）本年累计实际平均单位成本。根据表中本年累计实际总成本除以本年累计实际产量计算的结果填列。

3. 本月总成本

（1）按上年实际平均单位成本计算的本月总成本。根据上年实际平均单位成本乘以本月实际产量的结果填列。

（2）按本年计划单位成本计算的本月总成本。根据本年计划单位成本乘以本月实际产量的结果填列。

（3）本月实际总成本。根据产品成本明细账或产成品成本汇总表填列。

4. 本年累计总成本

（1）按上年实际平均单位成本计算的本年累计总成本。根据上年实际平均单位成本乘以表中本年累计实际产量列示。

（2）按本年计划单位成本计算的本年累计总成本。根据本年计划单位成本乘以表中本年累计实际产量列示。

（3）本年累计实际总成本。根据本月实际总成本，加上上月本表的本年累计实际总成本计算填列。

5. 该表补充资料的内容和填列方法如下：

（1）可比产品成本累计实际降低额。根据可比产品按上年实际平均单位成本计算的本年累计总成本减去本年累计实际总成本计算填列（超支用负数表示）。

（2）可比产品成本累计实际降低率。根据可比产品成本累计实际成本降低额除以可比产品按上年实际平均单位成本计算的本年累计总成本计算填列（超支用负数表示）。

本年可比产品计划降低额和降低率，根据可比产品成本降低计划填列。

2. 按成本项目反映的产品成本表的编制

按成本项目反映的产品成本表，是按成本项目汇总反映企业在报告期内发生的全部生产费用及产品生产总成本的报表。表格分为生产费用和产品成本两部分，生产费用部分按成本项目反映，后者则是在生产费用合计数的基础上加减期初期末在产品、自制半成品余额计算得出。生产费用和产品成本可以按上年实际数、本年计划数、本月实际数和本年累计实际数分栏反映。

【引例分析】

根据银苑食品有限公司 2020 年 12 月成本计划有关资料，普通挂面、鸡蛋挂面和菠菜挂面相关明细账编制按成本项目反映产品成本表，如表8-4所示。

（1）本年计划数应根据本年产品成本计划资料填列。

（2）本月实际数应根据各种产品成本明细账中本月生产费用合计数填写，并按照成本项目分别汇总填列。

（3）本年累计实际数应根据本月实际数，加上上月本表的本年累计实际数计算填列。

（4）期初、期末在产品、自制半成品余额，应根据各种产品成本明细账的期初、期末在产品成本和各种自制半成品明细账的期初、期末余额分别汇总填列。

表 8-4　产品生产成本表（按成本项目反映）

编制单位：银苑食品有限公司　　　　　2020 年 12 月　　　　　金额单位：元

项　目		本年计划数	本月实际数	本年累计实际数
生产费用	直接材料	19 090 000.00	1 674 000.00	19 121 000.00
	直接人工	1 272 000.00	92 500.00	1 521 000.00
	制造费用	848 000.00	46 300.00	1 086 500.00
	生产费用合计	21 210 000.00	1 812 800.00	21 728 500.00
加：在产品、自制半成品期初余额		7 250.00	5 400.00	6 400.00
减：在产品、自制半成品期末余额		5 200.00	8 200.00	6 500.00
产品成本合计		21 212 050.00	1 810 000.00	21 728 400.00

（二）主要产品单位成本表的编制

主要产品单位成本表反映企业在报告期内生产的各种主要产品单位成本的构成情况和各项主要技术经济指标执行情况的报表。该表应按主要产品分别编制，它是对产品成本报表有关单位成本所进行的进一步补充说明。主要产品是指企业经常生产，在企业全部产品中所占比重较大、能概括反映企业经营面貌的那些产品。

主要产品单位成本表共分为三部分：一是产品基本信息；二是按成本项目反映的各口径单位成本数据；三是按主要技术经济指标反映的各口径单位成本数据。其中，各口径往往包括历史先进水平单位成本、上年实际平均单位成本、本年计划单位成本、本月实际单位成本和本年累计实际平均单位成本。

【引例分析】

根据银苑食品有限公司的相关成本资料编制企业主要产品——鸡蛋挂面的单位成本表。该表的主要项目数据填列方法如下：

（1）产品基本信息部分的产品销售单价应根据商品定价资料填列；本月实际产量应据跟产品成本明细账填列；有关计划产量资料应根据年初计划资料填列；本年累计实际产量应根据上月本表的本年实际产量，加上本表本月实际产量填列。

（2）历史先进水平单位成本应根据历史上该种产品成本最低年度本表的实际平均单位成本填列。

（3）上年实际平均单位成本应根据上年度本表实际平均单位成本填列。

（4）本年计划单位成本应根据本年度计划成本资料填列。

（5）本月实际单位成本应根据该种产品成本明细账或产品成本汇总表填列。

（6）本年累计实际平均单位成本应根据该种产品成本明细账所记年初起至报告期末止完工入库总成本除以本年累计实际产量计算填列。

（7）主要技术经济指标应根据业务技术核算资料填列。

引例根据前述填列方法，参考公司的相关成本资料，编制出鸡蛋挂面单位成本表，如表8-5所示（数据仅供参考）：

表8-5　主要产品单位成本表

编制单位：银苑食品有限公司　　　　　2020年12月　　　　　金额单位：元

产品名称	鸡蛋挂面	本月计划产量			59 400.00
规格		本月实际产量			66 000.00
计量单位	公斤	本年累计计划产量			660 000.00
销售单价	10.00	本年累计实际产量			990 000.00
成本项目	历史先进水平单位成本	上年实际平均单位成本	本年计划单位成本	本月实际单位成本	本年累计实际平均单位成本
直接材料	3.84	4.00	3.82	3.84	3.80
直接人工	0.41	0.38	0.34	0.35	0.34
制造费用	0.80	0.88	0.76	0.81	0.88
产品单位成本	5.05	5.26	4.92	5.00	5.02
主要技术经济指标	消耗量	消耗量	消耗量	消耗量	消耗量
原材料（面粉）	1.02	1.025	1.02	1.016	1.015
机器工时	0.018	0.021	0.02	0.018	0.019

【议一议】

编制主要产品单位成本表需要的数据如何获取呢？

（三）制造费用明细表的编制

制造费用明细表是反映企业在报告期内为组织和管理生产所发生的制造费用总额及其构成情况的报表。该表一般只反映基本生产车间的制造费用，不包括辅助生产车间的制造费用。

制造费用明细表一般按照制造费用项目分别反映该费用的本年计划数、上年同期数、本月实际数和本年累计实际数。表中成本数据可以从历史成本数据、产品成本明细账、成本汇总表等资料中获取。

【引例分析】

制造费明细表格式如表 8-6 所示：

（1）本年计划数应根据本年度制造费用计划填列；

（2）上年实际数应根据上年同期编制的制造费用明细表"本年累计实际"栏的数字填列；

（3）本月实际数应根据"制造费用"总账科目所属各基本生产车间制造费用明细账的本月合计数汇总计算填列；

（4）本年累计实际数应根据制造费用明细账中各费用项目本年累计发生额填列，也可以将本月实际数加上上月本表中的本年累计实际数后填列。

表 8-6　制造费用明细表

编制单位：　　　　　　　　　　　　　　年　月　　　　　　　　　　金额单位：元

费用项目	本年计划	上年实际	本月实际	本年累计实际
1. 职工薪酬				
2. 机物料消耗				
3. 折旧费				
4. 租赁费				
5. 办公费				
6. 水电费				
7. 运输费				
8. 保险费				
9. 差旅费				
10. 其他				
……				
合计				

（四）期间费用明细表的编制

期间费用明细表是反映企业在报告期内发生的各种期间费用情况的报表，包括管理费用明细表、财务费用明细表和销售费用明细表。利用期间费用明细表可以分析该项期间费用构成及增减变动情况，考核期间费用计划的执行情况。

期间费用明细表一般按照其费用项目，分别反映该费用项目的上年实际数、本年计划数、本月实际数和本年累计实际数。期间费用明细表通常按月编制。

【引例分析】

期间费用明细表的编制方法为：本年计划数按本年各项费用的预算数填列；上年实际数应分别根据上年12月编制的各期间费用明细表"本年累计实际"栏的数字填列；本月实际数根据各期间费用明细账中各费用项目本月发生额填列；本年累计实际数根据各期间费用明细账中各费用项目本年累计发生额填列，也可以将本月实际数加上上月本表中本年累计实际数后填列。

"管理费用明细表""财务费用明细表"和"销售费用明细表"的结构和内容分别见表8-7至表8-9。

表8-7 管理费用明细表

编制单位：　　　　　　　　　　　　　　年　月　　　　　　　　　　　　金额单位：元

费用项目	本年计划	上年实际	本月实际	本年累计实际
职工薪酬				
折旧费				
修理费				
办公费				
差旅费				
保险费				
租赁费				
咨询费				
排污费				
绿化费				
机物料消耗				
无形资产摊销				
长期费用摊销				
研究开发费				
业务招待费				

续表

费用项目	本年计划	上年实际	本月实际	本年累计实际
劳动保护费				
劳动保险费				
其他				
……				
合计				

表 8-8　财务费用明细表

编制单位：　　　　　　　　　　　　年　月　　　　　　　金额单位：元

费用项目	本年计划	上年实际	本月实际	本年累计实际
1. 利息费用				
减：利息收入				
2. 汇兑损失				
减：汇兑收益				
3. 金融机构手续费				
4. 其他				
……				
合计				

表 8-9　销售费用明细表

编制单位：　　　　　　　　　　　　年　月　　　　　　　金额单位：元

费用项目	本年计划	上年实际	本月实际	本年累计实际
职工薪酬				
业务费				
运输费				
装卸费				
包装费				
保险费				
展览费				

续表

费用项目	本年计划	上年实际	本月实际	本年累计实际
广告费				
差旅费				
租赁费				
折旧费				
修理费				
其他				
……				
合计				

三、成本报表的分析

成本分析是为了满足企业管理层了解企业成本状况及进行经营决策的需要。成本分析以成本核算资料为基础，并结合其他有关核算、计划和统计资料，采用一定的方法解剖成本变动原因、经营管理缺陷及业绩的管理活动。成本分析是成本核算工作的继续，是成本会计的重要组成部分。

通过成本报表的分析，可以进一步明确企业的成本费用状况，可以全面、正确评价企业内部各部门、各单位成本责任的履行情况，揭示和测定各因素变动对成本的影响程度，同时为编制成本计划、进行成本预测和决策等提供数据资料。

（一）成本报表分析的基本方法

进行成本分析时，可以采用的方法有很多，确定分析方法时应根据分析的目的和掌握的数据资料等情况而定。常用的分析方法有比较分析法、比率分析法、趋势分析法和因素分析法。

1. 比较分析法

比较分析法是成本分析中最常用的一种基本方法。它是将两个或两个以上相关的不同时期（或不同情况下）的成本指标数据进行对比，揭示客观存在的差异，借以了解经济活动的成绩和问题的一种分析方法。比较分析法中用于比较的对象由于分析目的的不同而有所不同，常用的有以下几种比较形式：

（1）实际数与计划数或者定额数比较。通过对比，可以了解成本计划或定额的执行情况。但前提是制定的计划或定额要先进可行。

差异额 = 实际数 − 计划数

差异率 = （实际数 − 计划数）÷ 计划数

（2）本期实际数与历史先进水平比较（上月、上季、上年同期、历史先进或最高水平等），通过实际指标与其相比，可以考察企业成本的发展变化趋势以及经营管理工作的改进情况。

（3）本期实际数与国内外同行业的先进水平对比，可以发现与先进水平之间的差距。在运用这种分析方法时，应该注意指标的可比性，即对比分析法只适用于同质指标的数量对比。

2. 比率分析法

比率分析法是通过计算指标之间的比率，来考察企业经济活动相对效益的一种分析方法。比率分析法主要有相关指标比率分析法、构成比率分析法和动态比率分析法。

（1）相关指标比率分析法。所谓相关指标比率分析法就是计算两个性质不同而又相关的指标的比率（即相对数），进行数量分析的一种方法。典型的相关比率分析指标如下：

$$成本利润率 = 利润 \div 成本费用 \times 100\%$$
$$销售利润率 = 利润 \div 销售收入 \times 100\%$$

（2）构成比率分析法。构成比率又称结构比率，是指某项指标的各个组成部分占总体的比重，故构成比率分析法也称为比重分析法，即通过计算部分与全部的比率进行数量分析的一种方法。

$$直接材料成本比率 = 直接材料成本 \div 产品成本 \times 100\%$$
$$直接人工成本比率 = 直接人工成本 \div 产品成本 \times 100\%$$

3. 趋势分析法

趋势分析法也叫动态比率分析法，是通过对连续若干期相同指标数值（这里的相同指标可以是绝对数指标，如成本、利润等，也可以是相对数指标，如产值成本率、成本利润率等）的动态比较，来分析该指标的增减速度以及发展变化趋势，从而发现企业在生产经营方面取得的成绩或存在的不足的一种分析方法。趋势分析法分为定基动态比率和环比动态比率。

（1）定基动态比率。当前时期的实际指标与固定不变的某期的基期指标进行对比，称为定比，求得的指标就是定基动态比率。

$$定基动态比率 = 当期的实际指标 \div 固定基期数值 \times 100\%$$

（2）环比动态比率。当前时期的实际指标与上一期的指标对比，称为环比，求得的指标就是环比动态比率。

$$环比动态比率 = 当期的实际指标 \div 前期数值 \times 100\%$$

【例8-1】甲企业生产一种产品，2016—2020年各年的单位成本见表8-10。

表8-10　甲产品单位成本表　　　　　　　　　　　　　　　　　　　　　　　　金额单位：元

年度	2016	2017	2018	2019	2020
单位成本	2 000.00	1 978.00	1 980.00	1 940.00	1 700.00

产品单位成本表表明，产品的单位成本总趋势是降低的，为了进一步说明成本降低的程度，可计算两种趋势百分比。

定基动态比率的计算结果见表8-11。

表8-11　定基趋势计算表

年度	2016	2017	2018	2019	2020
定基动态比率	2 000÷2 000 =100%	1 978÷2 000 =98.90%	1 980÷2 000 =99%	1 940÷2 000 =97%	1 700÷2 000 =85%

环比动态比率的计算结果见表8-12。

表8-12　环比趋势计算表

年度	2017	2018	2019	2020
环比动态比率	1 978÷2 000 =98.90%	1 980÷1 978 =100.1%	1 940÷1 980 =97.98%	1 700÷1 940 =87.63%

4. 因素分析法

所谓因素分析法，是指将一个需要分析的综合指标分解成若干个相互联系的构成因素（即建立起各个因素与该综合指标之间的函数关系），通过一定的计算程序和方法，定量地确定各个因素对分析指标差异的影响程度的一种分析方法。该法是各项因素替换结果的对比，所以实质上也是一种对比分析法。因素分析法的具体表现为连环替代法和差额分析法。

连环替代法是用来计算几个相互联系的因素对综合经济指标的变动影响程度的一种分析方法。其基本要点是：

（1）确定分析指标与其影响因素之间的关系。将综合经济指标在计算公式的基础上进行分解或扩展，从而得出各影响因素与分析指标之间的关系式。分析指标与影响因素之间的关系式，既说明哪些因素影响分析指标，又说明这些因素与分析指标之间的关系及顺序。

影响因素的配列次序：先数量，后质量，且相邻两个因素相乘有经济意义。

（2）根据分析指标的报告期数值与基期数值列出两个关系式，或指标体系，确定分析对象。

（3）连环替代，计算替代结果。所谓连环替代，是以基期指标体系为计算基础，用实际指标体系中的每一因素的实际数按顺序替代其相应的基期数，每次替代一个因素，替代后的因素被保留下来。计算替代结果，就是在每次替代后，按关系式计算其结果。有几个因素就替代几次，并相应确定计算结果。

替代顺序确定的一般原则是：先数量，后质量；先分子，后分母。替代顺序一经确定不应随意变更。

（4）计算替代后的差额，确定各因素对分析指标的影响程度。比较替代结果是连环进行的，即将每次替代所计算的结果与这一因素被替代前的结果进行对比，两者的差额就是替代因素对分析对象的影响程度。

（5）检验分析结果。即将各因素对分析指标的影响额相加，其和应等于分析对象。如果两者相等，说明分析结果可能是正确的；如果两者不相等，则说明分析结果一定是错误的。

假设某一经济指标 N 是由相互联系的 Q、P、M 三个因素组成，关系式为：$N = Q \times M \times P$。其计划指标 N_0 是由 Q_0、M_0、P_0 三个因素综合影响的结果，其实际指标 N_1 是由 Q_1、M_1、P_1 三个因素综合影响的结果，即：

$$计划指标\ N_0 = Q_0 \times P_0 \times M_0;$$
$$实际指标\ N_1 = Q_1 \times P_1 \times M_1。$$

两个时期指标的差异数（$N_1 - N_0$）即为分析对象。设连环替代顺序依次为 Q、M、P，那么三因素变动对指标 N 变动的影响计算过程如下：

$$N_0 = Q_0 \times M_0 \times P_0 \tag{1}$$

第一次替代，假定 Q 变，M、P 保持不变。

$$N_2 = Q_1 \times M_0 \times P_0 \tag{2}$$

第二次替代，在 Q 因素变动的基础上再变动 M 因素。

$$N_3 = Q_1 \times M_1 \times P_0 \tag{3}$$

第三次替代，在 Q、M 因素变动的基础上再变动 P 因素。

$$N_1 = Q_1 \times M_1 \times P_1 \tag{4}$$

则有：

（2）-（1）= $N_2 - N_0$（表示 Q 因素变动的影响）

（3）-（2）= $N_3 - N_2$（表示 P 因素变动的影响）

（4）-（3）= $N_1 - N_3$（表示 M 因素变动的影响）

最后，将 Q、M、P 因素变动的影响程度相加，得：

$$(N_2 - N_0) + (N_3 - N_2) + (N_1 - N_3) = N_1 - N_0$$

下面举例说明连环替代法的步骤和应用。

【例8-2】某企业2020年9月和10月有关材料费用、产品产量、材料单耗和材料单价的资料见表8-13。

表8-13 材料成本资料

指标	2020年9月	2020年10月
产品产量 / 件	200.00	240.00
材料单耗 / 公斤	20.00	18.00
材料单价 / 元	18.00	17.20
材料费用 / 元	72 000.00	74 304.00

要求：使用连环替代法分析各因素变动对材料费用的影响程度。

10月材料费用（实际指标体系）：$240 \times 18 \times 17.2 = 74\ 304$（元）

9月材料费用（基期指标体系）：$200 \times 20 \times 18 = 72\ 000$（元）

分析对象：$74\ 304 - 72\ 000 = 2\ 304$（元）

进行连环顺序替代，并计算每次替代后的结果：

基期指标体系：$200 \times 20 \times 18 = 72\ 000$（元）

替代第一因素：$240 \times 20 \times 18 = 86\ 400$（元）

替代第二因素：$240 \times 18 \times 18 = 77\ 760$（元）

替代第三因素：$240 \times 18 \times 17.2 = 74\ 304$（元）

确定各因素对材料费用的影响程度：

产品产量的影响：$86\ 400 - 72\ 000 = 14\ 400$（元）

材料单耗的影响：$77\ 760 - 86\ 400 = -8\ 640$（元）

材料单价的影响：$74\ 304 - 77\ 760 = -3\ 456$（元）

最后检验分析结果：$74\ 304 - 72\ 000 = 2\ 304$（元）

【议一议】

因素分析法在使用的过程中要特别注意哪些问题？

（二）成本报表分析

1. 全部产品生产成本表的分析

对全部产品生产成本表进行分析时，要揭示全部产品总成本计划的完成情况，以便找出影响成本升降的因素，确定各个因素对成本计划完成情况的影响程度，以便进一步挖掘降低成本的潜力，为降低产品成本指明方向。

分析主要体现在两个方面：一是查明全部产品的成本计划完成情况，包括可比产品和不可比产品；二是对于可比产品，还要与上年的实际平均成本进行比较，以分析报告期实际成本比上年成本的降低幅度和降低数额，从而对企业在报告期内生产组织和经营管理工作的改进情况进行比较。

（1）全部产品成本计划完成情况分析。全部产品成本计划完成情况分析，主要分析本期全部产品的实际总成本较计划总成本的升降情况，分析和研究升降的原因，为进一步降低寻求降低成本的途径和措施提供线索。在实际工作中，分析全部产品生产成本计划完成情况，可以从产品类别和成本项目两个方面进行分析。

① 按产品类别分析全部产品成本计划完成情况。按类别分析全部产品成本计划完成情况，可以确定全部产品的实际成本脱离计划成本的差异，查明差异是由于什么产品造成的，以便分产品采取措施，挖掘降低成本的潜力。

【引例分析】

根据银苑食品有限公司 2020 年 12 月的产品成本报表（表 8-3）编制成本计划完成情况分析表，见表 8-14。

表 8-14　全部产品成本计划完成情况分析表（按产品种类分析）

2020 年 12 月　　　　　　　　　　　　　　　　　金额单位：元

产品名称	实际产量 / 公斤	计划总成本	实际总成本	比计划降低额	降低率 /%
可比产品：		19 635 300.00	20 062 400.00	−427 100.00	−2.18%
普通挂面	3 281 000.00	14 764 500.00	15 092 600.00	−328 100.00	−2.22%
鸡蛋挂面	990 000.00	4 870 800.00	4 969 800.00	−99 000.00	−2.03%
不可比产品：		1 576 750.00	1 666 000.00	−89 250.00	−5.66%
菠菜挂面	297 500.00	1 576 750.00	1 666 000.00	−89 250.00	−5.66%
产品成本合计		21 212 050.00	21 728 400.00	−516 350.00	−2.43%

其中：

成本降低额 = 计划总成本 − 实际总成本

　　　　　 = $\sum$ [实际产量 × （计划单位成本 − 实际单位成本）]

　　　　　 = 21 212 050.00 − 21 728 400.00

　　　　　 = −516 350.00（元）

计划总成本 $=\sum$（各种产品实际产量 × 各种产品计划单位成本）

$$全部产品成本降低比率 = \frac{全部产品成本降低额}{全部产品计划总成本} \times 100\%$$

$$= -516\,350.00 \div 21\,212\,050.00 \times 100\%$$

$$= -2.43\%$$

表 8-14 中，计划总成本和实际总成本都是按实际产量来计算的，这是因为只有同一实物量的总成本，才可以比较。通过计算分析可以看出，该企业三种产品均未完成计划，实际成本与计划成本比较，实际成本比计划成本高 516 350 元，成本降低率为 -2.43%。

在全部产品中，菠菜挂面成本计划完成的较好，实际成本较计划降低了 -2.03%，成本降低额为 -99 000.00 元，企业应分析原因，有针对性地提出改进措施。

② 按成本项目分析全部产品成本计划完成情况。按产品种类分析产品成本，虽然可以了解每种产品成本的升降情况，但是不能了解哪些成本项目发生了升降。在此，可以根据企业需要按成本项目进行成本分析。按成本项目分析全部产品成本计划完成情况，将全部产品的总成本按成本项目汇总，以实际总成本的成本项目构成与计划总成本的成本项目构成进行对比，确定每个成本项目的降低额和降低率，以此考核成本计划的完成情况。

【引例分析】

根据银苑食品有限公司成本计算单和成本计划等相关资料汇总如项目引例表 8-2，按成本项目编制的全部产品成本计划完成情况分析表如表 8-15 所示：

表 8-15　全部产品成本计划完成情况分析表（按成本项目分析）

2020 年 12 月　　　　　　　　　　　　　　　　金额单位：元

成本项目	全部产品成本		降低指标	
	计划成本	累计实际成本	降低额	降低率 /%
直接材料	19 090 000.00	19 121 000.00	-31 000.00	-0.16%
直接人工	1 272 000.00	1 521 000.00	-249 000.00	-19.58%
制造费用	848 000.00	1 086 500.00	-238 500.00	-28.13%
生产成本	21 210 000.00	21 728 500.00	-518 500.00	-2.44%
加：在产品、自制半成品期初余额	7 250.00	6 400.00	850.00	11.72%
减：在产品、自制半成品期末余额	5 200.00	6 500.00	-1 300.00	25.00%
产品成本合计	21 212 050.00	21 728 400.00	-516 350.00	-2.43%

从表 8-15 可以看出，企业全部产品总成本实际与计划相比一共增加了 516 350 元，其中直接材料成本相对增加 0.16%，完成情况较好；制造费用成本相对增加 28.13%，完成情况最差。企业应检查成本计划制定是否合理，在此基础上进一步对成本项目进行分析，挖掘使总成本进一步降低的潜力。

（2）可比产品成本降低计划完成情况分析。可比产品成本降低任务是指本年度可比产品计划总成本与计划产量上的上年总成本进行对比所要求达到的降低额和降低率。要进行可比产品降低计划完成情况分析，就必须取得可比产品成本降低计划指标计划完成情况的资料。前者反映在企业的成本计划中，后者可以从按产品种类反映的产品成本表（表 8-3）中取得。

具体的分析步骤：

步骤一：检查可比产品成本降低任务的完成情况。把本期可比产品的实际总成本相对本期产量计算的上年实际总成本的降低额和降低率与成本计划中确定的降低额和降低率进行对比，来检查可比产品成本降低任务的完成情况。

$$本年计划降低额 =\sum\left[本年计划产量 \times（上年实际单位成本 - 本年计划单位成本）\right]$$

$$计划成本降低率 = \frac{本年计划成本降低额}{\sum（本年计划产量 \times 上年实际单位成本）} \times 100\%$$

$$实际成本降低额 =\sum\left[本年实际产量 \times（上年实际单位成本 - 本年实际单位成本）\right]$$

$$实际成本降低率 = \frac{本年计划实际成本降低额}{\sum（实际产量 \times 上年实际单位成本）} \times 100\%$$

步骤二：进行因素分析。确定影响可比产品成本计划完成情况的因素和各因素的影响程度，影响可比产品成本计划完成情况的因素主要有产品产量、产品结构和产品单位成本。

【引例分析】

假设银苑食品有限公司 2020 年普通挂面计划产量为 2 624 800 公斤，鸡蛋挂面计划产量为 660 000 公斤。根据 2020 年 12 月按产品种类反映的产品成本表（表 8-3）编制可比产品计划完成情况分析表，见表 8-16。

表 8-16　可比产品成本降低计划表

2020 年 12 月　　　　　　　　　　　　　　　　　金额单位：元

产品名称	计划产量/公斤	单位成本		总成本		计划降低指标	
		上年实际平均	本年计划	按上年实际平均单位成本计算	本年计划	降低额	降低率/%
普通挂面	2 624 800.00	5.00	4.50	13 124 000.00	11 811 600.00	1 312 400.00	10.00%
鸡蛋挂面	660 000.00	5.26	4.92	3 471 600.00	3 247 200.00	224 400.00	6.46%
合计				16 595 600.00	15 058 800.00	1 536 800.000	9.26%

根据表 8-3 编制的可比产品成本降低计划完成情况分析表，如表 8-17 所示。

表 8-17　可比产品成本降低计划完成情况分析表

2020 年 12 月　　　　　　　　　　　　　　　　　　金额单位：元

产品名称	实际产量/公斤	单位成本			总成本			计划完成情况	
		上年实际平均	本年计划	本年实际	按上年实际平均单位成本计算	按本年计划单位成本计算	本年实际	降低额	降低率/%
普通挂面	3 281 000	5.00	4.50	4.60	16 405 000	14 764 500	15 092 600	1 312 400	8.00%
鸡蛋挂面	990 000	5.26	4.92	5.02	5 207 400	4 870 800	4 969 800	237 600	4.56%
合计					21 612 400	19 635 300	20 062 400	1 550 000	7.17%

（1）检查可比产品成本降低任务的完成情况。把可比产品实际降低额、降低率指标与计划降低额、降低率指标进行对比，确定实际脱离计划的差异：

实际脱离计划差异：

降低额差额 = 1 550 000 - 1 536 800 = 13 200（元）

降低率差额 = 7.17% - 9.26% = -2.09%

从上述计算可知，普通挂面计划成本降低额为 1 312 400 元，实际成本降低额为 1 312 400 元，计划成本降低率为 10%，实际成本降低率为 8%；鸡蛋挂面计划成本降低额为 224 400 元，实际降低额 237 600 元，计划成本降低率为 6.46%，实际成本降低率为 4.56%。两种挂面均完成了成本降低额计划，但未完成成本降低率计划。

（2）进行因素分析，确定影响可比产品成本计划完成情况的因素和各因素的影响程度。

可比产品完成了实际降低额计划，却没有完成实际降低率计划。那么，影响可比产品成本各主要因素的变动情况怎样？它们各自对产品成本的影响程度又怎样呢？这需要进行进一步的分析。

影响可比产品成本计划完成情况的因素概括起来有三个：产品产量、产品品种结构和产品单位成本，由于可比产品的计划降低额是根据各种产品的计划产量确定的，可比产品的实际降低额是根据各种产品的实际产量确定的，在产品品种结构和产品单位成本不变的情况下，产量变动将会使成本降低额发生同比例变动，因而产量变动将不会影响成本降低率的变动。此外，由于各种产品的成本降低程度不同，因而产品品种比重变动，将会使成本降低额与成本降低率同时发生变动。成本降低程度大的产品比重增加会使成本降低额和降低率增加，反之则减少。最后，产品单位成本降低会使成本降低额和成本降低率增加，反之则会减少。计算程序和结果如表 8-18 所示：

表 8-18　可比产品成本计划完成情况因素分析

2020 年 12 月

指标	降低额 / 元	降低率 /%
① 在计划产量、计划产品结构和计划单位成本情况下的降低数	1 536 800	9.26
② 在实际产量、计划产品结构和计划单位成本情况下的降低数	21 612 400 × 9.26% = 2 001 308.24	9.26
② - ①产量变动的影响	464 508.24	0
③ 在实际产量、实际产品结构和计划单位成本情况下的降低数	21 612 400 - 19 635 300 = 1 977 100	9.15
③ - ②产品结构发生变动产生的影响	-24 208.24	-0.11
④ 在实际产量、实际产品结构和实际单位成本情况下的降低数	21 612 400 - 20 062 400 = 1 550 000	7.17
④ - ③产品单位成本变动的影响	-427 100	-1.98
可比产品成本降低计划执行结果（各个因素影响结果之和）	13 200	-2.09

根据以上分析结果，可以对可比产品成本降低计划完成情况做出总括评价。总的说来，企业完成了成本降低额计划，却没有完成成本降低率。实际比计划降低额多 13 200元，实际比计划降低率少 2.09%。主要影响因素有三个：产量、产品结构和产品单位成本。产量的变动使成本实际比计划多降低 464 508.28 元；而品种结构的变动使成本实际比计划少降低 24 208.24 元；产品单位成本的变动使成本实际比计划少降低 427 100 元。其中产量变动影响最大，两种挂面的产量增加幅度都比较大，为成本降低做出了重要贡献。

2. 主要产品单位成本表的分析

全部产品成本的计划完成情况分析，可以总括地评价企业全部可比产品和不可比产品成本的计划执行情况。为了揭示成本升降的途径和方法，还应对企业主要产品单位成本进行具体分析。一般来说，制造企业生产产品的种类较多，如果对所有产品单位成本不加选择就进行详细深入的分析，既是一种浪费，也会使成本分析工作缺乏重点。所以，产品单位成本分析应该抓住重点，着重对企业经常生产、产量较大、能代表企业生产经营基本面貌的主要产品进行分析。

分析所依据的资料主要是产品单位成本表、成本计划表、各项消耗定额及反映各项技术经济指标的业务资料等。分析的方法是在全部产品成本计划完成情况分析的基础上，采用因素替换法，进一步分析各项因素的变化对各项成本项目的影响。

主要产品单位成本分析包括对产品单位成本计划完成情况的分析及构成项目变动的分析。

（1）产品单位成本计划完成情况分析。对主要产品单位成本计划完成情况进行分析时主要采用比较法，计算单位成本实际比计划、上期、历史先进水平的升降情况，计算差异，在此基础上再按成本项目进行逐项分析，以进一步了解各成本项目升降的情况。

【引例分析】

根据前述的主要产品单位成本表（表8-5）的有关数据，编制12月鸡蛋挂面单位成本分析表，见表8-19：

表8-19　鸡蛋挂面单位成本分析表

2020年12月　　　　　　　　　　　　　　　　　　金额单位：元

成本项目	历史最高水平	上年实际平均	本年计划	本年累计实际平均	本月实际	差异			
						比历史最高水平	比上年平均	比计划	比本年平均
直接材料	3.84	4.00	3.82	3.80	3.84	0.00	−0.16	0.02	0.04
直接人工	0.41	0.38	0.34	0.34	0.35	−0.06	−0.03	0.01	0.01
制造费用	0.80	0.88	0.76	0.88	0.81	0.01	−0.07	0.05	−0.07
产品单位成本	5.05	5.26	4.92	5.02	5.00	−0.05	−0.26	0.08	−0.02

从表8-19可知，鸡蛋挂面本月实际单位成本比历史最高水平、上年实际平均、全年累计实际平均单位成本都降低了，虽然没有达到本年计划水平，总的情况还算不错。接下来企业需要审视一下计划成本制定是否合理。从成本项目对比中可以看出，与上年实际成本进行比较，直接材料、直接人工和制造费用均有一定程度的节约，但是成本的降低主要来直接材料的节约，说明企业在降低鸡蛋挂面直接材料方面采取了措施，取得了成绩。

（2）产品单位成本的主要成本项目分析。

① 直接材料项目的分析。降低材料成本是降低产品成本的重要途径，特别是直接材

料费用占产品成本比重较大的产品，直接材料项目更应作为产品单位成本分析的重点。影响直接材料费用变动的因素主要有材料耗用量和材料单价两个因素。分析这两个因素变动对材料成本的影响程度，根据连环替代法的原理，可以按下列公式计算：

材料耗用量变动的影响 =（实际单位耗用量 − 计划单位耗用量）× 材料计划单价

材料价格变动的影响 =（材料实际单价 − 材料计划单价）× 实际单位耗用量

【引例分析】

假定鸡蛋挂面耗用的最主要的原材料 60 粉的资料如表 8-20 所示：

表 8-20　鸡蛋挂面直接材料费用分析表　　　　　　　　　　　　　金额单位：元

原材料名称	计量单位	耗用量		单价		直接材料费用		差异	
		计划	实际	计划	实际	计划	实际	数量	金额
60 粉	公斤	1.02	1.016	3.73	3.78	3.804 6	3.840 5	−0.004	0.035 9
合计		1.02	1.016	3.73	3.78	3.804 6	3.840 5	−0.004	0.035 9
减：废料回收价值						0	0		0
合计				0	0		3.840 5	−0.004	0.035 9

从表 8-20 中可知，鸡蛋挂面直接材料费用实际比计划增加 0.035 9 元，其中：

第一，由于耗用量变动产生的影响为：（1.016−1.02）×3.73=−0.014 9（元）；

第二，由于价格变动产生的影响为：（3.78−3.73）×1.016=0.050 8（元）

从以上分析可知，生产挂面时耗用的主材 60 粉，由于耗用量的变动使鸡挂挂面单位生产成本减少 0.014 9 元，由于 60 粉单价的变动使鸡蛋挂面单位生产成本增加 0.050 8 元，受两者的共同影响鸡蛋挂面单位成本共增加 0.035 9 元。

② 直接人工项目的分析。直接人工项目是企业产品成本的重要组成部分，它直接反映了企业的生产组织是否合理、工时利用是否充分和劳动生产率是否提高等，该项目受工人劳动生产率和工人平均工资两个因素影响。这两个因素也可以用单位产品生产工时消耗和小时工资率来表示。根据连环替代法的原理，分析单位产品工时消耗和小时工资率变动对成本的影响，计算公式如下：

单位产品工时消耗变动的影响 =（单位产品实际工时—单位产品计划工时）×
计划小时工资率

小时工资率变动的影响 =（实际小时工资率 - 计划小时工资率）× 单位产品实际工时

③ 制造费用项目的分析。制造费用是企业为生产产品和提供劳务所发生的各项间接费用，通常应当按照工时标准分配到各种产品成本之中，所以，影响制造费用的是单位产品工时和小时费用率两个因素。

单位产品工时变动的影响 =（单位产品实际工时—单位产品计划工时）× 计划小时费用率

小时费用率变动的影响 =（实际小时费用率—计划小时费用率）× 单位产品实际工时

（3）制造费用明细表的分析。制造费用明细表的分析主要是通过实际与计划的对比，分析各种费用计划的执行情况。对制造费用的分析，要从各个费用项目着手进行，而不能仅仅关注总额的计划执行情况，应注意重点费用项目的分析，费用项目的构成比例，以及固定费用和变动费用的分析。

（4）期间费用明细表的分析。期间费用明细表的分析主要是通过实际与计划的对比，分析各种费用计划的执行情况。分析过程中，既要从各个费用项目角度进行分析，防止各项目间互相抵补、掩盖实际问题的现象，也要从总体上把握，综合各项目支出的特点，对某些费用项目支出增加或减少的合理性进行具体分析，不能搞一刀切。

模块二　成本考核

成本考核是以会计报告期实际成本资料为对象，结合成本计划的要求及成本分析的其他有关资料，评价和考核成本管理成绩和水平的一项重要工作，是检验成本管理目标是否实现的一个重要的步骤。它能促使各责任中心对所控制的成本承担责任，并借以控制和降低各种产品的生产成本。

一、责任中心和责任成本

企业内部的成本考核，可以根据企业下达的分级、分工、分人的成本计划指标进行。按照分级、分工、分人建立成本责任中心，计算责任中心的责任成本。

成本考核概述

1. 责任中心

责任中心是指承担一定经济责任，拥有相应的管理权限，享有相应的权利和利益的企业内部责任单位的统称。责任中心是为了实施有效的控制而设定的，其基本特征是责、权、利相结合。

2. 成本中心

一个责任中心，若不形成收入或者不对实现收入负责，而只对成本或费用负责，则称这类责任中心为成本中心。成本中心有广义和狭义之分。狭义的成本中心是对产品生产或提供劳动过程中的资源耗费承担责任的责任中心。狭义的成本中心一般是指负责产品生产的生产部门及劳务提供部门。广义的成本中心范围较广，除了狭义的成本中心以外，还包括那些生产性的以控制经营管理费用为主的责任中心，即费用中心。

3. 责任成本

责任成本是指由特定的责任中心所发生的耗费。当将企业的经营责任层层落实到各责任中心后，就需对各责任中心发生的耗费进行核算，以正确反映各责任中心的经营业绩，这种以责任中心为对象进行归集的成本叫责任成本。

责任成本的显著特点为可控制性。所谓可控制是指产品在生产过程中所发生的耗费能否为特定的责任中心所控制。要达到可控制必须同时具备以下四个条件：一是可以预计。即责任中心能够事先知道将发生哪些成本以及在何时发生。二是可以计量。即责任中心能够对发生的成本进行计量。三是可以施加影响。即责任中心能够通过自身的行为来调节成本。四是可以落实责任。即责任中心能够将有关成本的控制责任分解落实，并进行考核评价。

根据上述责任成本与产品成本之间的区别与联系，我们可以把责任成本与产品成本之间的区别与联系用图 8-1 进行简单列示。责任成本的计算与产品成本的计算是两种不同的核算体系，产品成本以产品品种为归集对象，将各种产品在各责任中心中所发生的料工费加总起来，就是生产该产品的生产成本。而责任成本则以各责任中心为归集对象，将各责任中心为生产各种产品所发生的料工费加总起来，就构成责任成本。但是两者的总额是相等的。

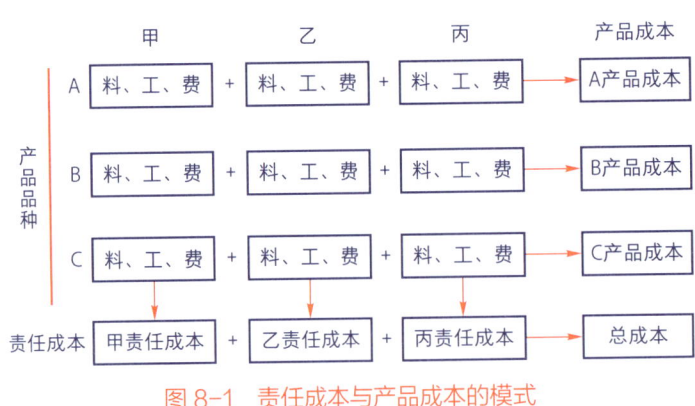

图 8-1　责任成本与产品成本的模式

二、成本考核的分类与方法

（一）成本考核的分类

1. 按考核与评价的内容分类

（1）实物指标和价值指标。实物指标是指从产品使用价值的角度出发，按照它的自然计量单位来表示的指标；价值指标是指以货币为统一尺度表现的指标，生产费用、产品成本、办公费等指标都属于成本考核所采用的价值性指标。在成本考核中，实物指标是基础，价格指标是综合反映。成本指标的完成情况需要把实物指标和价值指标结合起来才能全面地反映出来。

（2）数量指标和质量指标。数量指标是指可以以定量的形式表达的对某一方面的工作在指定范围和指定时间内应达到的标准指标；质量指标是反映一定时期工作质量和控制成本水平的指标。在成本考核中，有意识地将成本考核项目的数量指标和质量指标结合在一起，能帮助人们全面、准确地认识和掌握成本变化的规律。

（3）单项指标和综合指标。单项指标是反映成本变化中单个事项变动情况的指标；综合指标是概括反映某类成本事项的总体指标。单项指标是基础，综合指标一方面是对单项指标的概括和总结，另一方面是对事物更全面的总体表示。

2. 按考核与评价的对象来分类

（1）商品产品计划总成本。商品产品包括可比产品和不可比产品，其成本控制标准都要编入成本计划，规定商品产品的计划总成本。该指标要通过实际执行结果与计划比较进行考核。

（2）可比产品成本降低额和降低率。在编制成本计划时，要规定可比产品的计划成本降低额和降低率，因此，在成本考核中，也要将可比产品成本降低额、降低率列为考核内容，为其确定成本指标，并通过实际执行结果与计划比较进行考核。

（二）成本考核的方法

1. 行业内部考核指标

随着市场经济的建立和完善，虽然国家不再直接考核企业的成本水平，但行业之间的成本考核评比还是必要的。其指标包括以下几项：

$$成本降低率 = \frac{标准总成本 - 实际总成本}{标准总成本}$$

$$标准总成本 = 报告期产品产量 \times 标准单位成本$$

$$实际总成本 = 报告期产品产量 \times 报告期实际单位成本$$

$$销售收入成本率 = \frac{报告期销售成本总额}{报告期销售收入总额} \times 100\%$$

企业内部责任成本考核的指标包括以下几项：

$$责任成本差异率 = \frac{责任成本差异额}{标准责任成本总额} \times 100\%$$

$$责任成本差异额 = 实际责任成本 - 标准责任成本$$

$$责任成本降低率 = \frac{本期责任成本降低额}{上期责任成本总额} \times 100\%$$

2. 责任成本的综合评价

成本考核的综合评价包括成本管理岗位工作考核，引入成本否决制的综合思想，与奖惩密切结合起来。

（1）成本管理岗位工作考核。这是会计工作达标考核标准的一部分，是对成本核算和管理人员工作内容、工作状况、工作方式、工作态度及其工作业绩的综合评价。该项制度采取考核评分的形式，每个岗位以 100 分为满分，达到 60 分以上为达标及格，不足 60 分为不及格。

（2）成本否决制与成本考核。成本否决是企业为了求得自身的不断发展而采取的一种旨在制约、促进生产经营管理，提高经济效益的手段。其主要内容和特点表现为：一是成本否决存在于生产经营的全过程，贯穿成本预测、决策、计划、核算、分析中，涉及产品的设计、决策、生产、销售等各个环节，具有时间上、空间上的前馈控制、过程控制、反馈控制。二是成本否决是一个动态循环过程，否决了生产成本，涉及原材料成本，否决了原材料成本，涉及原材料的采购成本，否决了原材料的采购成本，涉及采购计划及其实施等。从再生产过程来看，否决了销售，涉及生产，否决了生产，涉及供货等。从企业各个部门及有关人员的职责的完成情况上考核其工作业绩，从供、产、销的衔接及其制约上评价成本的升降情况，促使企业走上良性循环的轨道。三是成本否决是一个自我调节的过程。在产品决策阶段，通过认真、科学的论证，选择具有竞争力的产品，使其机会成本最低；在产品设计阶段，利用价值工程等理论和方法，使产品的功能与其价值相匹配，使其达到优化，消除成本管理的"先天不足"问题；在材料采购阶段，除控制采购费用外，尽量选择功能相当、价格较低的代用材料，控制材料采购成本；在生产阶段，通过生产工艺过程和产品结构的分析，严格定额管理，运用价值工程进行进一步管理控制；在销售阶段，加强包装、运输、销售费用管理；在售后服务阶段，加强产品服务管理，提高售后服务队伍的职业道德和业务素质，降低外部故障成本，改善企业形象。

三、成本考核的程序与意义

（一）成本考核的程序

1. 编制和修订责任成本预算

责任成本预算是根据预定的生产量、生产消耗标准和成本标准运用弹性预算方法编制的各责任中心的预定责任成本。责任成本预算是各责任中心业绩控制和考核的重要依据。

在编制责任成本预算时，应注意两个方面：一是当实际的业务量与预定业务量不一致时，责任成本预算应按实际业务量予以调整以正确评价经营业绩；二是当企业和市场环境发生变化时，应不断修订产品生产消耗的标准成本，以不断适应环境的变化，并正确评价责任中心的经营业绩。

2. 确定成本考核指标

成本考核指标主要集中于目标成本完成情况，包括目标成本节约额和目标成本节约率两个指标。

（1）目标成本节约额。目标成本节约额是一个绝对数指标，它以绝对数形式反映目标成本的完成情况。这一指标的计算公式为：

$$目标成本节约额 = 预算成本 - 实际成本$$

（2）目标成本节约率。目标成本节约率是一个相对数指标，它以相对数形式反映目标成本的完成情况。这一指标的计算公式为：

$$目标成本节约率 = \frac{目标成本节约额}{预算成本} \times 100\%$$

【引例分析】

银苑食品有限公司生产普通挂面、鸡蛋挂面、菠菜挂面三种产品，每种产品都需经过加工车间、烘房、包装车间三个车间的加工。2020年加工车间、烘房、包装车间三个责任中心实际发生的责任成本预算分别是8 877 000元，5 089 000元和2 634 000元。加工车间、烘房、包装车间三个责任中心的责任成本分别为7 911 000元，5 453 000元和2 637 000元，计算加工车间、烘房、包装车间三个责任中心的目标成本节约额和目标成本节约率。

加工车间责任中心目标成本节约额 = 8 877 000 - 7 911 000 = 966 000（元）

烘房责任中心目标成本降低额 = 5 089 000 - 5 453 000 = -364 000（元）

包装车间责任中心目标成本降低额 = 2 634 000 - 2 637 000 = -3 000（元）

其中正数为节约额，负数为超支额。

各成本中心的目标成本降低率计算如下：

加工车间责任中心目标成本降低率 = 966 000/8 877 000×100% = 10.88%

烘房责任中心目标成本降低率 = -364 000/5 089 00×100% = -7.15%

包装车间责任中心目标成本降低率 = -3 000/2 634 000×100% = -0.11%

【引例分析】

假设银苑食品有限公司的一条生产线专门生产鸡蛋挂面，并把该生产线确定为责任中心，鸡蛋挂面的预算产量660 000公斤，实际产量为990 000公斤，其成本预算资料如下：

鸡蛋挂面成本预算表

成本项目	标准单价	标准数量	标准成本
直接材料	3.76 元 / 公斤	1.02 公斤	3.84 元 / 公斤
直接人工	17.78 元 / 小时	0.018 小时 / 公斤	0.32 元 / 公斤
制造费用	42.22 元 / 小时	0.018 小时 / 公斤	0.76 元 / 公斤
合计			4.92 元 / 公斤

鸡蛋挂面实际成本表

成本项目	实际单价	实际数量	实际单位成本
直接材料	3.81 元 / 公斤	1.016 公斤	3.87 元 / 公斤
直接人工	17.5 元 / 小时	0.02 小时 / 公斤	0.35 元 / 公斤
制造费用	39 元 / 小时	0.02 小时 / 公斤	0.78 元 / 公斤
合计			5 元 / 公斤

预算总成本 $= 4.92 \times 660\,000 = 3\,247\,200$（元）

实际总成本 $= 5 \times 990\,000 = 4\,950\,000$（元）

目标成本降低额 $= 4\,950\,000 - 3\,247\,200 = 1\,702\,800$（元）

实际成本超支了 1 702 800 元，即实际成本比预算成本高 1 702 800 元。

对于公司而言，材料单价和人工单价是不可控的成本，因而应按标准单价和实际用量计算确定公司的责任成本，将其作为考核业绩的依据。

调整后该生产线的责任成本 $= (3.76 \times 1.016 + 17.78 \times 0.02 + 42.22 \times 0.02) \times 990\,000$

$$= 4\,969\,958 \text{ 元}$$

调整后的预算成本 $= 4.92 \times 990\,000 = 4\,870\,800$ 元

目标成本降低额 $= 4\,969\,958 - 4\,870\,800$

$$= 99\,158 \text{ 元（节约）}$$

目标成本降低率 $= 99\,158 / 4\,870\,800 \times 100\% = 2.04\%$

3. 业绩评价

目标成本节约额和目标成本节约率两指标相辅相成，因此评价一个责任中心的经营业绩时必须综合考核两个指标的结果。但在实际工作中，还应考虑一些具体情况，例如，几种产品耗用的材料是否相同；标准成本前次修订时间的长短，因为如果标准成本很久没修订，就很难适应环境的变化，这样以过时的标准来衡量现在的工作业绩，就会有失偏颇；有无特殊情况或不可预计或不可控情况的发生。只有综合考核了各个方面因素的影响，业

绩评价才能做到公正、合理，才能收到良好的效果。

【引例分析】

根据银苑食品有限公司目标成本节约额和目标成本节约率两个指标的结果，进行业绩评价。

从指标的计算可以看出：

加工车间责任中心目标成本完成情况较好，目标成本节约额为 966 000 元，目标成本节约率为 10.88%，均完成预算；

烘房责任中心目标成本完成情况较差，目标成本超支额 364 000 元，目标成本超支率为 7.15%，均未完成预算；

包装车间责任中心目标成本完成情况一般，目标成本超支额 3 000 元，目标成本超支率为 0.11%，基本完成预算。

根据这一计算结果，如果没有其他环境影响，则可得出结论：

加工车间责任中心的成本控制是有效的，业绩是好的；

烘房责任中心的成本控制较差，业绩也较差；

包装车间责任中心一般。

（二）成本考核的意义

企业的成本考核一般以责任单位（个人）为对象，以责任成本为内容来综合核算和评价责任单位的工作业绩，成本考核一般起到如下作用。

1. 能较好地贯彻、落实经济责任制

成本考核的对象是责任者可以控制的成本，在其权限范围内，成本的发生、计量都是责任者可以控制的，同时也是责任者有能力左右的。所以，成本的考核过程也是更好落实责任制的过程。

2. 能提高管理水平和生产效益

成本考核的结果，能为企业的奖惩制度提供有效的依据。划分责任权限后，通过考核、检查和评价计划完成情况，奖励执行计划好的责任单位（或个人），惩罚执行的不好的责任单位（或个人），使成本管理工作落到实处，责任落到实处。企业把成本考核与奖惩制度结合起来，根据工作业绩来决定奖惩，能充分地调动各个责任者的积极性，提高生产效益。

3. 有利于产品成本的分析

通过成本考核，企业能够发现计划数与实际数的差异，查明原因，分清责任，为下一年度制定新的预算目标和成本计划提供基础。

✏️ **项目小结** ▐ --------------------------------------

　　生产成本表、责任成本表等成本报表可以揭示产品成本是否达到了预定的目标，通过分析比较，考核和评价成本管理工作业绩，为进一步挖掘降低成本的内部潜力提供有效的资料。

📋 **思维导图** ▐ --------------------------------------

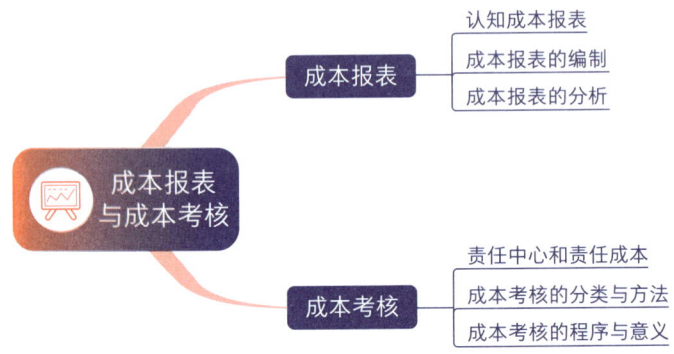

✏️ **知识技能考核** ▐ --------------------------------------

一、单项选择题

1. 下列各项中，关于成本报表的描述中，正确的成本报表（　　　）。

A. 是对内报表　　　　　　　　　　B. 是对外报表

C. 既是对内报表，又是对外报表　　D. 对内或对外，由企业自行决定

2. 针对成本报表的编制，下列相关说法中，错误的是（　　　）。

A. 本期实际成本、费用，应根据有关的产品成本或费用明细账的本期实际发生额填列

B. 累计实际成本、费用，应根据本期报表中的本期实际成本、费用，加上上期报表中的累计实际成本、费用计算填列

C. 严禁根据有关的明细账相应数据填列期末累计实际成本、费用

D. 成本报表中的计划数，应根据有关的计划填列

3. 企业本月生产甲产品实际材料耗用量 1 000 公斤，实际材料价格 30 元 / 公斤；直接材料的计划价格 26 元 / 公斤，计划材料消耗量为 1 200 公斤，则该企业本月材料价格变动的影响为（　　　）元。

A. 4 000　　　　　　　　　　　　B. 4 800

C. 6 000　　　　　　　　　　　　D. 5 200

4. 在进行全部商品产品成本分析时，计算成本降低率时，是用成本降低额除以（　　）计算得出。

A. 按计划产量计算的实际总成本
B. 按实际产量计算的计划总成本
C. 按计划产量计算的计划总成本
D. 按实际产量计算的实际总成本

二、多项选择题

1. 以下各项中，影响可比产品成本降低率变动的因素有（　　　　）。

A. 产品销售量变动
B. 产品品种比重变动
C. 产品产量变动
D. 产品单位成本变动

2. 企业成本报表的分析方法通常包括（　　　　）。

A. 比较分析法
B. 趋势分析法
C. 因素分析法
D. 比率分析法

三、判断题

1. 采用因素分析法进行成本分析时，各因素变动对经济指标影响程度的数额相加，应与该项经济指标实际数和基数的差额相等。（　　）

2. 成本报表是为企业内部经营管理服务的报表，因此，企业有权决定成本报表的报送对象。（　　）

3. 在进行单位产品计划完成情况的分析时，只能采用因素分析法。（　　）

4. 狭义的成本中心包括生产性的以控制经营管理费用为主的责任中心。（　　）

5. 责任成本与产品成本是两个完全相同的概念。（　　）

项目九　新技术下的成本核算和管理

 **学习目标**

知识目标
- 了解制造企业管理信息系统功能
- 了解智能制造的先进技术
- 了解智能制造技术对成本核算和管理的影响
- 理解ERP动态实时成本管理和控制的原理

技能目标
- 能完成ERP系统中成本的核算和分析
- 能在财务数字化平台完成企业产成品的存货核算

素养目标
- 培养对新事物的敏感度，树立终身学习理念
- 紧跟时代步伐，树立文化自信

利用手工核算生产成本，需要搜集的资料繁多，成本计算公式复杂，即便使用 Excel 辅助计算工作量也很大。如今越来越多的企业选择使用信息系统，利用信息化平台和先进的智能制造技术，对企业的财务和业务集成管理、自动核算，为决策支持提供实时准确的数据。

模块一　制造企业信息系统和智能制造

推动制造业数字化转型是实现"制造强国"战略目标的重要手段，物联网、大数据、人工智能等技术，实现了生产过程的自动化、智能化和数字化，企业资源计划（ERP）、制造执行计划（MES）等系统的应用已经成为现代企业的常态。ERP、MES 与生产现场的过程控制系统（PCS）集成使用，构成制造企业全面信息管理系统，借助物联网、大数据和云计算等先进技术，实现了数据的实时采集和产品生命周期全过程的自动管理，使得生产过程控制与企业的经营管理、运行管理形成了一个有机整体。

一、制造企业信息系统

对应企业管理的不同领域，制造企业有不同类别的信息系统。每个类别的系统，既有独立管理范围，又相互关联、相辅相成。制造企业常用管理信息系统如图 9-1 所示。

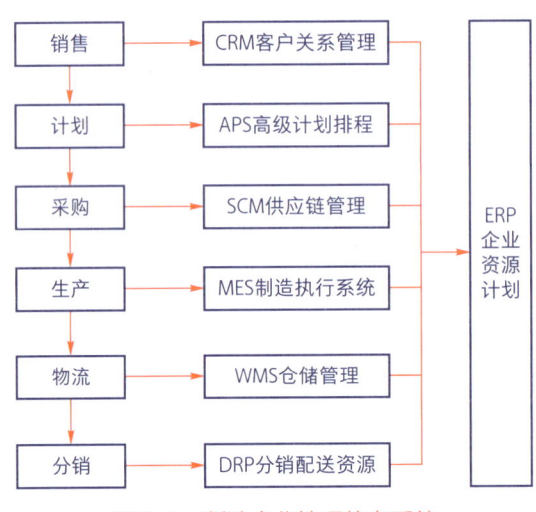

图 9-1　制造企业管理信息系统

CRM 可以管理客户关系、市场以及客户服务；APS 是进行生产计划、物料计划和生产排产的系统；SCM 供应链管理可进行生产计划、物料计划、采购、供应商管理、生产线配送、仓库、成品出货的管理；MES 是制造执行系统，负责生产订单、工单配料、工单排程、车间作业管理、品质控制、工艺作业管理等的系统；WMS 负责仓储日常作业、理货上架、发货等管理；DRP 是进行分销配送管理的系统。ERP 是企业资源计划系统，与上述各系统均有关系，ERP 可独立完成供应链管理、销售与客户管理、生产管理、品质管理、财务管理、人力资源管理等多个职能的管理，也可以与各领域专业管理软件连接，上图就是 ERP 与各功能类别系统联合使用的情况。

除此之外，制造企业还有产品研发系统、辅助设计系统，以及直接作用于生产现场的信息自动化系统。20 世纪 80 年代后期，制造企业通过实施生产计划管理（ERP）来提高管理水平，同时使用 PLC、DCS 等自动化技术进行基层生产，尽管这两类系统的推广取得了一定效果，但却忽略了两者之间的有效配合，导致企业上层计划缺乏有效的实时信息支持、下层控制环节缺乏优化的调度与协调。为解决这个问题，美国先进制造研究机构（AMR）提出了"制造执行系统"的概念，架构起位于上层的计划管理系统与底层的过程控制系统之间的桥梁，是一个面向车间层的管理信息系统，由此形成制造企业的管理信息系统。

制造企业管理信息系统总体结构可以分成三层：

1. PCS 过程控制系统

PCS 是 Process Control System 的缩写，主要内容包括 DCS（分布式控制系统）、DNS（分布式数控系统）、先进控制软件、软测量技术、实时数据库技术、传感器技术、可靠性技术、数据融合与数据处理技术、集散控制系统、现场控制系统、多总线网络化控制系统、基于高速以太网和无线技术的现场控制设备等，是针对生产现场的一系列保证生产过程的参量为被控制量使之接近给定值或保持在给定范围内的自动控制系统。

2. MES 制造生产过程执行系统

MES 系统是一套面向制造企业车间执行层的生产信息化管理系统，主要功能包括生产调度、资源分配、工时管理、文档控制、数据采集、WIP（在制品或流水线）跟踪、质量管理、设备管理等，旨在加强 ERP 计划的执行功能，把 ERP 计划通过执行系统同车间作业现场控制系统联系起来。MES 系统可以由一个或多个功能的系统共同组成，这类系统作用于整个生产制造过程，以过程管理为理念，为企业管理层决策的制定尤其是作业成本方面的管理决策提供了大量的电子数据及良好的信息化环境，并与企业全面信息系统整合。

3. ERP 企业资源计划系统

ERP 系统是企业生产经营的优化层，是企业集成化管理信息系统，实现了采购、销售、生产、库存等与财务的集成，主要内容包括系统控制、销售管理、产品管理、工艺管理、采购管理、设备管理、生产计划、会计核算、财务管理、质量管理和人力资源管理等。这里所说的 ERP 企业资源计划系统，可以是集成的应用，也可以是如图 9-1 所示的分类别信息系统的应用。

美国先进制造研究机构在 20 世纪 90 年代提出的企业制造执行集成三层系统，清楚地界定了 ERP、PCS 和 MES 三者在制造业企业的信息管理系统中的不同地位并分别给出了具体的定义，信息流在三层系统中的传递、反馈，保证了信息的实时性，使企业生产实时计划与调度、动态成本管理成为可能。三层系统信息交互模型如图 9-2 所示。图中 MES 起到了桥梁的作用，是沟通计划层和车间层这两个信息孤岛的操作控制系统，使企业的管理效率有了很大程度的提高。一方面，它可以为 ERP 系统提供实时数据信息，同时接收 ERP 传递过来的计划信息；另一方面，它能够将控制和管理信息及时传递给 PCS 系统。

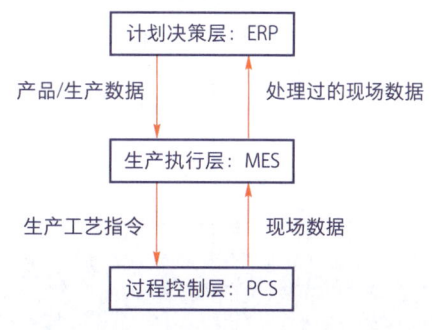

图 9-2　ERP/MES/PCS 三层信息交互模型

企业各类信息系统收集或产生的信息，通过数据接口，与其他模块共享。图 9-3 为某企业信息系统架构图，该企业的信息系统以 ERP 系统为核心，集成了智能设计、智能采购、制造执行、仓库管理和客户管理等各个子系统，通过大数据、云计算、物联网等技术平台，实现数据的高度共享和集成。

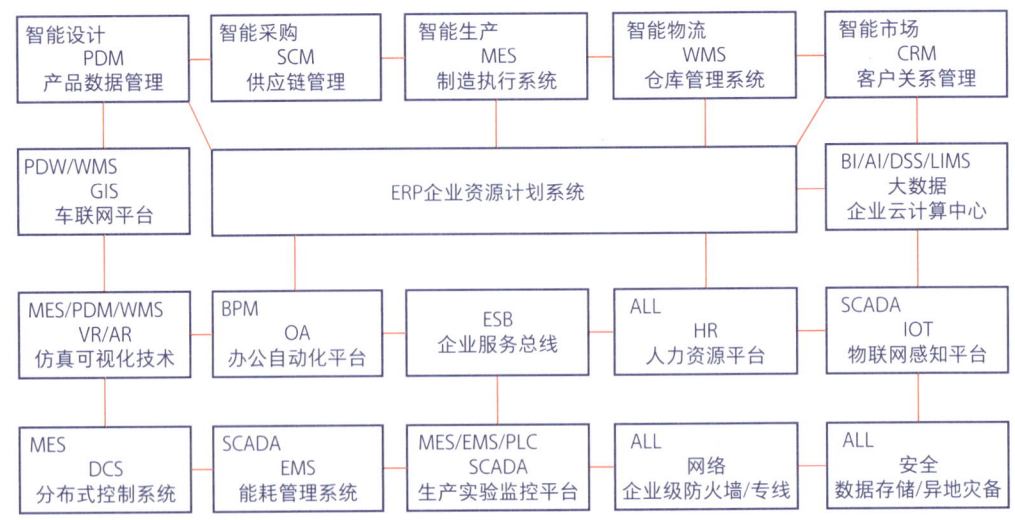

图 9-3　某企业信息系统架构图

二、智能制造的先进技术

目前大部分国家制造企业还处于以 PLC（可编程逻辑控制器）应用为标志的工业自动化阶段，也有技术和管理先进的企业，以物联网、互联网、大数据、人工智能等技术为基础，正在实现制造过程、物流驱动、控制模式、决策方式等方面的智能化。

（一）智能制造时代来临

智能制造源于人工智能的研究，是一种由智能设备、智能工厂与有关人员共同组成的人机一体化的智能系统。通过人与智能设备的交互协作，扩展或部分取代企业管理人员及技术人员在经营活动中的脑力劳动，如开展智能化设计和生产的激光定位等。

以自动化和智能化进程比较快的航空制造业为例。自动化阶段和智能化阶段的差异如表 9-1 所示。

表 9-1　航空工业自动化智能化进程

特征	自动化			智能化		
	自动化	精准化	柔性化	数字化	网络化	智能化
评价指标	加工装配自动化	工业工程	生产单元柔性化	产品数字化	全面管理网络化	产品智能
	物流自动化	准时生产	生产线柔性化	工艺数字化	工艺流程网络化	业务智能
	数据采集自动化	价值流分析	基于定制的柔性化	生产数据实时化	生产制造网络化	生产决策智能

续表

特征	自动化			智能化		
	自动化	精准化	柔性化	数字化	网络化	智能化
评价指标		六西格玛	组织与管理的柔性化	虚拟/实物工厂数据贯通	物流与生产现场物联网	智能生产单元
				虚拟/实物工厂交互操作	产品服务网络化	智能生产系统

【拓展阅读】

"工业4.0"是德国政府提出的一个高科技战略计划，该项目由德国联邦教育及研究部和联邦经济技术部联合资助，投资预计达2亿欧元，是指利用物联信息系统将生产中的供应、制造、销售等信息数据化、智慧化，最后达到快速、有效、个性化的产品供应，旨在提升制造业的智能化水平，建立具有适应性、资源效率及人因工程学的智慧工厂。"工业4.0"项目主要分为三大主题：一是"智能工厂"，重点研究智能化生产系统及过程，以及网络化分布式生产设施的实现；二是"智能生产"，主要涉及整个企业的生产物流管理、人机互动在工业生产过程中的应用等；三是"智能物联"，主要通过互联网、物联网、物流网，整合物流资源，充分发挥现有物流资源供应方的效率。

"中国制造2025"，是中国政府实施制造强国战略的第一个十年行动纲领，由2015年5月国务院正式印发。"中国制造2025"中提出了9大任务、10大重点领域和5项重大工程，从这些重点领域中，不难看出未来制造业发展的着力点，这10大重点领域分别为：新一代信息通信技术产业、高档数控机床和机器人、航空航天装备、海洋工程装备及高技术船舶、轨道交通装备、节能与新能源汽车、电力装备、新材料、生物医药及高性能医疗器械、农业机械装备。

智能制造带来的不仅是产品的智能化、个性化生产，也改变了信息的产生和收集的方式。比如智能化产品可以作为一个数据的终端，不断地采集用户数据并把数据上传，从而影响制造企业研发、生产和服务等诸多环节。智能制造系统能够搜集与理解环境信息和自身信息，并进行分析判断、规划自身行为，对于制造企业的成本管理和控制具有非常积极的意义。

（二）智能制造的核心技术

智能制造的核心技术覆盖范围很广，从行业大趋势可以归结为三类，即云计算、物联网和大数据。

云计算是一种按使用量付费的模式，这种模式提供可用的、便捷的、按需的网络访问，进入可配置的计算资源共享池（资源包括网络、服务器、存储、应用软件和服务），这些资源能够被快速提供，只需投入很少的管理工作，或与服务供应商进行很少的交互。云计算自动化集中式管理使大量企业无须负担日益高昂的数据中心管理成本。

物联网是互联网、传统电信网等信息承载体，是让所有能行使独立功能的普通物体实现互联互通的网络。它把任何物品通过网络连接起来，实现智能化识别、定位、跟踪、监控、管理。物联网有几大关键技术：传感器技术、RFID（射频识别）标签、嵌入式系统技术等。物联网的这些技术，可以灵活地为客户打造"透明化生产、数字化车间、智能化工厂"，减少人工干预，提高工厂设施整体协作效率、提高产品质量一致性。

大数据是一种规模大到在获取、存储、管理、分析方面大大超出了传统数据库软件工具能力范围的数据集合，具有海量的数据规模、快速的数据流转、多样的数据类型和较低的价值密度四大特征。智能制造应用大数据分析系统，可以对生产过程自动进行数据采集并分析处理，通过云计算对现场设备进行控制。

三、智能制造数据采集和管理平台

物联网、大数据、云计算以及信息系统的综合应用，构建出智能化的数据采集和运营管理系统。

（一）智能数据采集平台

智能数据采集是指利用物联网技术连接产品、设备及控制系统，从生产现场获取实时数据的过程，通过智能数据采集平台完成。智能数据采集平台是衔接生产物流现场系统与智能制造系统的接口平台，不仅可以实时获取生产现场数据，还可以接收智能制造系统发出的指令。

智能数据采集平台的构成要素如表9-2所示。

表9-2　智能数据采集平台构成要素

要素	主要内容
产品及物料标识	目标：产品及物料可由信息系统识别 使用的载体主要是：条码、二维码、射频芯片、电子标签等
智能设备	生产现场常见的可接入设备包括：CNC/DNC（数控机床）设备、传感器、机器人、检测设备、控制设备、工业仪表、计量器具、摄像设备、物流设备等
控制系统	实时数据库、PLC（编程逻辑控制器）、嵌入式系统、数据采集与监视控制系统（SCADA）、分布式控制系统（DCS）、现场总线控制系统（FCS）等
终端采集设备	扫描枪、PDA（手持终端）、工业平板电脑、触摸屏等
接口	常见的接口方式：TCP/IP、RS232串口、RS485串口、USB、无线接入等

智能数据采集平台依赖于生产现场的智能化，主要体现于现场生产设备及检测设备的智能化，比如在设备及生产线旁加装终端电脑（工业平板电脑），部署终端应用以方便人工采集设备运行及加工数据。

（二）智能运营平台

智能运营管理平台是构建在智能数据采集平台之上的，以数据为基础，由数据来支持的管理决策系统。智能运营管理是围绕着产品的生命周期的全过程管理，如图9-4所示。

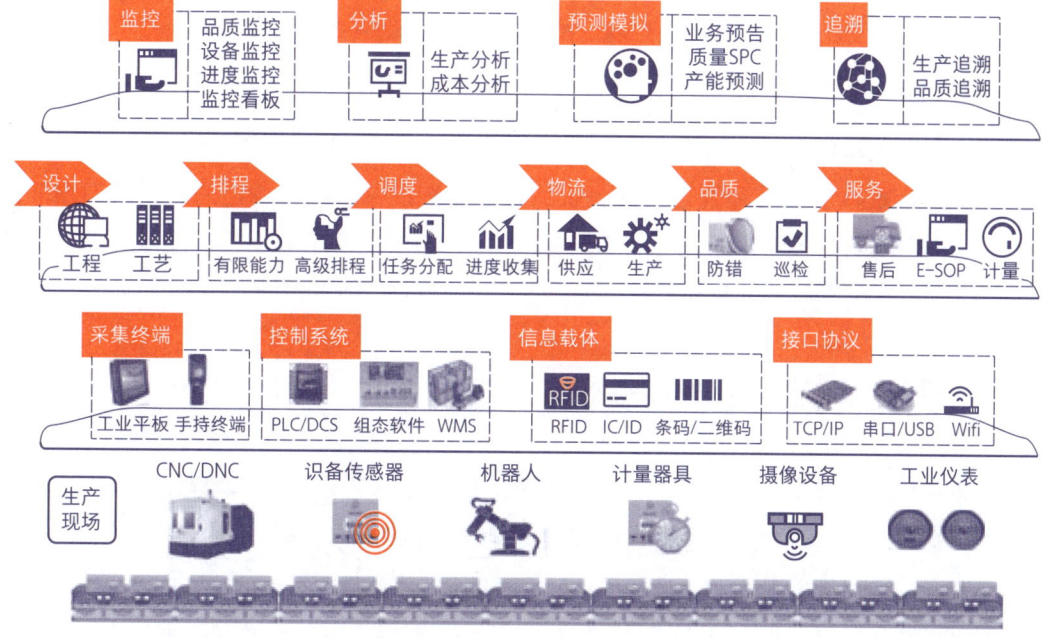

图 9-4　制造运营管理平台

在需求个性化的社会经济环境下，产品设计的重要性日益突出。产品设计本身都会有专业的软件产品和技术支撑，但在工业互联网及云设计环境下，设计活动不再由一个单一的设计部门完成，与第三方以及外部设计单元之间的协同也逐步常态化，协同能力成为智能设计的重要特征。

智能排程是智能制造系统中的集成工具，与智能数据采集平台紧密结合，实时掌握生产动态，随时调整排程结果，做到与生产现场完全联动，运行顺畅后就会成为整个生产现场的核心调度系统，结合智能制造系统的其他工具，实现真正意义上的自主生产和智能制造，是建设数字化无人工厂的中枢系统。

智能调度是将工序作业计划变为作业指令，并驱动现场按指令运作的活动。智能调度要解决两个重要问题，一是现场作业调度的形式，二是将作业指令发布到现场。

与智能制造系统相关的物流主要是厂内配送物流和车间作业物流，不论哪种物流，其主要目标是要在恰当的时间将恰当的物料送到恰当的位置，保证生产环节不发生停工待料。立体仓库和自动导引运输车是实现智能物流的硬件平台，仓储管理系统是其软件平台，二者结合使用，根据指令达到智能物流的目标。

品质管理和售后服务，也是智能制造的有机组成。智能制造注重产品全生命周期管理，在最终产品交付客户使用后，依然保持着对产品的持续追踪、维护、保养、维修等服务活动，在此过程中，同样持续主动收集数据信息，并将数据信息反馈到智能数据采集平台。

模块二　智能制造中的成本核算与管理

工业自动化与信息技术的融合，改变了信息收集模式，改变了制造工厂的运营模式，也改变了生产成本的核算和管理模式。虽然智能制造的普及尚需一定的时间，但当前的 ERP 系统的成本管理模块，已经可以实现成本预算、生产计划管理、成本绩效评价、作业中心管理、成本核算管理的自动管理。

一、智能制造对成本核算和管理的影响

智能制造是由物联网系统支撑的智能产品、智能生产和智能服务，智能制造技术和系统应用在制造生产的各个环节，给成本的核算和管理带来巨大影响。

比如，已经出现的基于 3D 模型的成本管理和仿真模拟运营，用高度柔性和高度集成的方式通过计算机模拟企业行为，进行分析、判断、推理、构思和决策，通过智能几何特征分析，帮助工程师设计目标成本、为制造工艺人员提供制造工艺路线经济性分析、帮助采购人员基于成本事实议价、给企业管理者指明降成本的方向。

再如，职工薪酬分配方面，传统的核算和管理根据每月的生产销售等统计数据进行分类汇总，然后根据公司工资薪酬制度核算出每个员工的应发工资。在智能技术下，通过制订标准化的计件费，数据通过客户订单自带的芯片卡，在工人的操作终端一刷，计件工费就会随着成本分配，自动计入工人薪酬。

智能制造下高技术含量和高自动化水平设备和工艺的采用，使得制造业成本的构成、成本管理模式发生了改变；同时，与智能设备采购及应用相关的成本费用大幅度提高，间接成本也大幅度增加。这意味着，企业需要采用与传统不同的方法，来进行智能制造环境下的成本核算和管理。

二、ERP 系统中成本核算和管理的方法

ERP 系统具有覆盖整个企业经营管理领域的功能结构，蕴含了一系列先进的管理思想

和管理方法，以德国 SAP 公司的 ERP 产品为例，ERP 系统功能模块图如图 9-5 所示。

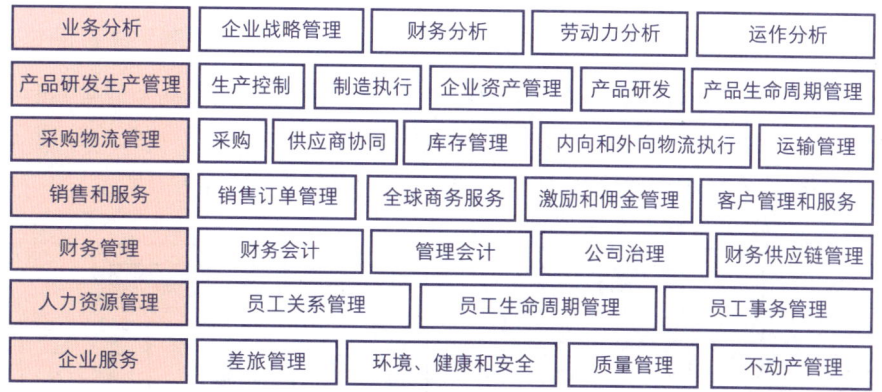

图 9-5 SAP 公司的 ERP 系统功能模块图

ERP 是将企业的物流、资金流和信息流全面一体化管理的信息系统，由财务管理、生产研发管理、人力资源管理等多个模块组成，其中生产控制是 ERP 系统的核心，将企业的整个生产过程有机地结合在一起，其中生产控制模块包括主生产计划、物料需求计划、能力需求计划、车间管理、制造标准等子模块。

ERP 系统中可以使用的成本核算和管理方法如表 9-3 所示。

表 9-3 ERP 系统常用成本核算和管理的方法

成本核算和管理的方法	特点
传统手工核算的品种法、分批法、分步法	因为 ERP 各模块之间有接口相连，各部门的反馈信息，如工资单、领料单、采购发票等可以直接传递到成本模块进行成本的计算，所以传统手工核算成本的方法很容易实现
标准成本法	标准成本反映了在一定时期内要达到的成本水平，在成本形成过程中，按成本标准控制支出，随时显示节约还是浪费，及时发现超过成本标准的消耗，有利于企业迅速制定改进措施，纠正偏差，以达到降低成本的目的；产品成本形成之后，通过实际成本与标准成本相比较，企业可以进行定期的分析和考核，及时总结经验，为未来降低成本指出途径，是 ERP 系统常用成本核算方法
作业成本法	因为企业上线 ERP 系统一般需要企业具备较高的自动化生产的基础，同时 ERP 的应用在客观上还会对企业的流程进行优化，使企业的流程更加合理，这些情况都影响上线实施 ERP 的企业在生产过程中节约大量的人工及原材料费用，而作业成本法则是按照消耗作业的方式进行制造费用分配，这样更符合企业的实际生产情况。所以在 ERP 系统中使用作业成本法，具有独特的优势

三、ERP 动态实时成本管理和控制

在智能制造环境下，可以将精益生产理念、信息技术、过程控制和先进的作业成本管理集成，构建动态实时成本管理与控制，改变传统的成本管理的模式。动态实时成本控制框架主要包括企业整体运营管理、生产过程运作管理和作业动态实时监控管理三大模块，与第一节所介绍的 ERP/MES/PCS 三层信息交互模型相匹配，如图 9-6 所示。

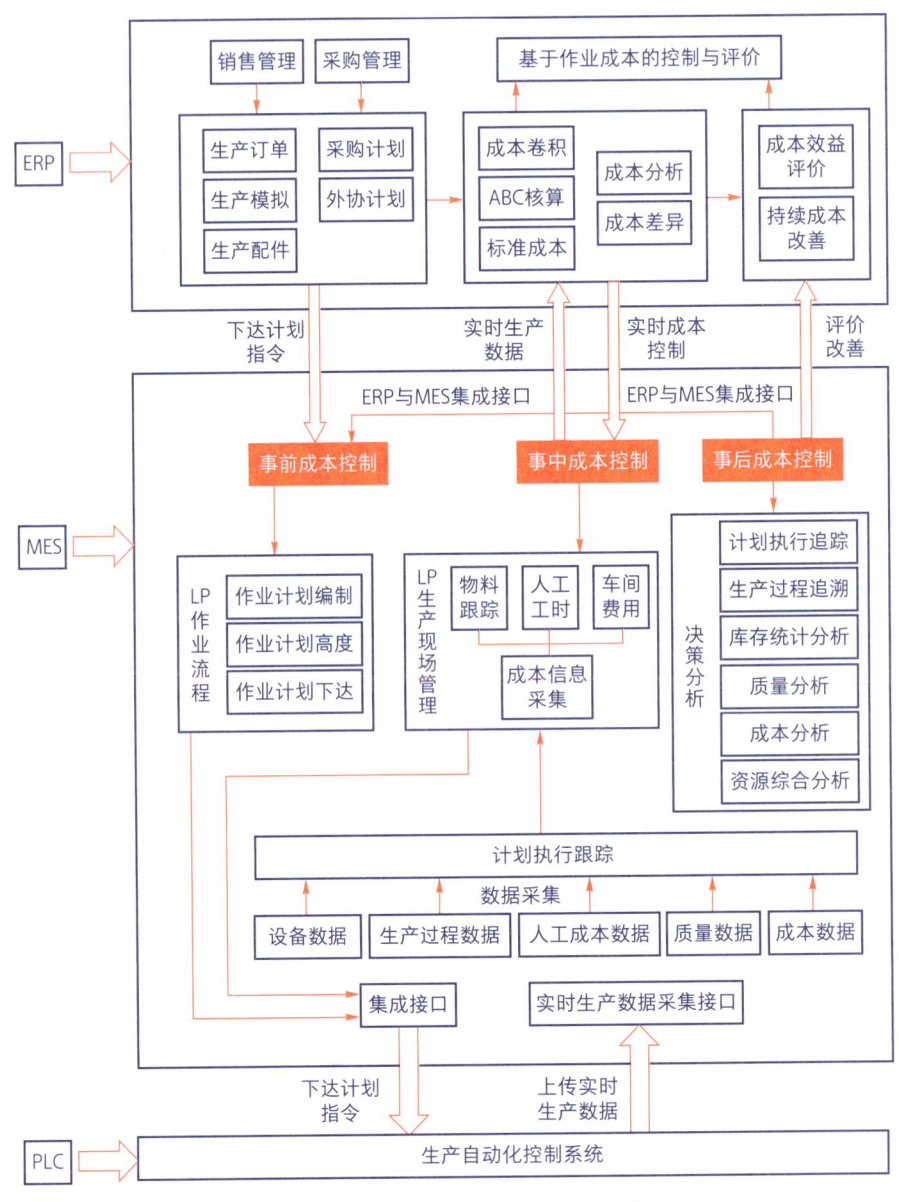

图 9-6　动态实时成本管理和控制 [①]

第一层，ERP 生产成本管理辅助决策层。各管理部门根据企业内外部环境，在进行成本战略分析的基础上，制定出企业标准（或目标）成本，按照订单信息估算制造成本，并根据标准成本，将作业计划传递给下一层执行系统，同时接受下一层系统上传的成本信息和报告，对企业作业流程进行调整和优化，减少非增值业务。

第二层，生产成本管理控制层。在该层完成标准作业成本法的整个过程，包含三大模块：事前生产成本控制、事中生产成本控制和事后生产成本控制，主要由 MES 系统实现，及时传递信息。该层需要完成以下工作：划分作业中心，构建生产经营过程中各作业中心成本库，形成不同的作业中心和动因库；进行成本计划管理，依据订单制定作业成本计划，以便于对生产过程中各成本实行严格的控制；完成成本信息的采集和管理工作，使采集到的数据和第一层的 ERP 系统及时对接；及时进行成本分析、核算，并撰写包含成本差异分析和成本变化趋势分析等的成本报告。

第三层，过程控制层。接受从 MES 系统传来的实时作业计划指令，在生产现场实时执行这些指令，并把数据结果信息实时传递给第二层。

上述各个基于现代信息技术的信息管理系统，与业务流程紧密相关，各系统的变更与调整均十分复杂。把成本核算方法设置为作业成本法，需要进行许多的前期准备与调整，包含系统参数、结构和流程的调整。

项目小结

生产设备的智能化使成本数据的采集实现了自动化，数据通过生产执行层（MES）传递到 ERP 系统，从而实现企业的运营管理、生产过程运作管理和作业动态实时监控管理，实现财务和业务集成管理、自动核算。

思维导图

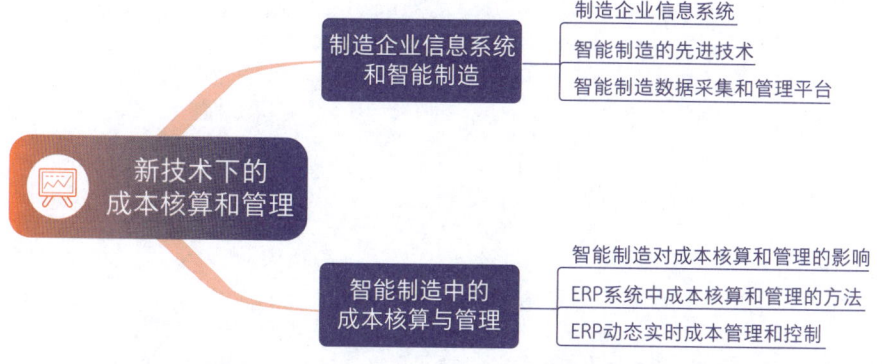

附录　1+X 书证融通对照表

本教材内容			1+X 证书职业技能等级标准			
项目	模块	节次	证书（等级）	工作领域	工作任务	职业技能要求
项目二 生产费用的归集和分配	模块四 ERP系统中的成本核算	三、ERP系统成本核算的初始化	业财一体信息化应用（初级）	1. 业财一体信息化平台基础设置维护	1.2 企业基础档案设置与维护	1.2.1 能依据梳理完毕的企业基础档案信息，在信息化平台上对部门档案、职员档案、客户分类、客户档案、供应商分类、供应商档案、存货档案、仓库档案等进行维护。 1.2.2 能依据给定的科目设置信息，在信息化平台上准确设置会计科目，并能熟练进行科目的增加、修改等操作
					1.3 标准单据设置与维护	1.3.3 能根据《企业财务通则》，依据给定的业务资料，在信息化平台上准确地对库存类、存货类单据进行格式设置
				2. 业财一体信息化平台期初数据录入	2.1 财务期初数据录入	2.1.1 能依据整理完毕的期初余额表，将期初余额表中各项科目余额正确录入信息化平台
			业财一体信息化应用（中级）	1. 业财一体信息化平台业务流程实施	1.2 业务流程参数配置	1.2.2 能根据《企业财务通则》，在信息化平台固定资产模块中完成固定资产对账科目、资产类别、折旧方法、增减方式、使用状况、卡片项目、卡片样式等固定资产初始化设置。 1.2.7 能根据《企业财务通则》及《中华人民共和国个人所得税法》，在信息化平台薪资管理模块中进行工资项目、工资计算公式、工资分摊、个人所得税率等初始化设置。

续表

本教材内容			1+X证书职业技能等级标准			
项目	模块	节次	证书（等级）	工作领域	工作任务	职业技能要求
项目二 生产费用的归集和分配	模块四 ERP系统中的成本核算	三、ERP系统中的成本核算初始化	业财一体信息化应用（中级）	1. 业财一体信息化平台业务流程实施	1.2 业务流程参数配置	1.2.11 能根据《企业财务通则》，在信息化平台库存管理模块中完成库存业务设置，库存业务校验设置、可用量控制设置等库存业务初始化设置。 1.2.12 能根据《企业财务通则》及企业会计核算规范，在信息化平台存货核算模块中完成成本核算方式、暂估方式、存货科目、对方科目、结算科目、应付科目、税金科目、运费科目等科目初始化配置，以便准确核算存货成本及出入库成本
				2. 业财一体信息化平台期初数据维护	2.1 财务期初数据维护	2.1.1 能根据《企业会计准则》，在信息化平台总账模块中准确导入期初数据，辅助明细账等总账期初数据。 2.1.3 能根据《企业会计准则》，在信息化平台上完成固定资产期初数据导入工作
					2.2 业务期初数据维护	2.2.2 能依据期初业务数据，在信息化平台库存管理模块中准确录入期初采购入库单，并完成采购期初记账。 2.2.3 能依据期初库存数据，在信息化平台库存管理模块中准确录入期初库存数据，包括仓库、货位等。 2.2.4 能根据《企业会计准则》，依据财务库存数据，在信息化平台存货核算模块中准确维护期初库存数据，包括数量、单价、金额等

续表

本教材内容			1+X 证书职业技能等级标准			
项目	模块	节次	证书（等级）	工作领域	工作任务	职业技能要求
项目三 生产费用的归集和分配	模块四 ERP 系统中的成本核算	三、ERP 系统成本核算的初始化	业财一体信息化应用（中级）	2. 业财一体信息化平台期初数据维护	2.3 业财期初数据稽核	2.3.1 能根据《企业会计准则》及企业稽核管理办法，依据企业固定资产期初数据，进行固定资产账面检查、实务盘点，在信息化平台上进行固定资产期初稽核。 2.3.2 能根据《企业会计准则》及企业稽核管理办法，依据企业库存期初数据，进行期初库存期初稽核面检查、实际盘点，在信息化平台上进行库存期初稽核。 2.3.5 能根据《企业会计准则》及企业稽核管理办法，依据库存期初稽核结果、固定资产期初稽核结果、应收应付期初稽核结果、合同期初稽核结果、采购业务期初稽核结果，在信息化平台上进行财务账务期初稽核
项目三 产品成本的计算	模块五 ERP 系统中成本的计算	一、要素费用的归集和分配	业财一体信息化应用（初级）	3. 业财一体信息化平台典型财务处理	3.3 典型固定资产业务处理	3.3.1 能根据《企业会计准则》，依据固定资产增加情况，在信息化平台固定资产模块中熟练、准确地增加固定资产，并生成记账凭证。 3.3.3 能根据《企业会计准则》，依据固定资产使用情况及相关资料，在信息化平台固定资产模块中对固定资产卡片进行原值、使用年限、累计折旧等变更，并生成凭证。 3.3.4 能根据《企业会计准则》，在信息化平台固定资产模块中正确计提固定资产折旧，并生成记账凭证
					3.5 薪资业务处理	3.5.4 能根据《企业会计准则》，在信息化平台上熟练完成工资计提，并能正确生成成本月工资计提的凭证

本教材内容			1+X证书职业技能等级标准			
项目	模块	节次	证书（等级）	工作领域	工作任务	职业技能要求
项目三 产品成本的计算	模块五 ERP系统中成本的计算	一、要素费用的归集和分配	业财一体信息化应用（初级）	4. 业财一体信息化平台业务处理	4.1 典型采购业务处理	4.1.4 能在信息化平台采购管理模块中，熟练、准确地进行手工填制或参照生成采购发票操作，并进行发票与入库单结算处理，生成采购结算单
					4.2 典型销售业务处理	4.2.4 能在信息化平台销售管理模块中，熟练、准确地完成销售发票的填制
					4.3 典型库存与存货业务处理	4.3.3 能依据材料领用出库情况，在信息化平台上熟练、准确地填制材料出库单，并进行记账处理，准确地填制产品入库单并进行记账凭证
						4.3.4 能依据验收入库的产品信息，在信息化平台上熟练、准确地填制产品入库单并进行记账处理，生成记账凭证
			业财一体信息化应用（中级）	3. 业财一体信息化平台财务处理	3.3 固定资产业务处理	3.3.1 能依据企业资产增加情况，在信息化平台固定资产模块中进行固定资产增加业务处理，做到财务数据一致，并生成记账凭证
						3.3.2 能依据固定资产实际使用情况，在信息化平台固定资产模块中对固定资产进行原值增减、使用年限调整、使用部门调整，累计折旧调整等变更业务处理，并按需生成凭证，做到账实相符。
						3.3.3 能根据《企业会计准则》，在信息化平台固定资产模块中计提固定资产折旧，并能单张或成批量生成资产模块记账凭证
						3.3.4 能依据企业资产实际使用情况，在信息化平台固定资产模块中完成资产处置、及取消资产减少处理，并及时生成记账凭证，做到账实相符
						3.3.5 能依据企业资产实际使用情况，在信息化平台固定资产模块中完成资产盘点业务，并进行资产盘盈盘亏处理，做到账实相符

续表

本教材内容			1+X 证书职业技能等级标准			
项目	模块	节次	证书（等级）	工作领域	工作任务	职业技能要求
项目三 产品成本的计算	模块五 ERP系统中成本的计算	一、要素费用的归集和分配	业财一体信息化应用（中级）	3. 业财一体信息化平台财务处理	3.6 薪资福利业务处理	3.6.1 能根据《企业财务通则》及企业人力资源管理制度，在信息化平台薪资模块中调整工资项目，设置工资分摊公式。 3.6.3 能根据《企业会计准则》，在信息化平台薪资管理模块中进行工资分摊处理，以便能够将薪资费用正确计入到成本费用科目。 3.6.4 能根据《企业会计准则》及企业人力资源管理制度，在信息化平台薪资福利模块中准确计算员工的社会福利金额，并生成社保公积金的申报明细表
				4. 业财一体信息化平台业务处理	4.4 库存及存货业务处理	4.4.1 能根据企业会计核算规范，依据企业实际生产情况，在信息化平台上录入生产领料单、材料出库单、产品入库单、产品出库单等，为产品成本计算提供数据来源。 4.4.2 能根据《企业会计准则》及企业会计核算规范，在信息化平台上完成产品入库业务处理，并按照实际选择的计价方式进行财务处理。 4.4.3 能根据《企业会计准则》及企业会计核算规范，在信息化平台上完成产品出库业务处理，并按照实际选择的计价方式进行财务处理。 4.4.6 能根据《企业会计准则》及企业会计核算规范，在信息化平台上完成产品形态转换业务，并按照实际选择的计价方式进行财务处理。 4.4.7 能根据《企业会计准则》及企业会计核算规范，在信息化平台上完成按仓库或产品计提跌价准备业务，并进行财务处理，生成凭证

本教材内容			1+X证书职业技能等级标准		
项目	模块	节次	证书（等级）	工作领域	工作任务	职业技能等级要求

项目	模块	节次	证书（等级）	工作领域	工作任务	职业技能等级要求
项目三 产品成本的计算	模块五 ERP系统中成本的计算	二、成本项目的核算	业财一体信息化应用（初级）	6. 业财一体信息平台月末处理及会计档案管理	6.1 月末业务处理	6.1.1 能依据业务部门相关资料检查并确认本会计月采购工作已结束，在信息化平台上采购管理模块中熟练完成月末结账。 6.1.2 能依据业务部门相关资料检查并确认本会计月销售工作已结束，并在信息化平台上销售管理模块中熟练完成月末结账。 6.1.3 能熟练进行库存与存货对账，核对无误后，在信息化平台上存货管理模块中熟练完成月末结账。 6.1.4 能熟练进行存货与总账对账，对账无误后，在信息化平台上存货核算模块中熟练完成月末结账。 6.1.6 能在信息化平台上进行固定资产模块与总账模块对账，准确无误后完成固定资产模块月末结账。 6.1.7 能确认本会计月工资数据处理工作已结束，在信息化平台上薪资管理模块中熟练完成月末结账。
			业财一体信息化应用（中级）	6. 业财一体信息平台期末业务处理	6.1 期末业务处理	6.1.1 能根据《企业会计准则》及企业会计核算规范，在信息化平台上依据存货实际计价方式，对期末库存商品进行期末处理，为期末成本核算提供数据来源。 6.1.2 能根据《企业会计准则》及企业会计核算规范，在信息化平台上对固定资产、应收应付、发票、网上银行、网上报销模块进行期末结账处理。 6.1.3 能根据《企业会计准则》及企业会计核算规范，在信息化平台上对供应链模块进行期末结账处理。 6.1.4 能根据《企业会计准则》及企业会计核算规范，在信息化平台上对业务系统进行反结账处理。 6.1.5 能根据《企业会计准则》及企业会计核算规范，在信息化平台上完成薪资福利模块期末结账及年结工作

续表

本教材内容			1+X 证书职业技能等级标准			
项目	模块	节次	证书（等级）	工作领域	工作任务	职业技能要求
项目九 新技术下的成本核算和管理	模块二 智能制造中的成本核算与管理	二、ERP系统中成本核算管理的方法	财务数字应用（中级）	2. 财务数字化平台财务业务管理	2.1 存货业务管理	2.1.1 能根据企业会计核算规范，在财务数字化平台上完成企业采购入库的存货核算，确保企业的存货明细账数据准确无误。 2.1.2 能根据企业会计核算规范，在财务数字化平台上对尚未收到发票的采购入库业务完成暂估核算，确保企业存货明细账数据准确无误。 2.1.3 能根据企业会计核算规范，在财务数字化平台上完成企业销售出库的存货核算，确保企业存货明细账数据准确无误。 2.1.4 能根据企业的产品成本数据，完成产品的存货明细账核算，确保企业产成品成本准确无误。 2.1.5 能依据各企业组织间存货调拨管理要求，在财务数字化平台上完成相关组织间存货调拨的核算，调拨后各组织真实的存货明细账情况。
					2.3 薪资业务管理	2.3.1 能依据企业人力资源部门提供的、经审批的薪资发放相关资料，在财务数字化平台上进行分类薪资核算，以便将薪资计入恰当的成本费用科目。 2.3.2 能根据企业人力资源部门提供的、在财务数字化平台上借助银企直连功能能进行薪资的批量发放。 2.3.3 能依据人力资源部门提供的、经有关人员审批的社保公积金等相关资料，在财务数字化平台上进行分类核算，以便将社保公积金计入恰当的成本费用科目。 2.3.4 能依据人力资源部门提供的、经审批的个人所得税代缴资料，在财务数字化平台上进行正确核算，以降低企业个人所得税涉税风险。

本教材内容			证书（等级）	1+X 证书职业技能等级标准		
项目	模块	节次		工作领域	工作任务	职业技能要求
项目九 新技术下的成本核算和管理	模块二 智能制造中的成本核算与管理	三、ERP动态实时成本管理和控制	财务数字化应用（中级）	5. 财务大数据分析	5.2 企业财务数据分析	5.2.1 能根据案例企业资料，在财务数字化平台上，对已经采集的案例企业总收入、利润总额、成本总额、主营产品产量绝对值等数据，进行同比增减额与增减率计算，同时利用财务数字化平台对各机构的收入、利润进行排名，进而完成可视化操作。 5.2.2 能在财务数字化平台上，计算集团企业的相关指标，对企业偿债能力、盈利能力、运营能力和发展能力进行分析，并分别形成雷达图。 5.2.3 能利用大数据工具，从互联网上获取同类型同行业企业均值，计算行业均值，用以评价案例企业的相关能力水平。 5.2.4 能在财务数字化平台上创建管理驾驶舱，形成公司财务状况综合分析报告，综合评价企业盈利能力和股东权益回报水平，全面评价企业经营和盈利状况，判断企业管理的问题所在，给出管理建议
					5.5 成本结构与费用分析	5.5.1 能根据案例企业资料，在财务数字化平台上，对已经采集的各项成本费用与实际费用和预算值做进一步加工处理，形成主要成本费用项目的变动分析图。 5.5.2 能在财务数字化平台上，对成本费用异常项目进一步分析挂钩，形成明细成本费用异常项目变动分析图。 5.5.3 能依据上述分析结果确定费用异常项目，利用大数据工具在互联网上收集内部和外部信息验证费用发生部门解释的合理性。 5.5.4 能根据案例企业资料以及收集到的资料，对成本费用异常项目进行解读，找出费用管控流程中的漏洞，为改进费用管控流程提供依据

参考文献 References ······

［1］蒋小芸. 成本核算与管理［M］. 4版. 北京：高等教育出版社，2022.

［2］孙茂竹，姚岳. 成本管理学［M］. 3版. 北京：中国人民大学出版社，2019.

［3］企业产品成本会计编审委员会. 企业产品成本会计核算详解与实务［M］. 北京：人民邮电出版社，2020.

［4］杨英，周建龙，罗平. 成本管理与控制全流程实战指南［M］. 北京：人民邮电出版社，2015.

［5］李跃升. 成本管理会计与企业决策分析［M］. 北京：人民邮电出版社，2019.

［6］查尔斯·T·亨格瑞. 成本与管理会计［M］.15版. 北京：中国人民大学出版社，2016.

［7］刘亚莉. 总经理财务一本通［M］. 3版. 北京：北京联合出版公司，2015.

［8］惠楠，李冬梅，陈晨. 用友ERP财务与成本管理实务（U8V10.1版）［M］. 北京：清华大学出版社，2018.

［9］李桂梅. 用友ERP财务与成本管理实务（U8V10.1版）［M］. 北京：清华大学出版社，2018.

［10］赵书和. 成本与管理会计［M］. 5版. 北京：机械工业出版社，2019.

　　李爱红，河南财政金融学院教授，中原教学名师、河南省教学名师、河南省优秀教师、河南省师德先进个人、河南省文明教师。

　　李爱红教授致力于教育教学研究和实践，曾获河南省高等教育教学成果奖一等奖、河南省本科课程创新教学能力比赛一等奖、河南省本科优秀教材一等奖，所讲课程被评为"国家一流本科线上课程""河南省一流本科线上课程""河南省一流本科线上线下混合课程""河南省一流本科虚拟仿真实验课程""河南省课程思政样板课程""河南省思政课程优秀案例""河南省实践教学先进案例一等奖"。

郑重声明

高等教育出版社依法对本书享有专有出版权。任何未经许可的复制、销售行为均违反《中华人民共和国著作权法》，其行为人将承担相应的民事责任和行政责任；构成犯罪的，将被依法追究刑事责任。为了维护市场秩序，保护读者的合法权益，避免读者误用盗版书造成不良后果，我社将配合行政执法部门和司法机关对违法犯罪的单位和个人进行严厉打击。社会各界人士如发现上述侵权行为，希望及时举报，我社将奖励举报有功人员。

反盗版举报电话　　（010）58581999　58582371
反盗版举报邮箱　dd@hep.com.cn
通信地址　北京市西城区德外大街4号
　　　　　高等教育出版社知识产权与法律事务部
邮政编码　100120

读者意见反馈

为收集对教材的意见建议，进一步完善教材编写并做好服务工作，读者可将对本教材的意见建议通过如下渠道反馈至我社。

咨询电话　400-810-0598
反馈邮箱　gjdzfwb@pub.hep.cn
通信地址　北京市朝阳区惠新东街4号富盛大厦1座
　　　　　高等教育出版社总编辑办公室
邮政编码　100029

防伪查询说明

用户购书后刮开封底防伪涂层，使用手机微信等软件扫描二维码，会跳转至防伪查询网页，获得所购图书详细信息。

防伪客服电话
（010）58582300

网络增值服务使用说明

授课教师如需获取本书配套教辅资源，请登录"高等教育出版社产品信息检索系统"（http://xuanshu.hep.com.cn/），搜索本书并下载资源。首次使用本系统的用户，请先注册并进行教师资格认证。

高教社高职会计教师交流及资源服务QQ群（在其中之一即可，请勿重复加入）：
QQ3群：675544928　QQ2群：708994051（已满）　QQ1群：229393181（已满）